Friedrich Bluhme, Hugo Häelschner

Kirchenordung für die evangelischen Gemeinden der Provinz Westfalen

und der Rheinprovinz vom 5. März 1835

Friedrich Bluhme, Hugo Häelschner

Kirchenordung für die evangelischen Gemeinden der Provinz Westfalen und der Rheinprovinz vom 5. März 1835

ISBN/EAN: 9783743328150

Hergestellt in Europa, USA, Kanada, Australien, Japan

Cover: Foto ©ninafisch / pixelio.de

Manufactured and distributed by brebook publishing software (www.brebook.com)

Friedrich Bluhme, Hugo Häelschner

Kirchenordung für die evangelischen Gemeinden der Provinz Westfalen und der Rheinprovinz vom 5. März 1835

Kirchenordnung

für die evangelischen Gemeinden

der Provinz Westfalen und der Rheinprovinz

vom 5. März 1835.

Ausgabe
von
Bluhme-Hälschner.

In der

aus den späteren Ergänzungen und Abänderungen

sich ergebenden Fassung

in fünfter Auflage

neu bearbeitet von

Dr. Wilhelm Kahl,

Professor der Rechte in Bonn.

Bonn,
bei Adolph Marcus.
1891.

Aus den Vorreden zur 1. 2. und 3. Auflage

von

F. Bluhme.

Die Kirchenordnung vom 5. März 1835 hatte bereits in etwa 13 Paragraphen einige Ergänzungen und Nachhilfen erhalten, als die im J. 1850 versammelten Synoden beider Provinzen zur Vornahme einer durchgreifenden Revision und Vervollständigung derselben veranlaßt wurden.

Nach den in die Jahre 1844, 1847, 1849 und 1850 fallenden Vorberathungen vereinigten sich die Synoden beider Provinzen am 10. Januar 1851 zu dem gemeinsamen Entwurfe einer revidirten Kirchenordnung[1]), welchem auch am 30. Januar 1852 die Allerhöchste Genehmigung, jedoch mit Ausnahme aller derjenigen Stellen und Ausdrücke gewährt wurde, welche dem bisherigen Bestande des landesherrlichen Kirchenregiments und der übrigen landesherrlichen Rechte entgegen stünden. Im Uebrigen sollte sie als revidirte Kirchenordnung ins Leben treten.

Bei der hierdurch veranlaßten und in Berlin vollzogenen Ausscheidung der vorgedachten Stellen und Ausdrücke sind aber auch die genehmigten Verbesserungsvorschläge auf 47 bloße Zusätze zu 44 Paragraphen des ursprünglichen Textes reducirt, und in dieser Gestalt, kraft Allerhöchster Ermächtigung vom 13. Juni 1853, von dem damaligen Herrn Minister der geistlichen, Unterrichts- und Medicinal-Angelegenheiten unter Zustimmung des Ober-Kirchenraths am 25. August 1853 förmlich bestätigt worden. Sie gelangten an die im Oktober abermals

----

[1]) Abgedruckt u. a. hinter den Verhandlungen der siebenten rheinischen Provinzial-Synode, S. 497...521.

versammelten Provinzial-Synoden mittels Erlasses des Ober-
Kirchenraths vom 26. August, und unter Beifügung einer aus
13 Nummern bestehenden Uebersicht von früher bestätigten Abänderungen und Zusätzen zur Kirchenordnung ²).

Als die Synoden diese Bestätigung mit ehrerbietigem Danke
annahmen, durften sie sich dennoch nicht verhehlen, daß auf
diese Weise von den Revisionsarbeiten viel mehr verloren gehe,
als was nach der Allerhöchsten Entschließung vom 30. Januar
1852 hätte ausgeschieden werden sollen. Manche kleine Verbesserung hatte sich als besonderer Zusatz nicht wohl fassen
lassen; Einiges erhielt auch außerhalb des ursprünglichen Zu-
sammenhanges eine ganz andere Bedeutung, selbst ganz Neues
war mitunter an die Stelle des Erbetenen getreten. — Es war
gerathener, sich dabei zu beruhigen, als das Ganze von Neuem
in Frage zu stellen.

Der rheinischen achten Synode schien jedoch aus dieser
Lage der Dinge noch eine besondere Aufgabe hervorzugehen:
die einer einheitlichen, leicht faßlichen Zusammenstellung des
ursprünglichen Textes mit den späteren Zusätzen und Abänderungen, so wie sie der tägliche Gebrauch in den Händen der
Pfarrer, der Kirchenvorstände und Gemeindevertretungen erfordert.
Die Kirchenordnung sollte sich wenigstens im Ganzen übersehen
lassen, wenn sie auch kein Ganzes mehr war.

Die Synode übertrug demnach die Aufstellung eines solchen,
von Widersprüchen und Wiederholungen gereinigten Textes,
durch Ausscheidung der ausdrücklich aufgehobenen Bestimmungen,
und Einordnung der Zusätze in den Wortlaut der betreffenden
Paragraphen, einer besonderen Kommission aus ihrer Mitte;
und das Ergebniß dieser Arbeit ward in ihrer letzten Sitzung
vom 26. October 1853 zum Abdruck bestimmt, vorbehaltlich
jedoch einer Revision des Ganzen, welche, unter Mitwirkung
des Unterzeichneten, dem Präsidium anheim gegeben wurde ³).

Die mit dieser nachträglichen Betheiligung übernommene
Verantwortlichkeit war keine geringe. Denn nicht blos dafür
hatte der Herausgeber einzustehen, daß bei der Einordnung der

---

²) Verhandlungen der achten rheinischen Provinzial-Synode
S. 145...150. Staatsanzeiger 15. Novbr. 1853.

³) Verhandlungen der achten rheinischen Provinzial-Synode
S. 9. 150...155. 278.

sanctionirten Zusätze an den wirklich bindenden Worten nichts geändert sei, sondern auch dafür, daß der verschiedene Ursprung der einzelnen Bestimmungen überall noch erkennbar und nach= weisbar bleibe; endlich dafür, daß aus manchen ungleichen Aus= drücken des älteren und des neueren Textes kein Mißverständniß erwachse. Für diese verschiedenen Zwecke mußte er sich folgender Unterscheidungszeichen bedienen:

1) Der ursprüngliche, gültig gebliebene Text ward mit deutschen, alles Zusätzliche mit lateinischen Lettern gedruckt.

2) Den im Jahre 1853 bestätigten Zusätzen sind die Nummern beigefügt, nach welchen sie in dem damals ergangenen Ministerial=Rescripte aufgezählt waren. Dies war schon deshalb unerläßlich, weil sich inzwischen bei den Behörden der Brauch fixirt hat, sie nach diesen Nummern, und nicht nach den Para= graphen der Kirchenordnung, zu denen sie gehören, zu citiren.

Bei den anderen Zusätzen ist der Nachweis ihres Ursprungs in den Noten gegeben.

3) Zusätze, die nur als Erläuterung gelten sollten, weil sie einer speciellen höheren Bestätigung entbehrten, die jedoch theils auf dem Allerhöchsten Erlaß vom 29. Juni 1850, theils auf wenigstens nicht reprobirten Ausdrücken der revidirten Kirchenordnung beruhten, sowie jeder sonstige Zusatz, der sich nicht mit directen Worten einer Allerhöchsten Verordnung wieder= geben ließ, kurze Einschaltungen und sprachliche Nachhilfen, sind von den eigenen Gesetzesworten durch Klammern und lateinische Cursivschrift unterschieden.

4) Durch mehrfache Zugaben und Nachweisungen in den Noten, und durch ein Register ist für die Möglichkeit einer schnellen vorläufigen Orientirung über den Rechtszustand der Schwesterkirchen beider Provinzen gesorgt worden.

5) Wurde ein Anhang hinzugefügt, der aber nur das unentbehrlichste enthalten durfte, was schon im täglichen Ge= meindeleben oft neben der Kirchenordnung zur Anwendung kommen kann.

Vorrede zur vierten Auflage.

Indem ich auf Wunsch des Verlegers die Besorgung der vierten Auflage übernahm, durfte ich selbstverständlich von dem Plane und Zwecke, von dem mein verstorbener Freund und College Bluhme bei seiner Ausgabe der Kirchenordnung ausgegangen war, nicht abweichen. Die Arbeit Bluhme's ist daher unverändert geblieben und eine vermehrte und verbesserte ist die neue Auflage nur insofern, als

1) in den Text an der betreffenden Stelle einzufügen waren der in der dritten Auflage als Nachtrag abgedruckte Allerhöchste Erlaß vom 8. Dezember 1866 sowie der Allerhöchste Erlaß vom 28. Juli 1876;

2) die Noten in Berücksichtigung neuerer Erlasse der kirchlichen Behörden und insbesondere auch der neueren kirchenpolitischen Gesetze eine beträchtliche Vermehrung erfahren haben, während einiges Veraltete zu streichen war;

3) der Anhang, um die praktische Brauchbarkeit zu erhöhen, durch den Abdruck des Reglements für den westfälischen Emeritenfonds, der General-Synodal-Ordnung und der zugehörigen Gesetze und Verordnungen eine Erweiterung erfahren hat, wogegen, um Raum zu gewinnen, die weniger wichtigen Instruktionen für die unteren Kirchenbeamten weggelassen wurden.

Bonn, im November 1877.

Hälschner.

Vorrede zur fünften Auflage.

Hugo Hälschner, der mit dem rheinischen Kirchenwesen Jahrzehnte hindurch eng verbundene Herausgeber der vierten Auflage, ist seinem vielseitigen und gesegneten Wirkungskreise am 16. März 1889 durch den Tod entrissen worden. Die Herausgabe einer neuen Auflage hatte er nur im Hinblick auf den sehnlich erwarteten Abschluß der seit mehreren Tagungen der westlichen Provinzial-Synoden eingeleiteten neuerlichen Re-

vision der Kirchenordnung zurückgehalten. Inzwischen ist dieser
Abschluß durch Kirchengesetz vom 27. April 1891
(K.G. u. V.B. Nr. 2 S. 18—26) erfolgt. Der dringlich an
mich gelangten Aufforderung zur Fortführung und Vollendung
des Unternehmens habe ich gerne entsprochen. Nicht nur
war die bereits vor 14 Jahren erschienene vierte Auflage
seit langem vergriffen und dadurch den Bedürfnissen der kirch=
lichen Praxis wie des kirchenrechtlichen Unterrichts manche
ernstliche Verlegenheit erwachsen, sondern sie war auch in wich=
tigen Theilen von einer reichen landeskirchlichen Rechtsentwickelung
und der weiter fortgeschrittenen Ausgestaltung der provinziellen
Kirchenordnung überholt. Die aus Hälschner's handschrift=
lichem Nachlaß mir anvertrauten Bemerkungen zu einzelnen
Paragraphen des Textes habe ich gewissenhaft und dankbar
benützt, insoweit sie mir sachdienlich erschienen sind und nicht
durch den Gang der Gesetzgebung gegenstandslos geworden waren.
Im Uebrigen konnte ich mich gegenüber dem erweiterten Be=
dürfniß nicht einer selbständigen und neuen Bearbeitung entziehen.

Der ursprüngliche Plan und Charakter des Buches ist
selbstverständlich auch in dieser Auflage sorgfältig gewahrt worden.
Nach wie vor ist die Bluhme'sche Ausgabe der rheinisch=
westfälischen Kirchenordnung kein einfacher Abdruck des Gesetzes=
textes, sondern eine textliche Wiedergabe des Gesetzesinhaltes,
wie er sich aus der Verbindung des ursprünglichen Wortlautes
mit den zahlreichen späteren Ergänzungen und Abänderungen
ergiebt. Alle bisher gebrauchten typischen Unterscheidungszeichen
(s. o. p. V Z. 1—3) sind beibehalten. Die durch das Kirchen=
gesetz vom 27. April 1891 herbeigeführten Veränderungen,
welche nicht weniger als 33 Paragraphen der Kirchenordnung
betreffen, sind durch Anführungszeichen kenntlich gemacht. Die
Anmerkungen mußten, wenn anders den gegenwärtigen Bedürf=
nissen der kirchlichen Praxis nur einigermaßen Rechnung ge=
tragen werden wollte, allerdings eine erhebliche Vermehrung
erfahren. Um aber hierin die Grenze des Nothwendigen nicht
zu überschreiten und das Maß des Wünschenswerthen möglichst
zu erreichen, habe ich die Berathung des in Sachen unserer
Kirchenordnung bekanntlich so wohl bewanderten Herrn Super=
intendenten Altgelt=Wülfrath gesucht und, was ich auch an
dieser Stelle noch einmal mit herzlicher Dankbarkeit bezeuge,

bereitwilligst gefunden. Endlich war eine sehr beträchtliche Er=
weiterung des Anhanges schlechterdings nicht zu umgehen.
Zur Erleichterung der Uebersicht habe ich die Anhänge unter
das Schema "Kirchenverfassung", "Kirchliches Leben", "Kirchen=
vermögen" eingereiht. Einer Rechtfertigung des Einzelnen glaube
ich mich enthoben. Nur zwei Bemerkungen mögen gestattet sein.
In Anhang 8 habe ich den „Entwurf" eines Kirchengesetzes
für die Provinz Westfalen und die Rheinprovinz, betr. die Form
der schriftlichen Willenserklärungen der Presbyterien der evange=
lischen Gemeinden aufgenommen. Ich habe dies in der, wie
ich annehme, wohl begründeten Voraussetzung gethan, daß der
bereits 1884 als dringlich vorgelegte, von beiden Provinzial=
Synoden einstimmig und einheitlich angenommene und aus der
verfassungsmäßigen Beschlußfassung der beiden Häuser des Land=
tags der Monarchie wiederholt anstandslos hervorgegangene
Entwurf in absehbarer Zeit sanctionirt und publicirt werde.
Ferner habe ich im Anhang 9 die gesetzlichen Bestimmungen
über die religiöse Erziehung von Kindern aus gemischter Ehe,
wie sie sich aus der Verbindung von A.L.R. II, 2 §§. 76 ff.
und der Deklaration vom 21. November 1803 ergeben, in
aller Kürze zusammengestellt. Die mannigfachen Anfragen,
welche hierüber an mich ergangen sind, haben mir nahe gelegt,
daß ein allgemeineres Bedürfniß leicht zugänglicher Orientirung
über die bezüglichen Gesetzesvorschriften bestehe. Das Register
ist vollständig neu bearbeitet. Die Unbequemlichkeiten, welche
aus dem vermehrten Umfang des Buches erwachsen, werden, wie
ich hoffe, durch den reicheren Inhalt als überwogen anerkannt.

Mit der Verlagshandlung ist Verabredung dahin getroffen,
daß wesentliche Veränderungen oder Ergänzungen der Kirchen=
ordnung, welche durch die Beschlüsse der bevorstehenden dritten
ordentlichen General=Synode herbeigeführt werden sollten, im
Druck und Format dieser Ausgabe nachträglich erscheinen werden.

Bonn, im September 1891.

Kahl.

Inhalt.

Anhänge.

I. Kirchenverfassung.

II. Kirchliches Leben.

Erklärung der Abkürzungen.

A.E. = Allerhöchster Erlaß.

A.K.O. = Allerhöchste Kabinetsordre.

A.L.R. = Allgemeines Landrecht für die preußischen Staaten
vom 5. Februar 1794.

A.V. = Allerhöchste Verordnung.

C.M.R. = Cultus-Ministerialrescript.

Consf.R. = Consistorialrescript.

G.S. = Gesetzsammlung.

J.M.E. = Justiz-Ministerialerlaß.

K.G. = Kirchengesetz.

K.G. u. S.O. = Kirchengemeinde- und Synodal-Ordnung für die
östlichen Provinzen vom 10. September 1873.

K.G. u. B.B. = Kirchliches Gesetz- und Verordnungsblatt.
O.K.R. = Oberkirchenraths-Erlaß.
R.G. = Reichsgesetz.
St.G. = Staatsgesetz.
Strf.G.B. = Strafgesetzbuch für das deutsche Reich vom 15. Mai 1871.

Actenstücke: aus der Verwaltung des Oberkirchenraths. 1850 ff.
Bramesfeld: Kirchenordnung mit den für die Rheinprovinz
    geltenden Zusätzen u. s. w. 1865.
Hermens: Handbuch der Staatsgesetzgebung über den christ-
    lichen Cultus am linken Rheinufer. 1833—1852. 4 Bde.
Mittheilungen: aus der Verwaltung der geistlichen Unter-
    richts- und Medicinalangelegenheiten in Preußen. 1847. 1848.
Müller: Kirchen-Ordnung für die ev. Gemeinden der Provinz
    Westfalen und der Rheinprovinz. 1873.
Vogt: Kirchen- und Eherecht der Katholiken und Evangelischen.
    1857. 2 Bde.

Synod. rhen.	I	Synod. westf.	I vom Jahre 1835
„ „	II	„ „	II „ „ 1838
„ „	III	„ „	III „ „ 1841
„ „	IV	„ „	IV „ „ 1844
„ „	V	„ „	Va „ „ 1847
„ „	VI	„ „	Vb „ „ 1849
„ „	VII	„ „	VI „ „ 1850
„ „	VIII	„ „	VII „ „ 1853
„ „	IX	„ „	VIII „ „ 1856
„ „	X	„ „	IX „ „ 1859
„ „	XI	„ „	X „ „ 1862
„ „	XII	„ „	XI „ „ 1865
„ „	XIII	„ „	XII „ „ 1868
„ „	XIV	„ „	XIII „ „ 1871
„ „	XV	„ „	XIV „ „ 1874
„ „	XVI	„ „	XV „ „ 1877
„ „	XVII	„ „	XVI „ „ 1880
„ „	XVIII	„ „	XVII „ „ 1884
„ „	XIX	„ „	XVIII „ „ 1887
„ „	XX	„ „	XIX „ „ 1890.

I. Die Königlichen Sanctionen.

A. Allerhöchste Kabinetsordre vom 5. März 1835.

Wir **Friedrich Wilhelm** von Gottes Gnaden König von Preußen ꝛc.

Thun kund und fügen hiemit zu wissen, daß, da sich das Bedürfniß herausgestellt hat, die evangelischen Gemeinden der Provinz Westfalen und der Rhein-Provinz durch eine gemeinschaftliche Kirchen-Ordnung untereinander zu verbinden, Wir, mit Berücksichtigung der verschiedenen, dort bisher geltenden Kirchen-Ordnungen und der eingeholten Gutachten und Anträge der dortigen Synoden, die nachfolgende Kirchen-Ordnung für alle Gemeinden beider evangelischen Confessionen in den dortigen Provinzen haben abfassen lassen. Wir ertheilen derselben mit Aufhebung aller entgegengesetzten früheren Bestimmungen hierdurch Gesetzes-Kraft, und befehlen, daß dieselbe durch die Amtsblätter der Regierungen in den beiden Provinzen bekannt gemacht werde.

Des zu Urkund haben Wir diese Kirchen-Ordnung höchst eigenhändig vollzogen und mit Unserm Königlichen Insiegel versehen lassen.

So geschehen und gegeben zu Berlin, den 5. März 1835.

(L. S.)   (gez.) **Friedrich Wilhelm.**

1

B. Allerhöchste Ordre vom 13. Juni 1853.

(Vollständig abgedruckt in den Verhandlungen der achten Rheinischen Provinzialsynode 1853. S. 13...15.)

Indem Ich anliegend die neue Fassung der rheinisch-westfälischen Kirchenordnung vom 5. März 1835 zurücksende, will Ich Sie ermächtigen, die von den Provinzial-Synoden in Westfalen und der Rheinprovinz gemachten Verbesserungsvorschläge vorbehaltlich des Bestandes des Landesherrlichen Kirchenregiments und der übrigen Landesherrlichen Rechte zu bestätigen.

Sanssouci, den 13. Juni 1853.

(gez.) **Friedrich Wilhelm.**

An den Staats-Minister **v. Raumer** und den Evangelischen Ober-Kirchenrath.

Auf Grund der mittelst Allerhöchster Ordre vom 13. Juni d. J..... ertheilten Ermächtigung .... ertheile ich hierdurch unter Zustimmung des Evangelischen Ober-Kirchenraths nachstehenden Zusätzen zu der Kirchen-Ordnung vom 5. März 1835 die erforderliche Bestätigung.

Berlin, den 25. August 1853.   (gez.) **v. Raumer.**

C. Allerhöchste Ordre vom 25. November 1855.

Nachdem das Werk der Revision der rheinisch-westfälischen Kirchen-Ordnung vollendet worden, haben die beiden Provinzial-Synoden von Westfalen und Rheinland in dem Wunsche sich geeinigt, nun auch den Bekenntnisstand der evangelischen Landeskirche in Rheinland und Westfalen zu formuliren und sind zu einem übereinstimmenden Beschlusse über diese Formulirung gelangt. Dieser Beschluss ist nach

Inhalt der Berichte des evangelischen Ober-Kirchenraths in den beiliegenden drei Paragraphen gefasst.
Nachdem dieser Beschluss durch die kirchlichen Landes-
Behörden gründlich erörtert und Mir vorgetragen worden ist, habe Ich in demselben mit Genugthuung den
wahren und richtigen Ausdruck des geschichtlichen
und gegenwärtigen Bekenntnisstandes der evangelischen Landeskirche Westfalens und des Rheinlandes
erkannt, und autorisire die Provinzial-Synoden, nunmehr den gefassten Beschluss und diese Meine Anerkennung desselben den Kreis-Synoden mitzutheilen. —
Ich hege dabei die zuversichtliche Hoffnung, dass die
Handhabung der kirchlichen Verwaltung, nach Maßgabe dieser factischen Unterlage unter Gottes Segen
dazu dienen wird, den Frieden der Kirche zu erhalten,
das geistliche Leben in ihr zu fördern und das Band
der Gemeinschaft bei aller Entschiedenheit des Bekenntnisses fester zu ziehen. Eine officielle Publication
des Beschlusses der beiden Provinzial-Synoden wird
bei dem rein kirchlichen Charakter desselben nicht
angemessen sein. Hiernach hat der evangelische Ober-
Kirchenrath die beiden Provinzial-Synoden zu be-
scheiden.

Charlottenburg, den 25. November 1855.

(gez.) **Friedrich Wilhelm.**

An den Evangel. Ober-Kirchenrath, zu Händen des Staats-
Ministers **von Raumer.**

II. Der Bekenntnisstand *).

§. 1. Die evangelische Kirche Westfalens und
der Rheinprovinz gründet sich auf die heilige Schrift
des alten und neuen Testaments, als die alleinige und
vollkommene Richtschnur ihres Glaubens, ihrer Lehre
und ihres Lebens, und erkennt die fortdauernde Geltung ihrer Bekenntnisse an.

§. 2. Diese in Geltung stehenden Bekenntnisse
sind, ausser den alten, allgemeinen der ganzen Christen-
heit, lutherischerseits: die Augsburgische Confession,
die Apologie der Augsburgischen Confession, die
Schmalkaldischen Artikel und der kleine und große
Katechismus Luthers; reformirterseits: der Heidel-
berger Katechismus. Da, wo lutherischerseits die Con-
cordienformel, oder reformirterseits die Augsburgische
Confession kirchenordnungsmäßig besteht, bleiben auch
diese in Geltung. Die unirten Gemeinden bekennen
sich theils zu dem Gemeinsamen der beiderseitigen
Bekenntnisse, theils folgen sie für sich dem lutheri-
schen oder reformirten Bekenntnisse, sehen aber in den
Unterscheidungslehren kein Hinderniss der vollständigen Gemeinschaft am Gottesdienste, an den heiligen
Sacramenten und den kirchlichen Gemeinderechten.

§. 3. Unbeschadet dieses verschiedenen Bekenntnisstandes pflegen sämmtliche evangelische Gemeinden,
als Glieder Einer evangelischen Kirche, Gemeinschaft
in Verkündigung des göttlichen Wortes und in der Feier
der Sacramente und stehen mit gleicher Berechtigung
in Einem Kreis- und Provinzial-Synodal-Verbande und
unter derselben höheren kirchlichen Verwaltung.

*) Vgl. Bramesfeld S. 8...19. Müller S. 9...18.

III. Die Kirchenordnung.

Erster Abschnitt.

Von den Orts-Gemeinden, Presbyterien und den größeren Gemeinde-Repräsentationen.

§. 1.

Jede evangelische Gemeinde bildet nach ihrer örtlichen Begrenzung, welche durch Herkommen oder urkundlich bestimmt ist, eine Parochie[1]).

§. 2 und Zusatz 1, num. 1, 2, 3.

Der Wohnsitz[2]) in der Parochie begründet die Einpfarrung und die daraus entstehenden Rechte und Verpflichtungen für jeden evangelischen Glaubensgenossen. [*Exemtionen vom Pfarrverbande finden nur bei Militärpersonen*[3]) *statt*].

---

[1]) O.K.R. vom 22. Mai 1882, betr. Umpfarrung einer Tochtergemeinde gegen den Willen der Muttergemeinde.

[2]) Vgl. A.L.R. II, 11 §. 301. Für die Einpfarrung sind nicht entscheidend die Bestimmungen des bürgerlichen Rechtes über den Wohnsitz — A.L.R. Einl. §. 23. 27. 29. 30. Code civil §. 102...111. Civil=Proz.=O. §. 13. 28 —, sondern nur die Zugehörigkeit zur evang. Kirche und die Thatsache, daß man in der Parochie den Wohnsitz genommen habe. Synod. rhen. IX §. 54. 116 erklärte, daß zum Wohnsitze der längere Aufenthalt genüge, der Heranziehung zu persönlichen Staats= oder Communal=Steuern zur Folge gehabt hat. Doppelter Wohnsitz begründet doppelte Einpfarrung. A.L.R. II, 11 §. 264...268. Vgl. Bescheid v. 13. Sept. 1847 auf Beschluß 127 Synod. westf. IV. Bezüglich der Besteuerung kirchlicher Gemeindeglieder bei doppeltem Wohnsitz C.M.R. v. 28. Nov. 1883. S. Anm. 28.

[3]) Vgl. A.L.R. II, 11 §. 277. 278. Militär=Kirchenordnung v. 12. Febr. 1832. §. 3. 5. 34...37. Von der in Art. 61 der Reichsverfassung vorgesehenen Herstellung eines einheitlichen Militärrechts ist die Militär=Kirchenordnung ausgeschlossen, die Militär-

Mitglieder der Gemeinde sind jedoch nur diejenigen, welche durch die Confirmation, oder auf ein eingereichtes Kirchen-

Z. 1, 1. zeugniß in dieselbe aufgenommen worden. Wo letzteres nicht füglich beigebracht werden kann, hat der in eine Gemeinde neu Einziehende sich durch eine glaubhafte Erklärung vor dem Pfarrer darüber auszuweisen, dass er zur evangelischen Kirche gehört. Diese Zeugnisse und Erklärungen sind vom Pfarrer dem Presbyterium mitzutheilen. Erst nachdem der neu Eingezogene durch Einreichung des Kirchenzeugnisses oder abgegebene Erklärung sich dem Präses Presbyterii bekannt gemacht hat, wird er zur Theilnahme an Wahlen und kirchlichen Aemtern berechtigt.

Wer eine Gemeinde verläßt, ist gehalten, zuvor beim Pfarrer das erforderliche Kirchenzeugniß[4]) zu begehren, und dem Pfarrer der Gemeinde seines neuen Wohnorts dasselbe einzureichen.

Das Namensverzeichniß derer, welche bei ihrem Abzuge ein solches Zeugniß begehren, wird von der Kanzel verlesen.

Z. 1, 2.   Keinem Eingepfarrten ist es gestattet, ohne dass er den Parochial-Bezirk verlässt, willkürlich eine andere Parochie zu wählen.

Z. 1, 3.   Jedes an einen Ort mit Parochieen verschiedenen

---

geistlichen haben aber die rechtliche Eigenschaft von Reichsbeamten. Ueber Parochial-Verhältniß einzeln stationirter Militärpersonen vgl. Conf.R. Münster v. 19. März. 7. Novbr. 1840. Die nach §. 34 Nr. 2 der Militär-Kirchenordnung durch den Militärgerichtsstand bedingt gewesene Zugehörigkeit der verabschiedeten Offiziere zu den Militärkirchengemeinden ist in Folge R.G. v. 3. Mai 1890, betr. Aenderung der Militär-Strafgerichtsordnung (R.G.Bl. S. 63) weggefallen. C.R.R. 24. September 1890.

[4]) Formular für diese Zeugnisse: Bramesfeld S. 22. 23 vgl. Synod. rhen. XI S. 205. Müller Anlage I.

evangelischen Bekenntnisses zuziehende Gemeindeglied ist verpflichtet, innerhalb eines Vierteljahrs nach seinem Anzuge zu erklären, welcher Parochie es angehören will; es sei denn, dass seine Angehörigkeit zu einer bestimmten Parochie schon vorher durch eine darin empfangene [*pfarramtliche*] Handlung festgestellt ist.

§. 3 und Zusatz 2.

Die Pflichten eines Gemeindegliedes, so wie auch Z. 2. derjenigen Eingepfarrten, welche noch nicht die activen Rechte eines Gemeindegliedes nachgesucht und erworben haben, sind:

1) die Gnadenmittel der Kirche und der Gemeinde fleißig zu gebrauchen,

2) ein erbauliches Leben zu führen,

3) sich der bestehenden Kirchenordnung zu unterwerfen, und

4) die für die kirchlichen Bedürfnisse erforderlichen Beiträge zu leisten [5]).

Dagegen hat jedes Mitglied der Gemeinde Antheil an allen kirchlichen Gnadenmitteln, Anstalten und Gerechtsamen derselben, und Anspruch auf die Dienste der Kirchen=Beamten. Jedes selbständige und sonst qualificirte Gemeinde-Glied kann zum Gliede des Presbyterii gewählt werden, und hat ein mittel= oder unmittelbares Stimmrecht bei der Wahl der Pfarrer und anderer Kirchenbeamten.

§. 4.

Bei Kirchen [*oder Pfarrstellen*], welche keinen Patron [6])

---

[5]) O.K.R. v. 25. Januar 1878. Die Beitragspflicht ist Folge der Einpfarrung, die durch Aufschlagung des Wohnsitzes in der Parochie begründet wird. Wegen der verabschiedeten Offiziere s. Anm. 3. Ueber die auch nach dem Austritt aus der Kirche fortdauernde Beitragspflicht zu außerordentlichen Kirchenbauten s. St.G. v. 14. Mai 1873, §. 3 A. 2.

[6]) Die in §. 32 d. K.G. u. S.O. f. d. östlichen Provinzen den dorti=

haben, hat die Gemeinde das Recht, ihre Geistlichen zu wählen [7]).

§. 5.

Jede Orts-Gemeinde wird in ihren Gemeinde-Ange-

---

gen Gemeinden beigelegte alternative Mitwirkung bei Besetzung der unter freier kirchenregimentlicher Collatur stehenden Pfarrstellen wurde durch A. E. v. 28. Juli 1876 auf den Geltungsbereich der rheinisch-westfälischen K.O. übertragen. An Stelle dieses Erlasses ist aber nunmehr das K.G. v. 15. März 1886, das Pfarrwahlrecht betr., getreten. S. Anhang 7.

[7]) Vgl. A.L.R. II, 11 §. 353. A.K.O. 25. Sept. 1836. (Rhein-wald acta historico-ecclesiastica seculi XIX. Bd. II 1836. S. 495):

„Auf Ihren Bericht vom 2. d. M. über die Berechtigung der evangelischen Gemeinden in der Provinz Westfalen und der Rheinprovinz, ihre Prediger selbst zu wählen, erkläre Ich zuvörderst, daß es Mein Wille gewesen ist, durch die Bestimmungen im §. 4 der Kirchen-Ordnung vom 5. März 1835 denjenigen Gemeinden die Berechtigung zur Wahl ihrer Geistlichen wieder beizulegen, welche sich vor dem Eintritte der Fremdherrschaft im unstreitigen Besitze derselben befunden haben.

Obige Bestimmung bezieht sich daher nicht auf solche Orte, an welchen die Gemeinde auch schon vor dem Eintritte der Fremd-herrschaft das Recht nicht gehabt hat, ihre Geistlichen selbst wählen zu dürfen. Das Wahlrecht auch solchen Gemeinden neu zu ver-leihen, ist nicht Meine Absicht gewesen. Ich will aber diesen Gemeinden in der Rheinprovinz, namentlich in den Regierungs-bezirken Trier und Coblenz, welche nicht zum Synodal-Verbande von Jülich-Cleve-Berg und Mark gehört haben, diejenige Mit-wirkung bei Besetzung ihrer Predigerstellen, welche das Landrecht in den §§. 329 und 334. Tit. XI. Th. II. den Gemeinden bei Pa-tronatkirchen bewilligt, mit der Modification der neuen Kirchen-Ordnung §. 59. No. 3. gestatten."

Berlin, den 25. September 1836.

(gez.) Friedrich Wilhelm.

An den Staatsminister Freiherrn von Altenstein. vgl. Synod. rhen. II §. 63. IV S. 99...102. VII S. 259...262. VIII S. 148. 149. XI S. 109...111. XII S. 239...248 und Bramesfeld S. 36...38.

legenheiten durch ein Presbyterium[8]) vertreten, bestehend aus
dem Pfarrer, oder den Pfarrern, aus Aeltesten, Kirchmeistern
und Diaconen.

§. 6 und Zusatz 3.

Den Vorsitz im Presbyterium führt der Prediger. Wo
mehrere sind, alternirt das Präsidium unter ihnen nach dem
Herkommen. Der Präses eröffnet und schließt die Verhand=
lungen mit Gebet. Wo sich ein bestimmtes Herkommen Z. 3.
über das Alterniren des Präsidiums im Presbyterium
nicht gebildet hat, wechselt das Präsidium unter mehreren mit gleichen Rechten angestellten Pfarrern einer
Gemeinde jährlich.

In dringenden Verhinderungsfällen des Präses
kann da, wo kein anderer Pfarrer vorhanden ist, der
Vorsitz einem Aeltesten übertragen werden.

Ordinirte Hülfsgeistliche haben das Recht, den
Sitzungen des Presbyteriums mit berathender Stimme
beizuwohnen.

§. 7.

Die Zahl der Mitglieder des Presbyteriums richtet sich
nach der Größe der Gemeinde; doch sollen deren, außer dem
Pfarrer, zum wenigsten vier sein, nämlich zwei Aelteste, ein
Kirchmeister und ein Diaconus oder Armenpfleger.

„Abänderungen der bestehenden Zahl bedürfen der
Zustimmung der Gemeindevertretung und der Genehmigung
der Kreissynode."[9])

---

[8]) Das Presbyterium ist eine öffentliche Behörde im Sinne
des §. 102 des preuß., §. 196 des deutsch. Str.G.B. Erk. d. Obertrib.
vom 22. Mai 1867, 24. Januar 1878 (vgl. JustizMinist.B. 1882 S. 56),
ebenso in Betreff der Verwaltung des kirchlichen Vermögens,
rhein. Verwalt.Ord. v. 1883 §. 1. (s. Anhang 20), ist aber nicht auch
in jeder andern Beziehung den Staatsbehörden gleich gestellt.

[9]) K.G. 1891. (1).

§. 8[10]) und Zusatz 4, 1. 2.

„Die Mitglieder des Presbyteriums, mit Ausnahme der Prediger, werden in kleinen Gemeinden, deren Seelenzahl nicht über 200 ist, von allen bei der Predigerwahl stimmfähigen Gemeindegliedern auf vier Jahre, in größeren Gemeinden von dem Presbyterium und der größeren Repräsentation der Gemeinde (siehe §. 18) unter Vorsitz des Pfarrers auf vier bezw. zwei Jahre gewählt (vgl. Zusatz 4 Nr. 1 von 1853)."

„Nur die persönlich erschienenen Wähler sind stimmberechtigt. Gewählt sind diejenigen, auf welche die absolute[11]) Mehrheit der abgegebenen gültigen Wahlstimmen gefallen ist. Hat der erste Wahlgang eine absolute Mehrheit nicht ergeben, so ist, bis dies erreicht wird, das Verfahren durch engere Wahl unter einer Dreizahl und erforderlichen Falls einer Zweizahl fortzusetzen. Bei Stimmengleichheit entscheidet in allen Fällen das Loos."

„Die Abgehenden können, wenn sie sich dazu qualifiziren, wieder gewählt werden. Sie bleiben jedenfalls bis zur Einführung ihrer Nachfolger im Amte."

Z. 4, 1. Die Wahl der Aeltesten (einschliesslich Kirchmeister) und Diaconen erfolgt in Zukunft der Regel nach jedesmal auf die Dauer von vier Jahren, und scheidet alsdann nur alle zwei Jahre die Hälfte derselben aus. Jedoch kann, wo es nach den Verhältnissen zweckmäßig erscheint, mit Zustimmung der Kreissynode die bisherige zweijährige Amtsdauer beibehalten werden, in welchem Falle alle Jahre die Hälfte ausscheidet.

---

[10]) K.G. 1891 (2). Vgl. Synod. rhen. IX. §. 101. O.K.R. 7. März 1857. Bramesfeld, Anm. 5. S. 42.

[11]) Proponendum der Consistorien, daß zur Wahl der Presbyter absolute Majorität erforderlich sein soll, ist schon von Synod. rhen. XVI und Synod. westf. XV angenommen.

Scheidet ein Glied des Presbyteriums vor Ablauf Z. 1, 2. seiner Dienstzeit aus, so wird an dessen Stelle durch das Presbyterium ein Substitut gewählt, welcher so lange das Amt bekleidet, als der Ausgeschiedene dasselbe bekleidet haben würde.

§. 9 und Zusatz 5, 1. 2.

Ohne erhebliche Gründe, zu welchen ein Alter über 60 Jahre, notorische Kränklichkeit, oder ein Geschäft, welches mit öfterer oder langer Abwesenheit von der Gemeinde nothwendig verbunden ist, so wie zwei mit Vermögens-Administration verbundene Vormundschaften zu zählen sind, dürfen die in das Presbyterium Gewählten sich dem Amte, wozu sie erwählt wurden, nicht entziehen[12]). Bei einer unmittel- Z. 5, 1. baren Wiederwahl in das Presbyterium kann aber der Wiedererwählte auch ohne das Vorhandensein solcher Entschuldigungsgründe die Stelle ablehnen.

Wer ohne erhebliche Gründe das Amt eines Presbyters ablehnt, verliert dadurch das Recht, in Zukunft als Glied des Presbyterii und der größeren Gemeinde-Repräsentation gewählt zu werden. „Einem Solchen kann auf sein Gesuch von dem Presbyterium die Wählbarkeit wieder beigelegt werden[13]).“ Ueber die Gültigkeit der Entschuldigungsgründe ent- Z. 5, 2. scheidet zunächst das Presbyterium, und auf dem Wege des Recurses, welcher jedoch innerhalb 14 Tagen präclusivischer Frist, vom Tage der Mittheilung der Entscheidung des Presbyteriums an gerechnet, eingelegt werden muss, das Moderamen der Kreis-Synode in letzter Instanz.

---

12) Justiz M. R. v. 3. Juli 1874 und C.M.R. v. 15. Juni 1874, daß Staatsbeamte zur Uebernahme des Aeltesten-Amtes der Genehmigung der vorgesetzten Dienstbehörde nicht bedürfen.

13) K.G. 1891 (3).

§. 10 und Zusatz von 1847, num. 6. Zusatz von 1853, num. 6, 1. 2.

Z. 6, 1.   Es dürfen nur solche im §. 21 bezeichnete selbstän=
dige Gemeindeglieder zu Mitgliedern des Presbyteriums
gewählt werden[14]), deren Wandel unsträflich ist, die ein
gutes Gerücht in der Gemeinde haben, überhaupt ihre
Liebe zur evangelischen Kirche, namentlich durch Erziehung ihrer Söhne[15]) im evangelischen Bekenntnisse
bethätigen, und durch Theilnahme an dem öffentlichen
Gottesdienst und heiligen Abendmahle ihre kirchliche
Gesinnung beweisen.

Ausnahmen in Bezug auf evangelische Kindererer-
ziehung können, unter ganz besonderen Verhältnissen,
durch das Consistorium gestattet werden.

Die Aeltesten und Kirchmeister müssen das dreißigste
1847, 6. Lebensjahr erreicht, die Diaconen das vierundzwanzigste
vollendet haben[16]).

Auch dürfen nicht Vater und Sohn, nicht Großvater
und Enkel, auch nicht Brüder zu gleicher Zeit wechselnde
Z. 6, 2. Glieder des Presbyterii sein. Für die Provinz Westfalen behält es bei den desfallsigen übereinstimmenden Beschlüssen der 3. Westfälischen Provinzial-
Synode 57 und 58 sein Bewenden.

§. 11 und Zusatz 7.

Die erwählten Mitglieder sollen öffentlich von der Kanzel
der Gemeinde an zwei auf einander folgenden Sonntagen

---

14) Synod. westf. V b. Beschluß 90 betr. Wählbarkeit der
Elementarlehrer in das Presbyterium. C.M.R. v. 27. Juni 1850.
Synod. rhen. XVII. S. 20.

15) Vgl. Synod. rhen. VII S. 292. §. 6 des Kirchenzuchts=
gesetzes v. 30. Juli 1880. S. Anhang 11.

16) Synod. westf. XIII. 38. O.K.R. v. 7. März 1873.

angezeigt [17]), darauf [*die neu eintretenden* [18]] vor der Ge=
meinde und durch den Pfarrer nach dem in der Agende
befindlichen Formular eingeführt werden. Nur bis zur Z. 7.
vollzogenen zweiten Verkündigung können Einsprüche
gegen die Wahl eingelegt werden. Ueber die Einsprüche entscheidet zunächst das Moderamen der Kreis-
Synode, auf erforderten gutachtlichen Bericht des Presbyteriums; und auf Recurs, welcher jedoch innerhalb
14 Tagen präclusivischer Frist, von der Bekanntmachung des Beschlusses des Moderamens an gerechnet, eingelegt werden muss, das Consistorium.

Der Recurs [19]) an das Consistorium, welches in A.K.O.
letzter Instanz entscheidet, ist nur demjenigen, gegen 8. Dec.
welchen der Einspruch gerichtet worden ist, nicht auch 1866.
dem Opponenten gestattet. Bis zur endgiltigen Entscheidung über die erhobenen Einsprüche verbleibt
der Amtsvorgänger des Beanstandeten in seinen Functionen und falls nicht zu ermitteln ist, an wessen
Stelle der Beanstandete treten sollte, entscheidet das
Loos darüber, welcher von den ausscheidenden Presbytern bis zu jenem Zeitpunkte in seinen Functionen
zu verbleiben hat.

Einsprüche gegen die Persönlichkeit des Ge-

---

[17]) Conf.R. Coblenz 10. Juli 1869. „Auch nach erhobenem
Einspruch ist, soferne nicht die Gewählten in Folge desselben frei=
willig zurücktreten, mit der Proklamation (eventuell unter Bei=
fügung einer entsprechenden Bemerkung) fortzufahren, um ander=
weitige Einsprüche zu präkludiren." Münster 5. Septbr. 1871.
Diese Proklamation ist auch bei den in das Presbyterium oder
in die Repräsentation gewählten Substituten erforderlich.
Conf.R. Coblenz 25. Febr. 1890.

[18]) Conf.R. Münster 16. Januar 1838. Coblenz 22. Dec. 1838.
s. Hermens III, 651.

[19]) A. K. C. v. 8. December 1866.

wählten und die Legalität der Wahlhandlung werden hierbei überall gleichmäßig behandelt.

§. 12 und Zusatz 8, 1. 2. 3.

Z. 8, 2.   Das Presbyterium versammelt sich auf schriftliche oder sonst herkömmliche Einladung des Präses, welche den
Z. 8, 1. Mitgliedern spätestens am Tage vor Abhaltung der Versammlung zukommen muß, in der Regel jeden Monat einmal, in der Sakristei, oder einem andern bestimmten angemessenen Lokale in einem der kirchlichen Gemeindegebäude. Der Präses hat darauf zu halten, daß Ordnung, Anstand und Würde in der Versammlung nicht verletzt und nur über kirchliche Gegenstände gesprochen werde.

Der Präses kann auch, wo es erforderlich ist, außergewöhnlich das Presbyterium zusammenberufen. „Zur[20]) Fassung eines Beschlusses müssen zwei Drittel beziehungs-
Z. 8, 3. weise die Hälfte (Zusatz 8 Nr. 3 von 1853) [Ist die Einladung schriftlich und unter Angabe der Berathungsgegenstände erfolgt, so ist schon die Hälfte der Mitglieder des Presbyteriums beschlussfähig.] der gesetzlichen Mitgliederzahl versammelt sein. Die Beschlüsse werden durch Stimmenmehrheit gefaßt. Im Falle der Stimmengleichheit entscheidet bei Wahlen das Loos, sonst die Stimme des Vorsitzenden.“

„Mitglieder, welche an dem Gegenstande der Beschlußfassung persönlich betheiligt sind, haben sich der Abstimmung zu enthalten und dürfen nur auf ausdrückliche Gestattung der Versammlung bei der Verhandlung anwesend sein.“

„Jedes Mitglied des Presbyteriums ist verpflichtet, über alle die Seelsorge und Kirchenzucht betreffenden An-

---

[20]) Von hier an beruht der Schluß dieses Absatzes auf der Redaction des K.G. 1891. Die beiden folgenden Zusätze sind durch dasselbe neu hinzugefügt (4).

gelegenheiten, sowie über die sonst als vertraulich bezeichneten Gegenstände Verschwiegenheit zu beobachten."

§. 13.

Ueber die Verhandlungen wird ein Protokoll geführt und dasselbe in das Protokollbuch eingetragen. Die Protokolle werden von allen anwesenden Mitgliedern unterzeichnet und das Protokollbuch wird dem Superintendenten bei der Kirchen-Visitation vorgelegt.

§. 14 und Zusatz 9, h. i. k l.

Zu dem Geschäftskreis der Orts-Presbyterii gehört:

a) die Handhabung der Kirchen-Disciplin in der Gemeinde, innerhalb der gesetzlichen Grenzen [§. 118 ff.];

b) die Einleitung der Wahl des Predigers nach den Bestimmungen des Wahl-Reglements [§. 59];

c) es gebührt ihm die Wahl der untern Kirchen-Bedienten [§. 140], die verfassungsmäßige Theilnahme an der Wahl der Elementar-Schullehrer und der §. 8 bezeichnete Antheil an der Wahl der Presbyter;

d) die Aufnahme der vor ihm und der Gemeinde durch den Prediger geprüften Confirmanden [§. 110];

e) nach der Bestimmung des §. 2 die Ertheilung der Kirchen-Zeugnisse für die aus der Gemeinde zu entlassenden Glieder;

f) Sitz und Stimme in der Kreis-Synode „nach Maßgabe des §. 35"[21]);

g) die Verwaltung des Kirchen-, Pfarr-, Schul- und Armen-Vermögens [§. 17. 147][22]);

h) die Aufsicht über die ganze Gemeinde und die Z. 9. Aufrechthaltung guter Ordnung bei dem öffentlichen Gottesdienste [§. 15. 75...85];

---

[21]) K.G. 1891 (5).

[22]) S. Verwaltungs-Ordnung b. 16. Jan. 1888, Anhang 20.

i) die Pflicht, zur Zeit einer Vacanz der Pfarrstelle, nach Anweisung des Superintendenten dafür zu sorgen, dass der Gottesdienst und der katechetische Unterricht der Jugend gehörig wahrgenommen werde [§ 53...59];

k) die Leitung der kirchlichen Einrichtungen für Armen- und Krankenpflege [§. 17. 147], „ſowie für Verwahrloſte; auch kann es ſich hiefür Helfer aus der Gemeinde beiordnen" [21]);

l) es bildet innerhalb der verfassungsmäßigen Grenzen den Schulvorstand der Pfarrschulen, führt die Aufsicht über sämmtliche Schulen in der Gemeinde in Beziehung auf christliche Unterweisung und Erziehung der Jugend, und wahrt im Bereiche der Parochie die der Kirche über die Schulen zustehenden Rechte [§. 66. 117].

m)[23]) „Zur Abänderung der üblichen Zeit der öffentlichen Gottesdienſte bedarf der Pfarrer der Zuſtimmung des Presbyteriums, vorbehaltlich der Vorſchrift im §. 83 der Kirchenordnung."

n) „Dieſelbe iſt auch erforderlich, wenn wegen Abänderung der in der Gemeinde beſtehenden lokalen liturgiſchen Einrichtungen Anträge an die zuſtändigen Behörden gerichtet werden ſollen."

§. 15.

Die Pflichten der Aelteſten ſind:

Dem Prediger zur Erreichung des Zweckes in ſeinen Amtsverrichtungen hülfreiche Hand zu leiſten.

Insbeſondere haben ſie:

1) beim öffentlichen Gottesdienſte über gute Ordnung zu wachen;

---

[23]) lit. m) u. n) ſind durch K.G. 1891 (5) neu hinzugefügt.

2) sollen sie diejenigen, welche durch Nichtbesuchung des Gottesdienstes, oder sonst durch Uebertretung der im §. 3 bemerkten Pflichten der Gemeindeglieder Anstoß geben, dem Prediger anzeigen;

3) sind sie verbunden, abwechselnd den Prediger bei den jährlichen Hausbesuchen, wo dieselben üblich sind, zu begleiten;

4) überhaupt durch Ermahnen und Bitten christliche Ordnung, gewissenhafte Kinderzucht und einen frommen Lebenswandel der Gemeindeglieder zu fördern, und endlich

5) den Synodal-Verhandlungen, wenn sie dazu erwählt werden, beizuwohnen.

§. 16.

Die Kirchmeister haben folgende besondere Obliegenheiten:

1) sie empfangen alle Einnahme der Kirche und bestreiten von derselben die Ausgaben auf Assignationen [*Anweisungen*], welche von dem Präses des Kirchen-Vorstandes unterschrieben sind;

2) legen sie jährlich dem Presbyterio Rechnung von ihrer Verwaltung ab, und haben sich jeder besondern von dem Presbyterio angeordneten Kassen-Revision zu unterwerfen.

[*Auf den Antrag des Presbyteriums kann es der Superintendent gestatten, dass die Rendantur der Kirche gegen Remuneration einem besondern Beamten, welcher jedoch dadurch nicht Mitglied des Presbyteriums wird, übertragen werde* [24].]

3) Sie führen die besondere Aufsicht über die der Gemeinde gehörenden Gebäude, Kirchengeräthe und andere

---

[24] §. 2 der rhein. Verwaltungsordnung. S. Anhang 20.

Inventarienstücke der Kirche, und machen in der Ver=
sammlung des Kirchenvorstandes die Anträge zu nöthigen
Bauunternehmungen.

4) „Sie vertreten im Gebiete des französischen Rechts
die Ortsgemeinden bei allen Prozessen, so daß alle
erforderlichen Zustellungen von ihnen rechtsgültig
ausgehen und an sie rechtsgültig erfolgen"[25].

§. 17 und Zusatz 10.

Pflichten der Armenpfleger oder Diaconen:

Die besondern Obliegenheiten der Armenpfleger sind
folgende:

1) die Sorge für die Armen der Gemeinde: sie unter=
suchen deren Familienverhältnisse, ihren häuslichen
und ihren sittlichen Zustand, erforschen deren Bedürf=
nisse, machen die nöthigen Anträge zur Befriedigung
derselben in der Versammlung des Kirchenvorstandes
und vollziehen in dieser Hinsicht die gefaßten Be=
schlüsse;

2) sie verwalten den Armenfonds der Gemeinde, be=
sorgen, nach den ihnen zu ertheilenden Anweisungen
des Präses, die Einnahmen und Ausgaben, und legen
jährlich dem Presbyterio, welches für die richtige
Kassenführung verantwortlich ist, Rechnung von ihrer
Verwaltung ab. Auch haben sie sich jeder von dem
Presbyterio angeordneten besondern Kassenrevision
zu unterwerfen.

Z. 10.   Auf den Antrag des Presbyteriums kann es der
Superintendent gestatten, dass die Rendantur der
Armenkasse gegen Remuneration einem beson-
dern Rendanten, der dadurch nicht Mitglied des

---

[25] K.G. 1891 (6). A.E. v. 4. Mai 1868 (G.S. S. 450). Vgl.
Synod. rhen. XII S. 97. S. auch Anhang 8.

Presbyteriums wird, übergeben werde.   Auch kann ein anderes Mitglied des Presbyteriums diese Rendantur übernehmen. [*vgl. zu* §. 16, 2.]

3) „Sie besorgen die Sammlungen der Beiträge für die Kirche und Armen der Gemeinde und die angeordne=ten kirchlichen Kollekten" [26]).

§. 18 und Zusatz 11, 2.

Von der größern Repräsentation der Ortsgemeinde [27]).

Jede evangelische Gemeinde, welche über 200 Seelen zählt, erhält, außer dem Presbyterium, eine größere Ver-tretung, welche gemeinschaftlich mit dem Presbyterium

a) die Prediger wählt;

b) über die Veränderung in der Substanz des Grund= Eigenthums der Gemeinde, Erwerbung oder Ver= äußerung derselben, wozu auch Erbverpachtungen und Concessionen gegen Erbzins gehören, berathet und beschließt;

c) Gehälter und Gehalts=Zulagen für Kirchenbeamte oder Kirchendiener bestimmt;

d) bei Unzulänglichkeit des kirchlichen Vermögens der Gemeinde die Herbeischaffung der nöthigen Bedürf= nisse beräth, nöthigenfalls die Umlage auf die Mit- glieder der kirchlichen Gemeinde „nach Maßgabe direkter Staatssteuern oder Kommunalsteuern bewirkt [28])."

---

[26]) K.G. 1891 (7). Nach früherer Fassung die „vom Staate" angeordneten Kollekten.

[27]) Vgl. A.L.R. II, 11. §. 159. 645...647.

[28]) K.G. 1891 (8). C.M.R. v. 23. Februar 1857 u. 2. Mai 1871. O.K.R. v. 15. December 1877 betr. Mitwirkung der Gemeinde= organe bei Einführung oder Veränderung von Gebührentaxen. C.M.R. v. 15. Januar 1881 betr. Ausführung der Umlagebeschlüsse der kirchl. Gemeindeorgane. Conf.R. Coblenz v. 24. Januar 1881

Z. 11, 2.   Es steht dem Presbyterium frei, auch in inneren Angelegenheiten, wo es ihm angemessen erscheint, die Unterstützung der Gemeindevertreter in Anspruch zu nehmen. [§. 30 a. E.]

§. 19.

Die Anzahl dieser Vertreter wird, nach der Größe der Seelenzahl der Gemeinde, nach folgender Progression festgestellt:

In Gemeinden von 200 Seelen und darunter werden alle stimmfähigen Gemeindeglieder berufen[29];

---

u. Conſ.R. Münſter v. 7. Febr. 1878 u. 16. März 1881. C.M.R. v. 28. November 1883 betr. den Vertheilungsmaßſtab für kirchl. Umlagen, bezw. Beſteuerung kirchl. Gemeindeglieder bei doppeltem Wohnſitze. C.M.R. v. 30. Auguſt 1884, vorſtehenden Erlaß dahin erläuternd, daß ſich derſelbe nur bezieht auf Feſtſetzung des Bei= tragsfußes für ſolche Laſten, die erſt durch die neuere Geſetz= gebung ermöglicht oder eingeführt ſind, daher nach C.M.R. v. 9. October 1884 nicht auf den Fall, wo, wie im Gebiete der weſtf.= rhein. K.O., regelmäßige kirchliche Umlagen nicht erſt durch die neuere Geſetzgebung eingeführt ſind, wenn auch der Repartitionsfuß jedesmal von neuem feſtgeſetzt wird. C.M.R. v. 5. Februar 1886, die Nr. 2 des Erlaſſes v. 28. November 1883 abändernd, Bezug nehmend auf §§. 265. 730 Th. II Tit. 11 des A.L.R. u. Communal= abgaben=Geſetz v. 27. Juli 1885. C.M.R. v. 22. Auguſt 1877 und 8. November 1884 betr. Beſteuerung der Beamten, wenn die Kirchen= ſteuer auf Grund der Communalſteuer umgelegt wird. Ferner C.M.R. v. 29. December 1887 u. O.K.R. v. 17. Januar 1888 über die Freiheit der Gemeindevertretung hinſichtlich der Beſteuerung der Beamten und Lehrer. C.M.R. v. 19. Septbr. 1884, die Geiſt= lichen dürfen zur Kirchenſteuer nicht aus ihrem Dienſteinkommen herangezogen werden; wohl aber ſind ſie aus ihrem Privatver= mögen ſteuerpflichtig. Müller, S. 54. Vgl. auch Erkenntniß des Oberverwaltungsgerichts v. 14. Sept. 1885 (Entſcheidungen Bd. XII S. 111 ff.) bez. der Befreiung des Ruhegehaltes der Geiſt= lichen von directen perſönlichen Abgaben.

[29] Vgl. C.M.R. 11. Dec. 1861, Actenſtücke V, 219.

a) auf Gemeinden von 200 bis incl. 500 Seelen,
16 Repräsentanten;

b) für Gemeinden von 500 bis 1000 Seelen, 20 Repräsentanten;

c) von 1000 bis 2000 Seelen, 24 Repräsentanten;

d) von 2000 bis 5000 Seelen, 40 Repräsentanten;

e) bei Gemeinden über 5000 Seelen, 60 Repräsentanten.

§. 20.

Die sämmtlichen Repräsentanten werden zum ersten
Male gewählt unter dem Vorsitz des Kreis-Superinten-
denten, mit Zuziehung des Pfarrers oder der Pfarrer der
Gemeinde[30]).

§. 21 und Zusatz 12, 1. 2. 3.[31])

Wähler der Repräsentanten sind alle [*männliche*] Gemeindeglieder, welche das vierundzwanzigste Lebensjahr zurückgelegt haben, zu den Bedürfnissen der Gemeinde, wo
es erforderlich ist, concurriren und

a) entweder ein öffentliches Amt bekleiden,

b) oder einem eigenen Geschäft vorstehen,

c) oder eine eigene Haushaltung führen.

d) Der Sohn einer Wittwe, welcher deren Geschäft Z. 12, 3.
führt und das vierundzwanzigste Lebensjahr vollendet hat, besitzt das active und passive Wahlrecht.

---

[30]) Der Schlußsatz (und im Beisein des evangelischen Ortsbürgermeisters, ev. eines evangelischen Beigeordneten oder Mitgliedes des Stadtrathes) ist durch K.G. 1891 (9) in Wegfall gekommen.

[31]) Zu §. 21 bis 28 vgl. O.K.R. 6. Aug. 30. Sept. 1861 u.
Conf.R. Coblenz 18. Aug. 15. Oct. 1861 (ad Synod. rhen. XI
§. 103. 105. 151.) Synod. rhen. XII §. 11. Zu lit. d): Mehrere Söhne,
welche gemeinschaftlich das Geschäft führen, sind alle gleichmäßig
wahlberechtigt.

Z. 12, 2.   Sofern die Gemeindevertretung einzelne Klassen der Gemeinde von der Beitragspflicht durch Beschluss frei lässt[32]), erlischt das Wahlrecht derselben nicht.

Z. 12, 1.   Das Presbyterium ist befugt, einem Gemeindegliede wegen gegebenen öffentlichen Aergernisses durch einen förmlichen Beschluss das Wahlrecht zu entziehen[33]).

§. 22.

Wählbar zu Repräsentanten sind diejenigen selbstängen[34]) Gemeindeglieder, welche das 24. Jahr zurückgelegt, einen unbescholtenen Ruf haben, ehrbaren Lebenswandel führen, und an dem Gottesdienste und heiligen Abendmahl fleißig Theil nehmen.

§. 23 und Zusatz 13, 1. 2. 3.

Die Wahl erfolgt auf die Weise, daß jeder Wählende so viele Namen von Wählbaren, als Vertreter der Gemeinde zu ernennen sind, in einem, dem die Wahl leitenden Kirchenbeamten zu übergebenden verschlossenen Zettel benennt, damit die Stimmen ganz frei von allem fremdartigen Einflusse bleiben.

„Nur die persönlich erschienenen Wähler sind stimmberechtigt"[35]).

Z. 13, 1.   Statt der Abstimmung durch verschlossene Stimmzettel kann das Presbyterium durch Beschluss auch die Wahl durch öffentliche Stimmgebung zu Protokoll anordnen.

Z. 13, 2.   Wo die örtlichen Verhältnisse dies nöthig machen

---

[32]) Synod. rhen. XIII §. 88. O.K.R. v. 4. Januar 1871. S. bez. der Beamten u. Lehrer ob. A. 28.

[33]) K.G. betr. Verletzung kirchlicher Pflichten u. s. w. v. 30. Juli 1880 §. 4. 5. 6. 7. S. Anhang 11.

[34]) Vgl. Synod. rhen. XI §. 103. A.L.R. II. 11. §. 356.

[35]) K.G. 1891 (10).

kann die Wahl auch mit Berücksichtigung der einzelnen [*örtlichen*] Abtheilungen der Gemeinde erfolgen.

Die nach den Ortsverhältnissen erforderlichen Z.12,3.
näheren Bestimmungen der Wahlform[36]) bleiben besonderen Wahlordnungen vorbehalten, die, nach Anhörung
des Presbyteriums, auf Antrag des Superintendenten
durch das Consistorium festgestellt werden.

§. 24 und Zusatz v. 1847 num. 4.

Die Namen der durch relative Stimmenmehrheit erwählten Gemeindevertreter werden an zwei nach einander
folgenden Sonntagen von der Kanzel verkündiget,
und können nur bis zur vollzogenen zweiten Bekanntmachung Einsprüche gegen die Wahl angenommen
werden.

„Im Uebrigen finden die Bestimmungen der Kirchenordnung und der dazu erlassenen Ergänzungen, betreffend
das Verfahren bei Einsprüchen gegen Presbyterwahlen
(§. 11), sowie bei der Entlassung von Presbytern (Zusatz
zu §. 126) auch hier Anwendung[37]).‟

§. 25.

Wenn eine Gleichheit der Stimmen eintritt, so bestimmt
das Loos den künftigen Repräsentanten[38]).

§. 26 und Zusatz v. 1847 num. 1.

Von diesen Repräsentanten tritt alle zwei Jahre der
vierte Theil ab.

---

[36]) Vgl. Synod. rhen. XI §. 101. 103. Wahlordnungen
Anhang 1. 2.

[37]) K.G. 1891 (11). In dem früher an dieser Stelle befindlichen Zusatz v. 8. Decbr. 1866 fehlten die Worte: sowie — Presbytern. Bezüglich der Verkündigung s. Note 17 zu §. 11.
Conf.R. Coblenz v. 25. Februar 1890.

[38]) Synod. rhen. XIII §. 87. O.K.R. v. 4. Januar 1871.

§. 27.

Die zuerst Austretenden werden durch das Loos be=
stimmt.

§. 28.

Die an der Ausgeschiedenen Stelle tretenden neuen
Repräsentanten werden von den stimmberechtigten Gemeinde=
gliedern unter dem Vorsitze des Pfarrers erwählt; wo
mehrere Pfarrer sind, unter dem Vorsitze des Präses des
Presbyteriums; die Abgehenden sind wieder wählbar [39]).

„Sie bleiben jedenfalls bis zum Eintritt ihrer Nach=
folger in Funktion" [40]).

§. 29 und Zusatz v. 1847 num. 3.

Wenn in der Zwischenzeit der regelmäßigen Wahlen
ein Repräsentant „aus der Repräsentation ausscheidet" [41]), so
wird dessen Stelle in der ersten Sitzung der Gemeindever=
tretung von derselben durch eine neue Wahl wieder in der
Art besetzt, daß der neu Gewählte die Stelle seines Vor=
gängers bis zu dem Zeitpunkte behält, wo letzterer
durch den regelmäßigen Wechsel ausgeschieden sein
würde [42]).

---

[39]) Synod. rhen. XIII §. 38. Conf.R. Coblenz v. 22. Octbr.
1870 Amtsantritt der Repräsentanten betreffend. Proponendum
der Consistorien, Verlegung der Amtsperiode der Mitglieder des
Presbyteriums und der Repräsentation auf die Zeit vom 1. April
bis Ende März von Synod. rhen. XVI angenommen, Synod.
westf. XV abgelehnt. Vgl. Anhang 1 §. 1.

[40]) K.G. 1891 (12).

[41]) K.G. 1891 (13). Frühere Fassung: mit Tode abgeht, die
Gemeinde verläßt, in das Presbyterium gewählt wird oder seine
Qualification verliert.

[42]) A.K.O. v. 22. Aug. 1847. — Die Wahl des Substituten
ist, wie nach §. 11 u. 21, zweimal von der Kanzel zu proklamiren.
Conf.R. Coblenz 2. Februar 1890.

„Für die Wahl ist absolute Stimmenmehrheit erforderlich"[43]).

§. 30.

Die Gemeinde-Vertretung beschließt[44]), unter dem Vorsitz des Präses des Presbyterii, durch Stimmen-Mehrheit gemeinschaftlich mit dem Presbyterium über die von demselben zur Berathung vorgelegten Gegenstände; bei Gleichheit der Stimmen gibt der Präses des Presbyterii den Ausschlag, „bei Wahlen das Loos"[45]). Das Presbyterium führt die gefaßten Beschlüsse aus, wobei demselben auf sein Ansuchen die nöthige Unterstützung von Mitgliedern der größern Gemeinde-Repräsentation gewährt wird. [§. 18 *Zusatz* 11, 2.]

§. 31 und Zusatz 14.

Der Präses des Presbyterii ist der Präses der größern Gemeindevertretung. [§. 30.] Diese versammelt sich auf Z. 14. dessen Einladung, welche in der Regel wenigstens am Tage vorher und unter Angabe der Hauptgegenstände der Verhandlung den Mitgliedern bekannt gemacht werden muss.

§. 32[46]).

„Zur Fassung eines Beschlusses muß die absolute Majorität der gesetzlichen Mitgliederzahl des aus der Gemeindevertretung und dem Presbyterium bestehenden Collegiums gegenwärtig sein."

---

[43]) K.G. 1891 (13).

[44]) Die Art der Abstimmung hat der Präses zu bestimmen, ohne dabei an Majoritätsbeschlüsse gebunden zu sein. O.K.R. v. 7. Decbr. 1859. Vgl. auch B r a m e s f e l d Anm. 2 zu §. 30.

[45]) K.G. 1891 (11).

[46]) K.G. 1891 (15). Der Zusatz von 1817 Nr. 2 ist in Wegfall gekommen und an seiner Stelle Absatz 1 neu redigirt. Absatz 2 u. 3 sind neu hinzugekommen.

„Ist auf die erste Einladung die zur Beschlußfähig=
keit erforderliche Majorität nicht erschienen, so sind bei
zweiter kirchenordnungsmäßiger Einladung (§. 31 Zusatz)
die alsdann Erschienenen ohne Rücksicht auf die vorhandene
Zahl beschlußfähig, wenn bei der Einladung auf diese Be=
stimmung ausdrücklich hingewiesen ist."

„Mitglieder, welche an dem Gegenstande der Beschluß=
fassung persönlich betheiligt sind, haben sich der Abstim=
mung zu enthalten und dürfen nur auf ausdrückliche Ge=
stattung der Versammlung bei der Verhandlung anwesend
sein."

§. 33 ⁴⁷).

„Ueber die Beschlüsse der Versammlung ist eine Ver=
handlung aufzunehmen, aus welcher die Namen der dabei
anwesend gewesenen Mitglieder hervorgehen müssen. Die
Verhandlung wird von dem Vorsitzenden und wenigstens
drei Mitgliedern, welche die Versammlung bestimmt, nach
Vorlesung durch Unterschrift vollzogen."

§. 33ᵃ ⁴⁸).

„Wenn eine Gemeindevertretung beharrlich die Er=
füllung ihrer Pflichten vernachlässigt oder verweigert, so kann
das Consistorium auf Antrag des Vorstandes der Kreissynode
dieselbe auflösen und den erwiesen Schuldigen die Wähl=
barkeit auf bestimmte Zeit entziehen. — Die Neubildung
der Gemeindevertretung ist unter Leitung eines von dem
Consistorium zu bestellenden Commissars zu bewirken. —
Bis dahin werden die Rechte der Gemeindevertretung durch
das Presbyterium ausgeübt."

---

⁴⁷) K.G. 1891 (16). Früher war Unterschrift aller bei der
Abstimmung Anwesenden erfordert.

⁴⁸) K.G. 1891 (17). Der frühere Zusatz v. 1847 Nr. 5 ist
aufgehoben.

§. 33ᵇ oder Zusatz 15.

Bestehen in einer Gemeinde herkömmlich besondere, die Kirchenordnung ergänzende, näher bestimmende oder modifizirende Einrichtungen, deren Anerkennung sie wünscht, oder fühlt sie sonst das Bedürfniss, neue eigenthümliche Einrichtungen zu treffen, so können solche zu einer statutarischen Bestimmung, oder insofern sie Gemeinde-Angelegenheiten im Ganzen betreffen, zu einem förmlichen Gemeindestatut zusammengefasst werden. Es ist deshalb, nach Vorberathung und auf Antrag des Presbyteriums, ein Beschluss der Gemeinde oder ihrer Vertreter zu fassen und für denselben, nach vorgängiger Begutachtung durch die Kreis-Synode, die Anerkennung der Provinzial-Synode: dass die statutarische Bestimmung zweckmäßig und wesentlichen Bestimmungen der Kirchenordnung nicht zuwider sei, sowie die schliessliche Bestätigung des Consistoriums nachzusuchen.

Zweiter Abschnitt.

Von der Kreis-Gemeinde und Kreis-Synode.

§. 34 und Zusatz 16.

Die Gesammtheit mehrerer Ortsgemeinden, welche ein gemeinschaftliches Presbyterium haben, heißt Kreis-Gemeinde. Der Umfang derselben wird durch das Herkommen Z. 16. oder durch einen von dem Consistorium mit Genehmigung der höheren Kirchenbehörde und nach Anhörung der betheiligten Presbyterien und Kreis-Synoden, sowie der Provinzial-Synode gefassten Beschluss bestimmt.

„Dieses Presbyterium wird die Kreissynode genannt und besteht aus dem Synodalvorstande, aus den Pfarrern des Kreises und aus ebensoviel deputirten Presbytern, als Gemeinden zum Kreise gehören."

„Sind mehrere selbständige Kirchengemeinden zu einem gemeinschaftlichen Pfarrsystem vereinigt, so haben sie zwar das Recht, für jede dieser Gemeinden je einen Presbyter zu entsenden; sie sind aber nicht verpflichtet, hiervon Gebrauch zu machen, vorausgesetzt, daß wenigstens so viel Presbyter deputirt werden, als Pfarrstellen vorhanden sind. Die Anzahl der bezüglichen Deputirten und die Reihenfolge, in welcher dabei die einzelnen Kirchengemeinden konkurriren, ist durch ein festes, der Genehmigung der Kreissynode und des Consistoriums unterliegendes Uebereinkommen zu regeln."

„Auch frühere Presbyter, sofern sie die Qualifikation zum Presbyter-Amte nicht verloren haben, sind wählbar."

„Die innerhalb der Kreisgemeinde fungirenden Anstaltsgeistlichen und Militär-Prediger, sowie die ordinirten Hülfsgeistlichen, Adjunkten und Vikare, sind zur Theilnahme an den Kreissynoden mit berathender Stimme berechtigt. Pfarrverweser, welche die Stelle des ordentlichen Pfarrers in der Gemeinde vollständig vertreten, haben auch auf der Kreissynode eine volle Stimme, desgleichen der Substitut eines Pfarrers (§. 74 der Kirchenordnung), falls der letztere der Kreissynode nicht beiwohnen kann."

„Die Provinzialsynodaldeputirten (§. 45 der Kirchenordnung) dürfen den Kreissynoden mit berathender Stimme beiwohnen."

---

[49] K.G. 1891 (18). Zusatz 17, 1. 2 sind mit dem früheren §. 35 in Wegfall gekommen. Vgl. auch unten §. 52b.

§. 36 [50]).

„Jeder Kreissynode ist ein von derselben gewählter Vorstand vorgesetzt, welcher aus drei Pfarrern, nämlich dem Superintendenten, dem Assessor und dem Scriba, sowie aus zwei derzeitigen oder früheren (siehe §. 35 Abs. 3) Presbytern besteht. Der Assessor ist der Substitut und Beistand des Superintendenten. Der Scriba führt bei allen Synodalverhandlungen das Protokoll. Der Synodalvorstand wird von der Synode auf sechs Jahre gewählt und kann nach Verlauf dieses Zeitraums wiedergewählt werden [51]). Die getroffene Wahl des Superintendenten und Assessors wird durch das Consistorium dem Evangelischen Ober-Kirchenrathe [52]) zur Bestätigung vorgelegt."

„Stirbt der Superintendent, legt er sein Amt nieder, oder hört er auf, Pfarrer in dem Synodalkreise zu sein, so verwaltet der Assessor das Amt bis zur Bestätigung und Einführung des bei der nächsten Synodal-Zusammenkunft zu wählenden neuen Superintendenten."

„Für den Assessor und Scriba, sowie für jeden der Vorstandsältesten werden Stellvertreter gewählt."

„Es dürfen nicht Vater und Sohn, nicht Großvater und Enkel, auch nicht Brüder zu gleicher Zeit Mitglieder oder Stellvertreter im Synodalvorstande sein".

„Beschlußfähig ist der Synodalvorstand, wenn auf

---

[50]) K.G. 1891 (19). Nach dem aufgehobenen §. 36 und Zusatz 18, 1. 2 bedurfte die Wahl des Superintendenten und Assessors noch der Bestätigung des Ministers der geistlichen Angelegenheiten und war die Zuziehung zweier Aeltesten zu wichtigen Verhandlungen des Moderamens nur facultativ.

[51]) Vgl. Synod. rhen. XIII. O.K.R. v. 2. Novbr. 1870 Wahl von Verwandten in das Moderamen der Kreis-Synode betreffend.

[52]) Vgl. A.E. vom 29. Juni 1850 §. 5. 6. Actenstücke des O.K.R. II, 3 oder Heft IX. 1858. S. 137. 139.

Einladung sämmtlicher Mitglieder unter Mittheilung der
Tagesordnung wenigstens drei anwesend sind."

§. 37.

Zu dem Geschäfts-Kreis der Kreis-Synode gehört

a) Berathung der Anträge an die Provinzial-Synode
über alle kirchlichen Gegenstände, worüber die Beschluß-
nahme nach §. 49 der Provinzial-Synode zusteht;

b) die Aufsicht über die Pfarrer, Orts-Presbyterien,
Candidaten, Pfarr-Schul-Lehrer und Kirchendiener
des Kreises;

c) die Handhabung der Kirchen-Disciplin innerhalb der
gesetzlichen Grenzen [§. 118...128];

d) die Aufsicht über die Verwaltung des Kirchen- und
Armen-Vermögens aller Gemeinden des Kreises;

e) die Verwaltung der Prediger-Wittwen-Kasse des
Kreises und der Synodal-Kasse [§. 49 a. E.];

f) die Leitung der Wahlangelegenheiten der Pfarrer des
Kreises, so wie die Ordination derselben und Introduction [§. 38, 5];

g) die Wahl des Directorii der Synode und der Deputirten der Provinzial-Synode [53]).

§. 38.

Der Superintendent hat

1) in allen kirchlichen Angelegenheiten über Erhaltung
und Ausführung der Kirchen-Ordnung und Synodal-
Beschlüsse zu wachen und die Rechte der Kirche wahrzunehmen;

2) er führt die Aufsicht über die Presbyterien, über das
Fortstudiren und die Führung der Candidaten[54]) des

---

53) O.K.R. v. 21. Octbr. 1886 betr. den Modus der Wahlen
in den Kreis-Synoden.

54) Conf.R. Münster v. 10. Juni 1886 betr. Beaufsichtigung
der Candidaten des evangelischen Predigtamtes in Westfalen.

Kreises, wie auch über die Amtsverwaltung und den Lebenswandel der Geistlichen, Kirchenbedienten und Schullehrer, nach den Grundsätzen der Kirchen-Ordnung. „Er sucht Mißhelligkeiten, welche zwischen Gemeinden, Predigern, Presbyterien, diesen und der Gemeinde entstehen, zu vermitteln und auszugleichen und führt die zur Kompetenz des Kreissynodalvorstandes gehörigen, oder ihm sonst aufgetragenen disciplinarischen Verhandlungen" [55]);

3) er hält in der Regel in jeder Gemeinde alle zwei Jahre die Kirchen-Visitation nach der vorgeschriebenen Instruction, und stattet darüber Bericht an die geistliche Behörde und an die Synode bei ihrer Versammlung ab. Im Nothfall kann er sich in diesem Geschäfte von seinem Assessor vertreten lassen, so wie letzterer in der Gemeinde des Superintendenten jedesmal die Kirchen-Visitation übernimmt;

4) er ordnet die Geschäfte, welche bei einer vacanten Gemeinde zu besorgen sind, bestimmt daher den Turnus, nach welchem die geistlichen Amtsverrichtungen während der Vacanz einer Pfarrstelle von den Predigern der Kreis-Synode und Candidaten verrichtet werden, führt das Präsidium des Presbyteriums der vacanten Gemeinde und besorgt

5) die Wahl-Angelegenheiten in der Gemeinde nach der vorgeschriebenen Ordnung, leitet die Predigerwahl und

---

Conf.R. Coblenz v. 10. Juni 1890 über die Beaufsichtigung der Candidaten des evangelischen Predigtamtes in der Rheinprovinz. S. Anhang 14. Ueber die getroffene Vicariatseinrichtung für die praktische Vorbildung der Candidaten zum geistlichen Amt f. Conf.R. Coblenz v. 1. Juni 1888 u. 30. April 1891. (Vgl. Verhandlungen der Niederbergischen Kreissynode v. 1882.)

[55]) K.G. 1891 (20).

verrichtet die Ordination und Introduction der Geist=
lichen, in Verbindung mit dem Assessor und Scriba.

6) Er leitet die Synode bei ihrer Versammlung, ordnet
den Gang der Verhandlungen an, hat den Vorsitz
und das Recht der Entscheidung bei Gleichheit der
Stimmen, und steht an der Spitze in den von der
Synode ernannten Kommissionen.

7) Er hat die Verordnungen der Behörden in Ausfüh=
rung zu bringen. Die Verfügungen derselben, soweit
sie die kirchlichen Angelegenheiten und die Amtsfüh=
rung der Geistlichen betreffen, gelangen allein durch
ihn an die Prediger und Gemeinden des Kreises,
und durch ihn gehen die Gesuche der Prediger und
Gemeinden wieder zu den Behörden.

8) Er ist in der Regel Schul=Inspector, oder es kommen
doch alle die Schule betreffenden Angelegenheiten, wenn
ein anderer Geistlicher mit der Schulpflege beauftragt
ist, an ihn und durch ihn an die Staatsbehörde, und
von dieser durch ihn an die Schul=Inspectoren. Er
ist hiernach das Organ, sowohl der dem Kirchen= und
Schulwesen vorgesetzten Königlichen Behörden, als der
Synode [§. 117 [56)].

§. 39.

Die Kreis=Synode versammelt sich in der Regel jähr=
lich einmal an dem Orte, der von derselben bestimmt wird.
Die Berufung geschieht durch den Superintendenten wenig=
stens vier Wochen vor der Zusammenkunft. In dringenden
Fällen kann er sie auch außerordentlich berufen, oder die
schriftlichen Stimmen der Mitglieder einholen.

§. 40.

Nach vorhergegangenem Gottesdienste, wobei derjenige

[56)] Vgl. Note zu §. 117.

Geistliche, welcher in der vorigen Sitzung dazu gewählt worden, die Predigt hält, eröffnet der Superintendent die Verhandlungen mit einem Gebete, stattet Bericht über den innern und äußern Zustand der Gemeinde des Synodal-Kreises ab, und legt die Gegenstände der Berathung vor. Es können nur kirchliche Gegenstände, welche nach §. 37 zum Geschäftskreise der Synode gehören, berathen werden. Der Superintendent schließt die Verhandlungen mit Gebet.

„Die Verhandlungen sind, soweit ein Bedürfniß dazu vorliegt, durch eine vom Consistorium zu genehmigende Geschäftsordnung zu regeln, in welcher auch über die Zulassung von Gästen Bestimmungen getroffen werden können." [57]

§. 41.

„Die Beschlüsse werden durch absolute Mehrheit der Stimmen gefaßt. Zur Fassung eines Beschlusses der Synode wird die Anwesenheit von zwei Dritteln der gesetzlichen Mitgliederzahl erfordert. Für Wahlhandlungen sind die Bestimmungen im §. 8 maßgebend." [58]

§. 42.

„Die Verhandlungen werden protokollirt. Das Protokoll wird nach geschehener Vorlesung von den Mitgliedern des Synodalvorstandes unterschrieben." [59]

§. 43.

„Die Protokolle werden spätestens sechs Wochen nach gehaltener Synode von dem Superintendenten an das Consistorium gesandt, sowie auch dem Präses der Provinzial-synode und sämmtlichen Kreissynoden der Provinz mitge-

---

[57] Zusatz d. K.G. 1891 (21).

[58] K.G. 1891 (22).

[59] K.G. 1891 (23). Nach früherer Bestimmung war das Protokoll von allen anwesenden Synodalen zu unterzeichnen.

theilt und zu diesem Ende durch den Druck vervielfältigt.
Außerdem werden dieselben den Pfarrern der Kreissynode
zugesandt und von diesen, nachdem sie dem Presbyterium
mitgetheilt worden sind, im Kirchenarchiv niedergelegt."[60]

§. 43ᵃ oder Zusatz 20.

Wie für die einzelnen Gemeinden, so können
auch für die Kreis-Synoden besondere, der Kirchenordnung nicht widersprechende Einrichtungen getroffen
werden. Solche statutarische Bestimmungen sind von
der versammelten Kreis-Synode zu beschliessen, und
bedürfen zu ihrer Rechtsgültigkeit der Anerkennung
der Provinzial-Synode und der Bestätigung des Consistoriums, unter Genehmigung der oberen Kirchenbehörde.

Dritter Abschnitt.
Von der Provinzial-Gemeinde und Provinzial-Synode.

§. 44.

Die in derselben Provinz zu einem kirchlichen Verband
vereinigten Kreis-Gemeinden bilden die Provinzial-Gemeinde.

§. 45 und Zusatz 21, 3. 4.

Die Provinzial-Gemeinde hat ein Presbyterium, genannt Provinzial-Synode, zur Besorgung der Angelegenheiten der Provinzial-Gemeinde.

Die Provinzial-Synode besteht aus dem Präses, Assessor
und Scriba dieser Synode, aus den Superintendenten der
Provinz und aus geistlichen und weltlichen Deputirten der
Kreis-Synoden. Jede Kreis-Synode wählt dazu einen
„Pfarrer und einen derzeitigen oder früheren (§. 35) Pres-

---

[60] K.G. 1891 (24). Nach §. 30 u. 73 Synod. rhen. XX (1890)
ist Austausch der Kreissynodalprotokolle unter sämmtlichen Kreis-
synoden der beiden Provinzen vereinbart.

byter aus dem Kreise. Für die deputirten Pfarrer und
Presbyter werden Stellvertreter gewählt." [61]

Verzicht ein Abgeordneter aus dem Kreis-Syno- Z. 21, 3.
dalbezirke, so tritt eine Neuwahl ein.

Ausserdem hat die evangelisch-theologische Fa- Z. 21, 4.
cultät [zu Bonn] das Recht, sowohl zu der Westfälischen als der Rheinischen Provinzial-Synode einen
aus ihrer Mitte gewählten Deputirten mit vollem Stimmrecht abzusenden, unter Voraussetzung der Fortdauer
ihrer statutarischen kirchlichen Stellung und einer
angemessenen Einwirkung der Kirche auf die Besetzung der Facultät.

§. 46 und Zusatz 22, 1. 2.

Das Präsidium der Provinzial-Synode besteht aus
einem Geistlichen, welcher den Titel: „Präses der Provinzial-
Synode" führt, und einem geistlichen Substituten, welcher
„Assessor der Provinzial-Synode" heißt.

Beide werden von der Provinzial-Synode aus Geistlichen des Provinzial-Synodal-Bereichs durch absolute Z. 22, 1.
Stimmenmehrheit auf sechs Jahre gewählt und treten in
ihre Functionen, wenn sie die Bestätigung des Ministerii
der geistlichen Angelegenheiten [des Oberkirchenraths [62])]
erhalten haben. Für den Assessor wählt die Synode Z. 22, 2.
einen Stellvertreter auf sechs Jahre.

Für die Dauer der Versammlung wird ein Geistlicher
aus ihrer Mitte zum Scriba (Protokollführer) gewählt.

Der Präses und der Assessor können nach Ablauf der
sechsjährigen Frist wieder gewählt werden.

---

[61] K.G. 1891 (25). Zusatz 21 Nr. 1 u. 2 von 1853 sind in
Wegfall gekommen.

[62] A.E. vom 29. Juni 1850. § 1 Nr. 1. Actenstücke, Heft IX.
1858. S. 131.

§. 47.

Die Provinzial-Synode versammelt sich in der Regel alle drei Jahre in einer Stadt des Synodal-Bereichs nach Wahl der Synode.

[In ausserordentlichen und dringenden Fällen kann der Präses, mit Genehmigung des Kirchenregiments, die Stimmen der Mitglieder schriftlich erfordern, oder auch die Provinzial-Synode ausserordentlich versammeln [63]*).]*

§. 48.

Im Verhinderungsfalle wird der Präses durch den Assessor vertreten. Beim Absterben oder Abzug desselben schreitet die Provinzial-Synode bei der nächsten Versammlung zu einer neuen Wahl, bis wohin der Assessor die Stelle des Präses vertritt.

§. 49 [64]).

Die Provinzial-Synode wacht über die Erhaltung der Reinheit der evangelischen Lehre in Kirchen und Schulen, und der in der Provinz geltenden Kirchen-Ordnung.

Sie bringt ihre Beschwerden über Verletzung der kirchlichen Ordnung, über eingeschlichene Mißbräuche im Kirchen- und Schulwesen, so wie über die Führung von Geistlichen und Kirchen-Beamten und ihre desfallsigen Anträge an die betreffenden „Behörden".

Sie beräth die Anträge und Gutachten der Kreis-Synoden ihres Bereichs, und faßt über die inneren kirchlichen Angelegenheiten Beschlüsse.

Die Beschlüsse der Provinzial-Synode treten aber erst dann in Kraft und Ausführung, wenn sie die Bestätigung der „kirchlichen Aufsichtsbehörden" erhalten haben.

---

[63] C.M.R. 6. September 1836. O.K.R. 20. August 1853.
[64] K.G. 1891 (26).

Sie nimmt an den Prüfungen der Candidaten pro licentia und ministerio durch „aus dem Bereiche der Provinzial=Gemeinde gewählte Abgeordnete, deren Zahl der der examinirenden Räthe des Consistoriums der Provinz gleich ist", mit vollem Stimmrecht Antheil.

Sie begutachtet die kirchlichen Gegenstände, welche ihr von der „Kirchenregierung" zur Begutachtung vorgelegt werden.

Sie führt die Aufsicht über die Kreis=Synodal=Wittwen= und Synodalkassen ihres Bereichs, „sowie über die Pro= vinzial=Synodalkasse. Auch erhält sie Einsicht von dem Zustande des Provinzial=Emeritenfonds und der anderen provinziellen kirchlichen Stiftungen."

Sie wählt ihren Präses, Assessor und Scriba.

„Sie übt eine selbständige Theilnahme an der kirch= lichen Gesetzgebung nicht nur in den durch §. 7, 3 und § 10 der Generalsynodalordnung vorgesehenen Fällen, sondern auch dergestalt, daß kirchliche Gesetze, deren Geltung sich auf die Provinz beschränken soll, durch das Kirchenregiment nicht ohne ihre Zustimmung erlassen werden können."

„Zur Einführung neuer, regelmäßig wiederkehrender Provinzial=Kirchenkollekten bedarf es der Zustimmung der Provinzialsynode."

„Sie wählt Abgeordnete zur Generalsynode nach Maßgabe der Bestimmungen der Generalsynodalordnung."

„Die Geschäftsordnung[65]) wird von der Provinzial=

---

[65]) Geschäftsordnung für Westfalen bei Müller, Anl. II. a. Revidirte Geschäftsordnung f. d. Rheinische Provinzial=Synodal= Versammlung s. Synod. rhen. XV (1874) §. 114, Beschl. 224; beanstandet durch Bescheid d. O.K.R. v. 23. März 1876, nochmals beschlossen auf Synod. rhen. XVI (1877) §. 48 unter Abänderung v. §. 8, nunmehr bestätigt durch O.K.R. v. 17. December 1878; §. 32 hinzugefügt durch Synod. rhen. XVII (1880) §. 61, Beschl. 73, bestätigt im Generalbescheid des O.K.R. v. 17. Juli 1882.

fynode mit Genehmigung des Evangelischen Ober-Kirchenraths geregelt."

„Die Synode ist beschlußfähig, wenn zwei Drittheile
der gesetzlichen Mitgliederzahl anwesend sind. Die Beschlüsse werden nach absoluter Mehrheit der Abstimmenden
gefaßt. Für Wahlhandlungen sind die Bestimmungen im
§. 8 maßgebend."

§. 50 und Zusatz 23.

Der Präses der Provinzial-Synode, im Behinderungs-
falle der Assessor, beruft die Provinzial-Synode, leitet die
Verhandlungen derselben, sorgt für die Beobachtung der
äußern Ordnung, sammelt die Stimmen, gibt bei Gleichheit der Stimmen durch seine Stimme den Ausschlag, und
faßt die Beschlüsse nach der Mehrheit der Stimmen ab.

Z. 23. Zur Fassung eines Beschlusses der Provinzial-Synode
wird die Anwesenheit von zwei Dritteln der Glieder
derselben erfordert [65]).

Der Präses ist der erste Abgeordnete der Provinzial-
Synode zu den Prüfungen der Candidaten.

Er hat das Recht, den Kreis-Synodal-Versammlungen
mit vollem Stimmrecht beizuwohnen.

Er führt die Korrespondenz mit den „Behörden" [66])
über alle Angelegenheiten der Provinzial-Synode.

Er repräsentirt bei der Einweihung neuer Kirchen
„und bei kirchlichen Feierlichkeiten von provinzieller Bedeutung" [66]) die Provinzial-Synode.

§. 51.

„Die Provinzial-Synode wird mit Gebet und Rede des
Präses eröffnet und geschlossen. Nachdem die Arbeiten des
ersten Tages beendigt sind, wird in der Kirche eine kurze
Vorbereitungsandacht für die Abendmahlsfeier gehalten.

---

[66]) K.G. 1891 (27).

Am zweiten Tage ist feierlicher Gottesdienst und die Synode feiert die Communion.

Die Predigt wird von demjenigen gehalten, welcher von der Provinzial-Synode beauftragt worden.

Der Präses theilt das heilige Abendmahl aus, wobei ihm der Geistliche, welcher die Synodal-Predigt gehalten hat, assistirt.

§. 52 [67].

„Die Verhandlungen der Provinzialsynode werden gedruckt und allen Presbyterien der Provinz zur Aufbewahrung im Archiv zugesandt."

„Auch hat der Präses dieselben den betreffenden Behörden einzureichen."

§. 52ᵃ oder Zusatz 24, 1.

Für den Zweck einer einheitlichen Fortbildung und weiteren Entwickelung der die Provinzen Westfalen und Rheinland verbindenden Kirchenverfassung werden die beiden Provinzial-Synoden ihre Sitzungen möglichst gleichzeitig halten und sonst in angemessener Weise mit einander in Vernehmen treten.

§. 52ᵇ oder Zusatz 24, 2.

Die Mitglieder des Consistoriums sind berechtigt, den Versammlungen der Provinzial-Synode, sowie auch der Kreis-Synoden mit berathender Stimme beizuwohnen [§. 35].

---

[67] K.G. 1891 (28).

Vierter Abschnitt.

Von der Erledigung, Wiederbesetzung und Vertretung des Pfarramts.

§. 53.

Das Prediger-Amt [68] wird erledigt durch freiwillige Niederlegung, Entsetzung, Versetzung und Absterben des Pfarrers.

Einem Pfarrer steht es frei, der Berufung zu einer andern Gemeinde zu folgen. Wenn jedoch ein dienstfähiger Prediger vor Verlauf von zwei Jahren nach seinem Amts-antritt seine Stelle verläßt, so ist die Gemeinde, welche ihn berufen hat, gehalten, die Kosten seiner Erwählung, Berufung und Einsetzung [§. 59, 18. 61] der Gemeinde, die er verläßt, zu erstatten, welche Kosten von dem Pres-byterium der letzteren specificirt und summirt und von dem Superintendenten festgestellt werden, jedoch die Summe von 80 Thlr. nicht übersteigen dürfen [69].

§. 54.

Bei Erledigung des Predigt-Amts ist Folgendes zu beobachten:

1) Das Presbyterium muß die Erledigung der Stelle sofort dem Superintendenten berichten.

2) Der sein Amt niederlegende Prediger setzt seine Amts-führung noch sechs Wochen nach seiner Niederlegungs-Erklärung fort und beschließt dieselbe durch eine Ab-schieds-Predigt, mit welcher seine Functionen und die Beziehung des Gehalts aufhören.

3) Bei Niederlegung seines Amtes übergibt der abzie-

---

[68] K.G. v. 17. April 1886 betr. das Dienstalter der Geist-lichen. S. Anhang 19.

[69] Entwurf einer allgemeinen Abrechnungsordnung Synod. rhen. V, 348...354. VII, 131. Bescheid: C.M.R. 29. Febr. 1856.

hende Prediger alle bei ihm beruhenden Kirchenacten und Kirchenbücher dem Presbyterio. Dieses geschieht in Gegenwart des Superintendenten oder seines Substituten, welcher ein Inventarium aller Kirchenpapiere anfertigen läßt, wovon er das Duplicat behält.

4) Der Superintendent gibt ihm, wenn er die Kreis-Synode verläßt, nach vorhergehendem Bericht des Presbyterii und eingeholtem Gutachten der Kreis-Synode ein Zeugniß über seine Amtsführung.

5) Wenn ein Pfarrer mit Tode abgeht, so nimmt das Presbyterium binnen 8 Tagen nach seiner Beerdigung die Kirchen-Sachen und Schriften, welche der Verstorbene in Händen hatte, in Gegenwart des Superintendenten in Empfang.

§. 55.

Die Bedienung einer erledigten Stelle, wenn kein Wittwen-Jahr Statt findet, geschieht also:

a) Während der Vacanz predigen die Candidaten der Synode und diejenigen Candidaten aus andern Synoden, welche der Superintendent aus eigener Bewegung, oder auf den Wunsch der Gemeinde zu Gastpredigten auffordern wird.

Sie haben auch Nachmittags öffentliche Catechesation zu halten.

b) Zu den übrigen Amtshandlungen sind, wenn kein zweiter Prediger bei der Gemeinde ist, dem Herkommen gemäß, die benachbarten Prediger gegen die jura stolae verpflichtet.

§. 56.

Die Bedienung einer erledigten Pfarrstelle, wenn die Wittwe oder Waisen die Wohlthat eines Nachjahres haben, geschieht also:

a) Bei Gemeinden, bei denen kein zweiter Prediger ist,

predigen die Prediger und Candidaten der Kreis=
Synode und catechesiren Sonntags nach einem vom
Superintendenten zu bestimmenden Turnus. Sie haben
weder Remuneration, noch Reisekosten zu fordern,
werden aber von der Wittwe oder den Waisen bewirthet.

b) Ist der Turnus einmal beendigt, so predigen die
Candidaten, welche zu Probe=Predigten aufgefordert
worden sind.

c) Hierauf beginnt der Turnus von Neuem, bis das
Jahr beendigt ist.

d) Die vorfallenden Kindtaufen und Copulationen werden, so viel wie möglich, auf den Sonntag verlegt,
damit dieselben von den Circular=Predigern verrichtet
werden.

Diejenigen Amtshandlungen aber, welche sich nicht auf
den Sonntag verlegen lassen, werden von den benachbarten
Predigern verrichtet. Diese alterniren wöchentlich, jedoch
steht es ihnen frei, ein Abkommen unter sich zu treffen,
nach welchem jedem der Theil der Gemeinde, welcher ihm
am nächsten liegt, angewiesen wird.

Für alle sonst vorkommenden Fälle, besonders die Führung
der Kirchenbücher, ernennt der Superintendent einen Stellvertreter des Pfarrers. Die Geistlichen, welche die kirchlichen Amts=Handlungen verrichtet haben, sind verpflichtet,
sofort dem Stellvertreter die zur Eintragung ins Kirchen-
buch erforderlichen Notizen schriftlich mitzutheilen.

§. 57.

Wenn noch ein zweiter Prediger bei der Gemeinde ist,
übernimmt derselbe alle während der Vacanz vorfallenden
geistlichen Amts=Handlungen, die Führung der Kirchenbücher,
das Präsidium im Presbyterio und die ganze specielle Seelsorge. In Betreff der Predigten an den Sonn= und Fest=

tagen findet aber die §. 56 angeordnete Einrichtung auch in diesem Falle Statt.

§. 58.

Bei Erledigung einer Stelle ohne Nachjahr wird binnen drei Monaten von dem Tage ab, an welchem die Erledigung der Stelle der Gemeinde bekannt gemacht worden ist, und wo das Nachjahr Statt findet, neun Monate nach dem Tode des Predigers zur Wahl geschritten. Die Dauer des Nachjahrs wird auf ein Jahr und sechs Wochen, vom Todes=tage an gerechnet, bestimmt.

§. 59 und Zusatz 25. 26. 27, 1. 2.

Die Wiederbesetzung einer erledigten Pfarrstelle durch freie Wahl der Gemeinde oder deren Repräsentanten erfolgt auf folgende Weise:

1) Der Superintendent ladet die Candidaten, welche die Repräsentation, oder, wo keine ist, die Gemeinde zu hören wünscht, und die er außer diesen der Gemeinde empfohlen hat, zur Haltung einer Probe=Predigt und Catechesation ein. Unter den Eingeladenen müssen sich sämmtliche Candidaten der Kreis-Synode befinden.

2) Die Candidaten haben keine Ansprüche auf Reise= und Zehrungskosten zu machen. In der Gemeinde aber werden sie unentgeltlich anständig bewirthet.

3) Ein schon im Amte stehender Pfarrer darf sich Z. 25. zwar zu einer Probepredigt nicht melden; wünscht aber die Gemeinde einen solchen, so kann sie ihn entweder zu einer Gastpredigt auffordern, oder aus ihrer Mitte eine Deputation ernennen, die ihn an seinem Wohnorte hört, sich nach seinen Eigen=schaften erkundigt, und den Wahlberechtigten darüber Bericht erstattet.

4) Der Tag der Wahl wird der Gemeinde wenigstens

vierzehn Tage vor derselben durch eine Proclamation
von der Kanzel bekannt gemacht.

5) Der Superintendent, oder im Fall seiner Abwesenheit
   der Assessor, begibt sich in Begleitung des Scriba am
   Wahltage zur bestimmten Zeit in die Kirche der vacanten Gemeinde.

6) Die Handlung wird mit Gottesdienst eröffnet.

7) Unmittelbar nach dem Gottesdienste wird zur Wahl
   geschritten. Der Superintendent leitet die Wahl. Nur
   Stimmberechtigte nehmen daran Antheil.

8) Die Stimmberechtigten werden aufgerufen: einzeln,
   nach der Ordnung, wie sie in dem Verzeichniß aufgeführt sind, an den Chortisch zu treten und ihre
   Stimme abzugeben [70]).

9) Niemand kann seine Stimme durch einen andern abgeben lassen, ausgenommen, wenn nachgewiesen worden,
   daß er krank oder verreist ist [71]). [num. 12 e.]

10) Wer auf die Aufforderung, oder vor dem Schluß der
    Wahl nicht erscheint, wird als abwesend notirt und
    seine Stimme nicht mehr angenommen.

11) Der Scriba und ein vom Presbyterio deputirtes Mit-
    glied desselben schreiben zu dem Namen des Stim-
    menden den Namen dessen, welchem die Stimme ge-
    geben worden ist.

12) Nachdem alle anwesende Stimmberechtigten ihre Stimme

---

[70]) Conf.R. Münster 4. October 1873. Es ist der Gebrauch
verschlossener Stimmzettel und die vorläufige Wahl einer Dreizahl, aus welcher der Pfarrer zu wählen ist, zulässig. Erster
Bescheid auf die Verhandlungen Synod. rhen. II b. 1838. C.M.R.
v. 26. Novbr. 1841.

[71]) Findet keine analoge Anwendung auf Wahl der Presbyter und Repräsentanten. Synod. rhen. XIV §. 10. Conf.R.
Coblenz b. 6. Novbr. 1872.

abgegeben haben, wird zum Zählen der Stimmen geschritten. a) Wer unter den Concurrirenden die Z. 26.
absolute Mehrheit, d. h. mehr als die Hälfte aller A.K.O.
22. Juli
abgegebenen Stimmen hat, ist der erwählte Pre- 1867.
diger. Wenn von zwei Concurrirenden jeder
die Hälfte derselben hat, so entscheidet das
Loos. b) Ist Beides nicht der Fall, so werden
diejenigen, welche die meisten Stimmen haben,
auf eine engere Wahl gebracht, und zwar zunächst auf eine Dreizahl, weiter erforderlichen
Falls auf eine Zweizahl, bis die absolute Mehrheit erreicht ist. Die durch Stimmengleichheit
entstehende Frage, wer in die engere Wahl aufzunehmen sei, wird durch das Loos entschieden.
c) Jede Wahlstimme, welche auf einen anderen
als die in der Wahl gebliebenen Candidaten fällt,
ist ungültig und wird nicht mitgezählt. d) Wenn
von zwei in die engere Wahl Gekommenen jeder
die Hälfte der abgegebenen Stimmen erhält, so
entscheidet wie ad a das Loos. e) Abwesende
(*num.* 9) können ihr Wahlrecht nur durch die
Vermittelung eines anderen Wahlberechtigten
ausüben und muss ihre Vollmacht den bestimmten Namen desjenigen Candidaten enthalten,
welchem sie ihre Stimme geben wollen. Ihre
Stimme wird auch bei den engeren Wahlgängen
so lange mitgezählt, als der von ihnen bezeichnete Candidat bei denselben concurrirt. Der
Superintendent verkündet das Resultat der Wahl.

13) Es wird ein Wahlprotokoll aufgenommen und vom
Superintendenten und seinem Assistenten, so wie von
dem Presbyterio unterschrieben. An den nächsten
drei Sonntagen wird das Resultat der Wahl der Ge-

meinde vor Schluß des öffentlichen Gottesdienstes von der Kanzel bekannt gemacht.

14) Geschehen Einsprüche gegen den Gewählten, welche jedoch innerhalb der, auf die erste Bekanntmachung von der Kanzel folgenden, vierzehn Tage bei dem Superintendenten eingelegt werden müssen, so werden dieselben auf der Stelle von demselben mit Zuziehung des Presbyterii untersucht und dem Consistorium [72]) mit gutachtlichem Bericht des Superintendenten zur Entscheidung vorgelegt.

15) Der Erwählte erhält eine vom Presbyterio, Namens der Gemeinde, unterschriebene, vom Superintendenten als richtig bescheinigte und vom Consistorium bestätigte Vocation [§. 60].

16) Der Erwählte kann sich eine Bedenkzeit von vier Wochen nehmen, jedoch muß er, im Falle der Annahme der Berufung, spätestens innerhalb neun Wochen nach gegebener Zusage sein Amt antreten. Stand der Berufene schon in einem [*geistlichen* [73])] Amte, so tritt er in dem Augenblicke, in welchem er von dessen Verwaltung enthoben wird, in die Rechte und Einkünfte des neuen Pfarramts ein [74]).

Z. 27, 1.

Z. 27, 2.

---

72) A.V. v. 27. Juni 1845 §. 1.

73) Nach C.M.R. 7. April 1857 ist unter geistlichem Amt nicht blos das Pfarramt, sondern auch eine von dem Neuberufenen bisher dauernd bekleidete Hülfspredigerstelle zu verstehen.

74) Stand der Berufene bisher noch nicht in einem Pfarr= oder diesem gleichgeachteten geistlichen Amt, so erwirbt er mit der Annahme der Vocation zwar den ausschließlichen Rechts= anspruch auf die Amtseinkünfte, aber die Realisirung dieses An= spruches und mit ihm der actuelle Bezug der Einkünfte tritt erst mit dem Zeitpunkte der Einführung in das Amt ein. Vgl. C.M.R. 28. März 1856. Die Folge ist, daß, wenn der Berufene zwischen Annahme der Vocation und Amtseinführung mit Tod abgeht,

17) Nimmt der Erwählte die Berufung nicht an, so muß innerhalb vier Wochen nach der ablehnenden Antwort des Berufenen zu einer neuen Wahl geschritten werden.

18) Die Kosten der Wahl werden aus den Einkünften der Kirche, und wo diese mangeln, von der Gemeinde bestritten [§. 53] [75]).

§. 60.

Damit die Berufungs-Urkunde der Gemeinde an den erwählten Pfarrer nichts enthalte, was der Kirchen-Ordnung zuwider, und alles enthalte, was die Gemeinde von dem Berufenen zu fordern berechtigt ist, und was der Prediger an festem Einkommen und Stolgebühren und Gerechtsamen in Anspruch zu nehmen hat, so wird jede Vocation nach einem, von der Provinzial-Synode entworfenen und von dem Königl. Ministerio der Geistlichen 2c. Angelegenheiten genehmigten, Formular [76]) angefertigt und vollzogen werden.

§. 61.

Die Abholung des Erwählten an den Ort seiner Bestimmung geschieht auf Kosten der Gemeinde, welche auch verpflichtet ist, seine Familie und Effecten unentgeltlich abzuholen, imgleichen die mit der Ordination und Introduction verbundenen Kosten zu tragen [§. 53].

auch keine Rechtsansprüche auf Gnadenjahr und Wittwengehalt bestehen.

[75]) Ueber die Mitwirkung der Gemeinden bei Pfarrstellen kirchenregimentlicher Collatur s. o. Anm. 6 u. K.G. v. 15. März 1886 Anhang 7. Die in der früheren Ausgabe hier eingeschaltete A.K.O. v. 28. Juli 1876 ist durch das letztgenannte Gesetz beseitigt worden.

[76]) Das Formular für Westfalen, genehmigt 7. Mai 1838: Müller Anlage III; für die Rheinprovinz, etwas erweitert: Synod. rhen. II S. 96...101, genehmigt C.M.R. 10. Oct. 1839 (Bramesfeld Anlage V). Dazu C.M.R. 9. März 1840, über die erforderliche Unterschrift des Superintendenten.

§. 62.

Ist der Berufene ein nicht ordinirter Candidat, so wird er am Tage seiner Introduction vor der versammelten Gemeinde, bei welcher er sein Amt antritt, ordinirt, und zwar an einem Wochentage. Die Ordination geschieht durch den Superintendenten, im Beistande des Assessors und Scriba, und derjenigen Pfarrer der Kreis-Synode, welche auf die Einladung des Superintendenten, welcher alle Pfarrer der Kreis-Synode zur Beiwohnung dieser Feierlichkeit einladen muß, erscheinen werden.

Nach einer kurzen Rede des Superintendenten wird der Einzuführende nach Vorschrift der Kirchen-Agende, unter Ablegung seines Gelübdes, verpflichtet und erhält demnächst unter Auflegung der Hände der anwesenden Geistlichen die Weihe zu seinem Amte, unter Segenswunsch und Gebet; alles nach Vorschrift der Landes-Agende. Unmittelbar nach der Ordination hält der Ordinirte seine Eintritts-Predigt.

§. 63.

Ist der Berufene schon ordinirt, so findet blos durch den Superintendenten die Introduction Statt, worauf der berufene Geistliche seine Einführungs-Predigt hält.

§. 64.

Ueber die geschehene Ordination [77]) und Introduction

---

[77]) Nach dem Schluß der Ordinationsfeier findet in Gegenwart des Presbyteriums und der anwesenden Pfarrer die Vereidigung des Ordinirten statt, worüber eine protokollarische Verhandlung von dem Ordinirenden aufgenommen wird, welche den Wortlaut der Eidesformel enthalten muß. Eidesformel f. d. Geistlichen: „Ich ... schwöre einen Eid zu Gott, dem Allwissenden und Heiligen, daß, nachdem ich zum evangelischen Pfarrer an der Gemeinde N. berufen worden bin, in diesem und in jedem anderen geistlichen Amte, zu welchem ich künftig berufen werden möchte, ich, so wie es einem Diener der christlichen Kirche geziemt, Seiner Königlichen Majestät von Preußen (Name des

hat der Superintendent Bericht durch den General-Superintendenten an das Consistorium zu erstatten.

§. 64ᵃ oder Zusatz 28.

Die für Wiederbesetzung erledigter Pfarrstellen
gegebenen gesetzlichen Bestimmungen kommen auch
bei Pfarrverwesern, die mit dem Rechte der Nachfolge angestellt werden, so wie bei allen lebenslänglich angestellten ordinirten Hülfsgeistlichen in Anwendung.

Bei der Anstellung ordinirter oder nicht ordinirter Candidaten für unbestimmte Zeit, welche die Gemeinde besoldet, genügt es, dass der Superintendent
mit der Gemeinde-Vertretung [78]) ein Wahl-Protokoll ab-
fasst und zu ordentlicher Bestätigung vorlegt. Bei
Anstellung von Gehülfen, die der Pfarrer selbst be-

Königs) meinem Allergnädigsten Herrn, und dem Königlichen
Hause treu und gehorsam sein, das Wohl des Landes in dem
mir angewiesenen oder noch anzuweisenden Wirkungskreise, so viel
in meinen Kräften steht, befördern, die mir wohlbekannten Pflichten
des mir anvertrauten Amtes mit Gewissenhaftigkeit erfüllen und
in meiner Gemeinde als ein treuer Seelsorger mit allem Ernst
und Eifer bemüht sein will, durch Lehre und Wandel das Reich
Gottes und Meines Herrn und Meisters Jesu Christi zu bauen.
Alles so wahr mir Gott helfe durch Jesum Christum!" S. Bramesfeld, Anm. 1 zu §. 62.

[78]) Vgl. Conf.R. Coblenz v. 28. April 1888 Abs. 8 f. „Im
Falle jedoch die Gemeinde mit der Pastoral-Hülfsgesellschaft
in Verbindung tritt, und diese ganz oder zum Theil die Kosten
trägt, kann die Repräsentation auf ihr Wahlrecht verzichten und
der Gesellschaft die Wahl überlassen, welche uns dann den für
die Gemeinde in Aussicht genommenen Candidaten behufs Ertheilung unserer Genehmigung präsentirt. Dasselbe wird von
Seiten der Gesellschaft geschehen, wenn sie einem Geistlichen
einen Candidaten zur Unterstützung sendet, zu dessen Besoldung
sie beiträgt."

soldet, findet keine Wahl durch die Gemeinde-Vertretung statt; die Anstellung selbst aber unterliegt
der Zustimmung des Presbyteriums und des Superintendenten.

§. 65 und Zusatz 29.

Ueber das Nachjahr der Prediger-Wittwen [*und Waisen*]
gelten folgende Bestimmungen:

1) Die Wittwe oder die noch unversorgten Kinder des
   Predigers, [*welche bis zu dessen Ableben in seiner
   väterlichen Gewalt gestanden, resp. von ihm unterhalten wurden* [79])] bleiben, von seinem Todestage
   an gerechnet, noch ein Jahr und sechs Wochen in dem
   vollen Genusse des Pfarrhauses und aller Pfarr-
   Einkünfte.

2) Nur die Gattin, welche mit dem Pfarrer verheirathet
   war, während er noch im Amte stand, nicht aber die,
   welche er als Emeritus geheirathet hat, so auch nur
   die eheleiblichen Kinder des verstorbenen Pfarrers,
   welche zur Zeit seines Todes oder seiner Emeritirung

---

[79]) Ursprünglich hieß es: „Die noch unversorgten unmündigen Kinder." Dies ist beseitigt 1) durch die ungedruckte A.K.O.
vom 29. Juli 1840 (Auszug im Ministerialblatt f. innere Verwaltg.
1840 S. 352. Vogt I, 570), welche auch den Mündigen den Genuß
des Nachjahrs gewährte, wenn sie bis zum Tode des Pfarrers
in seiner Vatergewalt geblieben waren; 2) durch A.K.O. vom
19. April 1847 (Mittheilungen S. 246), welche es für die Rheinprovinz auch genügend erklärte, wenn die unversorgten Kinder
von dem Pfarrer bis zu seinem Tode unterhalten worden
seien. (Beides gedruckt bei Vogt I, 519.) Außerdem hatte schon
eine A.K.O. vom 17. Dec. 1839 (Ministerialblatt 1840 S. 49) alle
entgegenstehenden Lokalrechte aufgehoben. Synod. rhen. XI
S. 248...252 und O.K.R. Bescheid v. 1. Oct. 1863. Den großjäh-
rigen Kindern des verstorbenen Pfarrers darf das Nachjahr
wegen vorhandenen Privatvermögens nicht entzogen werden.
O.K.R. v. 22. August 1860.

bereits vorhanden waren, können auf den Genuß des Ruhegehalts während des Gnaden-Jahres Anspruch machen.

3) Wenn die Gemeinde vor Ablauf des Nachjahrs einen neuen Prediger zu haben wünscht, so muß sie sich mit der Wittwe oder den Waisen abfinden. Die Abfin- Z. 29. dung des früher eintretenden Nachfolgers mit der Wittwe und den Waisen des Vorgängers kann, unbeschadet der Ansprüche des letzteren auf das gesetzliche Nachjahr, dahin erfolgen, dass dieselben es sich müssen gefallen lassen, sechs Monate und sechs Wochen im Besitze der Einkünfte zu bleiben, und dann ein Jahr lang die Einkünfte einschliesslich der Wohnung oder Miethe während desselben, mit dem neuen Pfarrer zu theilen.

Fünfter Abschnitt.
Von den Pflichten des Pfarrers.

§. 66.

Dem Pfarrer liegt ob, nach Anleitung der eingeführten Kirchen-Agende den Gottesdienst abzuhalten, die Sacramente zu verwalten, und alle geistlichen Amtshandlungen zu verrichten; den Unterricht der Jugend im Christenthum vorzunehmen, die ihm überwiesene Aufsicht über die Schulen zu führen und sich allen zur Seelsorge gehörenden Geschäften zu unterziehen.

§. 67.

Er muß mit einem unbescholtenen exemplarisch = christlichen Lebenswandel der Gemeinde, welche ihm anvertraut ist, vorleuchten, und überall den Ernst und die Würde eines Geistlichen behaupten.

§. 68.

Er hat die Kirchenbücher nach den darüber bestehenden Gesetzen zu führen, und für die Aufbewahrung aller Bücher, Documente und Nachrichten, welche den Zustand und das Vermögen der Gemeinde betreffen, Sorge zu tragen [*vgl.* §. 16, 3. 54, 3].

§. 69.

Als Vertreter der Gemeinde in den Kreis= und Provinzial=Synoden soll er sowohl das Beste der ganzen Kirche, als auch besonders seiner Gemeinde vor Augen haben und zu befördern suchen.

§. 70 und Zusatz 30.

Für die genaue Besorgung derjenigen Verrichtungen, welche der Staat den Predigern, insbesondere bei Eheverhältnissen, Aufgeboten, Trauungen, Taufen, Begräbnissen, Führung der Kirchenbücher und der aus denselben auszustellenden Zeugnisse aufträgt*), ist er der Obrigkeit verantwortlich.

Z. 30.   Die Zeit der Amtshandlungen des Pfarrers ist, mit Einwilligung desselben, nach billiger Anordnung des Presbyteriums zu bestimmen.

§. 71.

Der Prediger darf zwar die Grundstücke, deren Benutzung ihm zu seiner Salarirung angewiesen ist, selbst bewirthschaften, mit schriftstellerischen Arbeiten und der Erziehung fremder Kinder, auch gegen Pension, sich beschäftigen, aber kein bürgerliches Gewerbe treiben.

§. 72.

Wenn ein Prediger eine Reise zu machen beabsichtigt,

---

*) Bezüglich der Trauungen s. R.G. v. 6. Februar 1875 §. 67, bezüglich der Führung der Kirchenbücher und Ausstellung von Zeugnissen das. §§. 73 und 75.

welche nicht über vierzehn Tage währt, so hat er davon
dem Presbyterio Anzeige zu machen. Zu längerer Abwe=
senheit hat er den Urlaub von seinem Superintendenten
nachzusuchen, welcher ihm denselben auf vier Wochen geben
kann. Ein noch längerer Urlaub kann nur vom General=
Superintendenten gegeben werden, welcher indeß die Zeit
von acht Wochen nicht überschreiten darf. Ein Urlaub für
mehr als acht Wochen ist durch den General=Superinten=
denten bei dem Präsidenten des Consistorii nachzusuchen.

§. 73.

Der Pfarrer hat im Falle eines Reise=Urlaubs für
seine Vertretung zu sorgen.

§. 74.

Der Prediger, den eine langwierige Krankheit verhin=
dert, seine Stelle selbst zu versehen, kann auf einen Sub=
stituten antragen, welcher auf den Vorschlag des Pfarrers
vom Superintendenten für die Zeit der Krankheit des
Pfarrers angeordnet wird. Für die Entschädigung des
Substituten muß der Pfarrer sorgen. Wird ein Pfarrer
durch Altersschwäche oder unheilbare Krankheit verhindert,
sein Amt fortzusetzen, so wird derselbe emeritirt[80]). Der eme=
ritirte Pfarrer behält wenigstens die Hälfte seines bisherigen
Dienst=Einkommens[81]).

Die Gemeinde hat dafür zu sorgen, daß der Nach=
folger bis zum Tode des emeritirten Pfarrers anständig
besoldet werde.

---

[80]) Ueber unfreiwillige Emeritirung K.G. v. 16. Juli 1836
§§. 52...55. S. Anhang 13.

[81]) Nicht aber der im §. 131 von dem Diensteinkommen
unterschiedenen Dienstwohnung. C.M.R. 7. Nov. 1839. — Reglements
für den rheinischen und westfälischen Emeritenfond s. Anhang 15. 16.

Sechster Abschnitt.

Von dem öffentlichen Gottesdienste und andern heiligen Handlungen.

1) Von der Feier des öffentlichen Gottesdienstes.

a) Allgemeine Bestimmungen.

§. 75.

Die Kirchen sind lediglich zur Abhaltung des Gottes=
dienstes und Verrichtung anderer kirchlicher Handlungen be=
stimmt, und dürfen zu anderen Zwecken, ohne Genehmigung
des Presbyteriums, des Superintendenten und des Con=
sistoriums der Provinz, nicht benutzt werden.

§. 76.

Für eine ihrem Zwecke entsprechende Einrichtung der
Kirchen ist möglichst Sorge zu tragen.

§. 77.

Die Gesänge beim öffentlichen Gottesdienst dürfen nur
aus der von der Provinzial=Synode zu diesem Zwecke vor=
geschriebenen und landesherrlich bestätigten Lieder=Sammlung
gewählt werden.

§. 78.

Die Predigt, als ein Hauptstück des Gottesdienstes, sei
einfach und deutlich, würdevoll und kräftig, der heiligen
Schrift und dem evangelischen Glaubensbekenntnisse gemäß
und erbaulich.

§. 79.

Die Wahl der Texte wird in der Regel den Predigern
überlassen. Sie müssen jedoch aus den kanonischen Büchern
der Bibel genommen werden.

§. 80.

Es dürfen in der Kirche Publikationen bürgerlicher
Verfügungen oder Handlungen freiwilliger Gerichtsbarkeit
nicht Statt finden.

b) Besondere Bestimmungen.

Von dem Gottesdienste an Sonn- und Feiertagen.

§. 81.

Der öffentliche Gottesdienst und alle andern gottes=
dienstlichen Handlungen sind nach den in der Agende für
die Preußischen Lande, mit besonderen Bestimmungen für
die Rheinprovinz und Westfalen enthaltenen Anordnungen
vorzunehmen.

§. 82.

Alle Sonn= und Festtage soll in jeder Gemeinde so
oft Gottesdienst gehalten werden, als es herkömmlich ist.
Der Wochen=Gottesdienst richtet sich ebenfalls nach dem Her=
kommen.

§. 83.

Dieses Herkommen kann nur auf Antrag der Gemeinde
und den Bericht des Superintendenten von dem Consistorio
abgeändert werden.

§. 84.

Der Vormittagsgottesdienst fängt im Sommerhalbjahr
um neun Uhr an; im Winterhalbjahr, vom ersten October
bis zum ersten April, kann derselbe bei zerstreuten Gemeinden
um zehn Uhr seinen Anfang nehmen.

§. 85.

Das Zusammenberufen der Gemeinde zum Gottesdienste,
so wie auch das Ankündigen der sonn= und festtäglichen
Feier am Vorabende, geschieht nach der Observanz jedes
Orts. Der Gottesdienst darf erst fünf Minuten nach dem
letzten Geläute anfangen, damit die Gemeinde Zeit habe,
ihre Plätze einzunehmen.

2) Von der Feier der Sacramente.

§. 86.

Die evangelische Kirche feiert unter dem Namen der Sacramente nur zwei von dem Erlöser selbst angeordnete Handlungen:

die heilige Taufe und das heilige Abendmahl.

§. 87 und Zusatz 31.

Die Verwaltung der beiden Sacramente darf nur von einem kirchenordnungsmäßig berufenen und ordinirten Prediger der evangelischen Kirche geschehen; er darf sie auch nur in der ihm angewiesenen Gemeinde und außerhalb derselben nicht anders, als mit Genehmigung des Pfarrers der Gemeinde verrichten.

Z. 31.   Eine Ausnahme von dieser Regel findet nur im Falle einer Nothtaufe statt.

§. 88.

Beide Sacramente werden in der Regel bei dem öffentlichen Gottesdienste, in Gegenwart der versammelten Gemeinde verwaltet.

a) Von der heiligen Taufe.

§. 89.

Alle Kinder evangelischer Christen sollen innerhalb sechs Wochen nach ihrer Geburt durch die heilige Taufe in die christliche Gemeinschaft aufgenommen werden.

§. 90 und Zusatz 32.

Von den Erwachsenen, welche in die evangelische Kirchengemeinschaft eintreten wollen, werden nur diejenigen getauft, welche aus einem nichtchristlichen Glaubensbekenntniß zur Z. 32. evangelischen Kirche übergehen, oder von denen nicht erweislich ist, dass sie das Sacrament der heiligen Taufe nach der Vorschrift des Herrn empfangen haben.

§. 91.

Bei der Taufe eines Kindes müssen der Vater desselben, wenn nicht dringende Umstände es unmöglich machen, und wenigstens zwei Taufzeugen gegenwärtig sein.

§. 92.

Die Taufzeugen sollen aus den Gliedern der evange=lischen Kirche, oder doch aus einer Kirche christlichen Glaubens=bekenntnisses gewählt werden [82]. Sie müssen bereits zum heiligen Abendmahl zugelassen sein.

§. 93.

Bei der Taufe eines Kindes ist nur die Beilegung solcher Namen zugelassen, welche unter die bei den Christen üblichen Taufnamen gehören [83].

§. 94 und Zusatz 33.

Privattaufen in den Wohnungen der Gemeindeglieder können als Ausnahmen bewilligt werden: bei erwiesener Schwächlichkeit des Täuflings, bei anhaltend übler Witterung, wie auch in anderen Fällen. Es müssen dabei, wo mög= Z. 33. lich, ein Presbyter der Gemeinde und jedenfalls zwei Zeugen anwesend sein, deren Anwesenheit unerlässlich ist.

§. 95.

Es sollen dem Prediger die Namen des Kindes, der Tag und die Stunde der Geburt, die Namen und der Stand der Eltern vor der Taufe schriftlich eingereicht werden.

---

[82] Es ist wenigstens ein evangelischer Pathe erforder=lich, wenn die übrigen nicht evangelisch sind. Synod. rhen. VIII §. 80, bestätigt 30. Sept. 1854. Synod. westf. XI Beschl. 66, be=stätigt 17. Juli 1868.

[83] S. Conj.R. Coblenz v. 9. Januar 1855 betr. unzulässige Taufnamen.

b) Von dem heiligen Abendmahle.

§. 96.

Das heilige Abendmahl wird nach der Einsetzung unseres Herrn Jesu Christi, wonach das Brod gebrochen, und bei Austheilung des Brodes [*und des Weines*] die Einsetzungsworte des Herrn gesprochen werden, an den dem öffentlichen Gottesdienste gewidmeten Orten, auf eine dem Zwecke desselben entsprechende Weise gefeiert.

§. 97.

Das heilige Abendmahl wird nach der Größe der Gemeinde, vier, acht, oder zwölf Mal im Jahre, in den vormittägigen gottesdienstlichen Versammlungen ausgetheilt, wenn nicht das Bedürfniß der Gemeinde eine öftere Austheilung nöthig oder wünschenswerth macht.

§. 98.

Wer das heilige Abendmahl in einer evangelischen Gemeinde, deren Mitglied er nicht ist, genießen will, muß ein Dimissorial von dem Pfarrer der Gemeinde, zu welcher er gehört, beibringen. Wird dieses Dimissorial verweigert, so entscheidet der Superintendent, und kann das Dimissorial, wenn er es nöthig findet, ausstellen.

§. 99.

Alle Confirmirte und von den Sacramenten nicht ausgeschlossene Glieder[84]) der Gemeinde dürfen an der Feier des heiligen Abendmahls Theil nehmen, jedoch mit Ausnahme derer, welche wegen ihres temporären Zustandes, z. B. Schwachsinnigkeit, den Zweck und die Bedeutung dieser heiligen Handlung nicht verstehen und sich selbst nicht prüfen können.

§. 100.

Einen oder mehrere Tage vor der Abendmahlsfeier,

---

84) S. Kirchenzuchtsgesetz v. 30. Juli 1880 Anhang 11.

oder am Morgen derselben, soll eine Vorbereitung gehalten werden, in welcher sowohl der Zweck und die Bedeutung dieser Handlung auseinandergesetzt, als auch jeder auf seinen Gemüthszustand aufmerksam gemacht und zu einer würdigen Begehung der Feier aufgemuntert wird. Die an manchen Orten herrschende Sitte, daß das ganze Presbyterium bei der Vorbereitung gegenwärtig ist, soll beibehalten und auch bei den übrigen Gemeinden eingeführt werden, damit dem Prediger die Personen, welche einer besondern Vorbereitung bedürfen, bekannt werden.

§. 101.

Ein Taubstummer kann, wenn er übrigens die Erfordernisse eines würdigen Communicanten an sich trägt, zum Genuß des heiligen Abendmahls zugelassen werden.

§. 102.

Wenn Kranke ein Verlangen nach dem Genuß des heiligen Abendmahls äußern, so soll ihnen derselbe gewährt werden, jedoch muß der Pfarrer die unchristlichen Irrthümer, welche dem Verlangen zum Grunde liegen möchten, zu entfernen bemüht sein.

3) Vom Religions-Unterricht der Jugend und der Confirmation.

§. 103.

Den ersten Religions-Unterricht empfangen die Kinder in den Schulen[85]). Der umfassendere Unterricht, den der

---

[85]) Bezüglich der religiösen Erziehung von Kindern aus gemischten Ehen vgl. Synod. rhen. XIX §. 41. XX §. 60. A.L.R. II, 2 §§. 76...82 vb. Declaration v. 21. Nov. 1803 (ausgedehnt auf die westlichen Provinzen durch K.O. v. 17. Aug. 1825). Vormundschafts-Ordg. v. 5. Juli 1875 §. 28 Abs. 2 vb. §. 19 Abs. 2. Vgl. Beschluß des Kammergerichts v. 27. Oct. 1884 (K.G. u. V.B. S. 16 ff.), v. 23. Febr. 1885 (das. S. 7 ff.), v. 2. Nov. 1885 (das. S. 32 ff.), v. 14. u. 27. Mai 1889 (das. S. 125 ff.). S. Anhang 9.

Pfarrer ertheilt, darf nicht später, als mit dem Eintritt in das 13te Lebensjahr beginnen. Zur Aufnahme eines Kindes in den Religions=Unterricht des Pfarrers wird erfordert, daß es lesen könne. Durch die Aufnahme selbst wird es indeß der Schulpflichtigkeit nicht entbunden, und bleibt dem Pfarrer überlassen, zu beurtheilen, ob ihm ein fernerer Schulunterricht noch nöthig sei.

§. 104.

Der Religions=Unterricht muß wenigstens zweimal in der Woche ertheilt werden.

§. 105 und Zusatz 34.

Wo mehr als 50 Kinder im Christenthume von dem= selben Prediger zu unterrichten sind, müssen dieselben in zwei oder mehrere Coetus getheilt werden, deren keiner über Z. 34. die Zahl 50 hinausreicht. In Nothfällen kann auch die Ueberschreitung dieser Zahl für einen Coetus ge- stattet werden.

§. 106.

Die Bibel ist das Hauptbuch beim Religions=Unter= richt. Es darf weder ein Lehrbuch, noch ein Katechismus als Leitfaden des Unterrichts, ohne Genehmigung der Pro= vinzial=Synode und des Consistorii der Provinz gebraucht werden.

§. 107 und Zusatz 35.

Vor zurückgelegtem 14ten Jahre soll kein Kind zur Confirmation zugelassen werden. Wenn ein Kind in diesem Alter confirmirt wird, so muß es den Unterricht wenigstens Z. 35. zwei Jahre ununterbrochen genossen haben[86]). Wo her-

---

[86]) Conf.R. Münster 11. Febr. 1860, betr. die Dispensation vom gesetzlichen Confirmationsalter (Müller, S. 170/71). Conf.R. Coblenz 1. Juni 1885, betr. Dispensation vom confirmationsfähigen Alter und von der Dauer des kirchlichen Religionsunterrichts (K. Amtsbl. 1885 S. 56 ff.). Vgl. Synod. rhen. XIX §. 29.

kömmlich ein höheres Alter zur Confirmation erfordert wird, da soll dies aufrecht erhalten werden.

§. 108.

Der besondere Confirmanden-Unterricht wird in den letzten 4 Monaten vor der Confirmation wöchentlich wenigstens in 4 Stunden ertheilt.

§. 109.

Jedes Kind wird in derjenigen Gemeinde im Christenthum unterrichtet und confirmirt, welcher die Eltern angehören. Ausnahmen hiervon können nur Statt haben auf Dispensation des Pfarrers, dem die Confirmation zusteht, welcher aber die Dispensation nicht verweigern kann, wenn das Kind in einer andern Gemeinde erzogen wird. Sind die Eltern nicht mehr am Leben, so wird es da unterrichtet und confirmirt, wo es untergebracht ist.

§. 110.

Vor der Confirmation selbst muß durch den Pfarrer eine Prüfung der Confirmanden in Gegenwart des Kirchenvorstandes gehalten werden. Nach geendigter Prüfung bestimmt der Kirchenvorstand nach der absoluten Mehrheit der Stimmen, ob der Geprüfte würdig sei, aufgenommen zu werden[87]).

Von dem Beschlusse der Abweisung kann von demjenigen, der denselben für unbegründet hält, an den Superintendenten appellirt werden, welcher nach vorhergegangener Prüfung des Abgewiesenen den Beschluß bestätigt oder verwirft.

Wo es gewünscht oder erbaulich gefunden wird, kann die Prüfung auch vor der Gemeinde geschehen.

---

[87]) O.K.R. v. 24. Oct. 1890, betr. den J.M.E. v. 21. Aug. 1890 über strafgerichtliche Untersuchungen gegen Kinder im confirmationspflichtigen Alter (Mittheilung der Staatsanwaltschaft an den Pfarrgeistlichen).

§. 111.

Die Confirmation geschieht in der Kirche vor der ver=
sammelten Gemeinde. Zu einer Confirmation in einem
Privathause bedarf es der Erlaubniß des Superintendenten,
welcher dieselbe nur in dringenden Fällen ertheilen wird,
und ist bei solcher Confirmation auch die Gegenwart des
Presbyterii nothwendig.

4) Von der Ordination.

§. 112.

Es dürfen nur solche durch die Ordination zum Predigt=
amte eingeweiht werden, welche auf die in dieser Kirchen=
ordnung [§. 53...65] näher bestimmte Weise zu demselben
erwählt und berufen sind.

Ausnahmen können nur dann Statt finden, wenn in
dringenden Fällen, auf den Antrag des General=Super=
intendenten, die landesherrliche Geistliche Behörde [*der
Oberkirchenrath* [88])] die Erlaubniß ertheilt.

§. 113.

Die Ordination zum Predigt=Amte geschieht in einer
öffentlichen gottesdienstlichen Versammlung, unter Mitwirkung
der Moderatoren der Kreis=Synode, von dem Superinten=
denten, an einem von diesem bestimmten Tage, vor der
Gemeinde des Ordinanden.

5) Von der Einsegnung der Ehe [89]).

§. 114 und Zusatz 36.

Die Ehe, als eine christliche, von Gott geheiligte Ver=

---

88) Actenstücke, Bd. II S. 135.

89) Vgl. Reichsgesetz über die Beurkundung des Personen=
standes und die Eheschließung v. 6. Februar 1875 und O.K.R. v.
12. April 1875. K.G. betr. die Trauungsordnung v. 27. Juli 1880,

bindung, wird von der Kirche eingesegnet nach den von der=
selben festgesetzten Bestimmungen.

1) Die kirchliche Einsegnung der Ehe findet nur Statt
bei Ehen, welche nach den Landesgesetzen [90]) erlaubt sind.
Sie muss vor mindestens zwei Zeugen geschehen. Z. 36.

2) Der Ehe=Einsegnung geht die dreimalige Proclamation
nach den darüber bestehenden gesetzlichen Bestimmungen
vorher.

3) Welchem Pfarrer die Trauung gebühre, ist nach den
darüber bestehenden allgemeinen Vorschriften zu be=
urtheilen.

4) Die Verlobten, welche die kirchliche Einsegnung von
einem andern Pfarrer, als dem berechtigten zu em=
pfangen wünschen, werden durch ein Dimissorial ihres
Pfarrers dazu autorisirt.

6) Von den Beerdigungs=Feierlichkeiten.

§. 115.

Die nächsten Angehörigen des Verstorbenen sind ver=
bunden, längstens innerhalb 24 Stunden nach dem Ab=

Anhang 10. O.K.R. v. 21. Oct. 1890 betr. die evangelische Ein=
segnung konfessionell gemischter Ehen nach vorangegangener römisch=
katholischer Trauung. O.K.R. v. 15. Januar 1891 betr. den Nach=
weis der Taufe von Personen, welche die Trauung begehren.
Vgl. auch Kirchenzuchts=G. v. 30. Juli 1880, Anhang 11.

[90]) Nach §. 38 d. Reichscivilstandsgesetzes bleiben unberührt
die Vorschriften, welche die Ehen der Landesbeamten von einer
Erlaubniß abhängig machen. Pfarrer bedürfen gegenwärtig
noch in Rheinland und Westfalen zur Verheirathung nach A.K.O.
v. 10. Decbr. 1816 u. 17. April 1820 eines Heirathsconsenses vom
Consistorium. („Auf die Rechtsgültigkeit der geschlossenen Ehe ist
der Mangel dieser Erlaubniß ohne Einfluß", §. 38 l. c.) Wenn
ein Candidat vor Einführung in das Pfarramt heirathet, ist ein
Consens nicht erforderlich.

sterben desselben den Todesfall, auch wie sie die Beerdigung [91]) zu veranstalten gesonnen sind, dem Prediger anzuzeigen [92]).

7) Von der Sonn= und Festtags=Feier.

§. 116.

Das Presbyterium sorgt dafür, daß alles entfernt werde, was die Ruhe der heiligen Tage stören [93]), die Theil= nahme am öffentlichen Gottesdienste hindern und einer ge= segneten Feier in den Weg treten könnte. Es wacht insbe= sondere über die Befolgung der die Sonn= und Festtags= Feier betreffenden obrigkeitlichen Verordnungen.

---

[91]) Den notorischen Kirchen= und Abendmahlsverächtern ist die kirchliche Beerdigung (gleich den zurechnungsfähigen Selbst= mördern) nach vorhergegangener Berathung mit dem Presbyte= rium zu versagen in dem Falle, wenn gegen den Lebenden die Kirchenzucht, soweit es hat geschehen können, durch alle Instanzen ohne Erfolg geübt worden ist. Synod. rhen. X §. 59, bestätigt durch O.K.R. v. 19. April 1861. Selbstmörder dürfen nur bei notorischer Zurechnungsunfähigkeit mit Genehmigung des Super= intendenten oder Synodalassessors mit kirchlichen Ehren (Glocken) und kirchlicher Begleitung beerdigt werden. Synod. westf. IX Beschl. 107, Conf.R. Münster v. 22. October 1860. Synod. rhen. VIII §. 114, Conf.R. Coblenz v. 18. December 1854. O.K.R. v. 18. Juli 1884 betr. das Verhalten der Geistlichen bei Bestattung von Selbstmördern. Derselbe hat ausdrücklich „Bedenken ge= tragen, an den in einzelnen Provinzen erlassenen Verordnungen, betr. die Entscheidung über das Vorhandensein eines Ausnahme= falles, eine Aenderung herbeizuführen". Grabreden von Nicht= geistlichen sind nicht gestattet. C.M.R. v. 17. Juni 1840 u. 5. Juli 1842.

[92]) Vgl. Reichsgesetz v. 6. Febr. 1875 §. 60. Conf.R. Münster 24. Mai 1875.

[93]) Bezüglich der bis jetzt erfolglosen Anträge betr. Heilig= haltung des Karfreitags vgl. Synod. rhen. XIX §. 34. Bescheide hierauf, Serie II Nr. 4.

Siebenter Abschnitt.

Von der Schulaufsicht.

§. 117.

Die Erziehung der Jugend zur christlichen Erkenntniß und Frömmigkeit in den Schulen steht unter der Aufsicht der Kirche, welche dieselbe über die Schulen der einzelnen Gemeinden durch den Orts-Pfarrer [*und das Presbyterium,* §. 14, *l.*] und über die Gesammtheit der Schulen des Kreises durch den Superintendenten führt [94]).

Achter Abschnitt.

Von der Kirchen-Disciplin [95]).

§. 118.

Der Pfarrer hat das Recht und die Verpflichtung, nicht allein in seinen öffentlichen Vorträgen seine Gemeinde zu einem christlichem Leben zu ermahnen, und vor herrschenden

---

[94]) Vgl. Gesetz betr. die Beaufsichtigung des Unterrichts- und Erziehungswesens v. 11. März 1872. O.K.R. v. 19. April u. 16. Decbr. 1872. Conf.R. Münster v. 28. März 1872. Conf.R. Coblenz v. 4. Mai 1874. Synod. rhen. XV §. 69 u. O.K.R. v. 22. Septbr. 1875. Synod. rhen. XV §. 57 u. C.M.R. v. 16. Juni 1876. O.K.R. v. 7. Juli 1877. Conf.R. Coblenz v. 30. Septbr. 1882. 4. Decbr. 1889.

[95]) Von dem Gesetz über die Grenzen des Rechts zum Gebrauche kirchlicher Straf- und Zuchtmittel v. 13. Mai 1873 sind die §§. 2...6 durch das Gesetz v. 29. April 1887 wieder aufgehoben. Der allein noch in Geltung stehende §. 1 bestimmt: „Keine Kirche oder Religionsgesellschaft ist befugt, andere Straf- oder Zuchtmittel anzudrohen, zu verhängen oder zu verkünden, als solche, welche dem rein religiösen Gebiete angehören oder die Entziehung eines innerhalb der Kirche oder Religionsgesellschaft wirkenden Rechts oder die Ausschließung aus der Kirchen- oder Religionsgesellschaft betreffen. Straf- oder Zuchtmittel gegen Leib, Vermögen, Freiheit oder bürgerliche Ehre sind unzulässig.“

5

Lastern und unchristlichen Grundsätzen zu warnen, sondern auch die specielle Seelsorge zu üben, und jedes einzelne Gemeinde=Glied zu bitten, zu ermahnen, zu warnen und zu trösten.

§. 119.

Auch die Aeltesten haben das Recht und die Verpflichtung, durch Bitte und Ermahnung christliche Ordnung und einen frommen Wandel der Gemeinde=Glieder zu fördern.

§. 120. A.K.O. v. 20. Aug. 1847 u. 21. Juni 1844.

In Betreff der Ausübung der Kirchenzucht behält es bei den bestätigten Beschlüssen 206—207 der vierten Westfälischen Provinzial-Synode[96]) und der dritten Rheinischen Provinzial-Synode §. 51[97]) sein Bewenden[98]).

---

[96]) S. Müller, S. 205 ff. Synod. westf. XVII. Beschl. 236 hat zwei neue Nummern (4 u. 5) hinzugefügt.

[97]) A.K.O. 21. Juni 1844. Der Beschluß lautete:

1) „Daß anstößig und lasterhaft wandelnde Glieder der Gemeinde, nachdem sie durch die Seelsorge nicht haben zur Besserung gebracht werden können, so wie solche, die den christlichen Glauben ausdrücklich verwerfen und verspotten, als welche der christlichen Gemeine ein Aergerniß geben, vom Presbyterium oder vom Pfarrer im Namen des Presbyteriums, ernstlich und freundlich vermahnt werden sollen;

2) daß solche, die unerachtet der erfolgten Vermahnungen, einen notorisch lasterhaften und ärgerlichen Lebenswandel, oder den vorher bezeichneten Ausdruck ihres entschiedenen Unglaubens fortsetzen, und dadurch fortwährend das christliche Gemeingefühl, so wie die Ehre der christlichen Gemeinschaft verletzen, durch das Presbyterium für so lange vom Genusse des h. Abendmahls und dem Rechte Taufpathen zu sein, suspendirt werden sollen, bis sie Versprechen eines zu bessernden und Probe eines gebesserten Lebenswandels abgelegt haben. Der Rekurs an das Kreis=Synodalmoderamen bleibt dem Suspendirten offen.“

[98]) Ergänzt durch K.G. ü. die Verletzung kirchlicher Pflichten in Bezug auf Taufe, Confirmation und Trauung v. 30. Juli 1880

§. 121.

Ueber die Prediger und Kirchen-Vorstände führt der Superintendent die Aufsicht und ist verpflichtet, Jeden, wo er es nöthig findet, mündlich oder schriftlich zu ermahnen und zu warnen.

§. 122.

Bei solchen Vergehungen [99]), die noch keinen Antrag auf Suspension oder Amts-Entsetzung begründen, wird ein Verweis ertheilt, was nur in Folge eines Urtheils der Moderatoren der Kreis-Synode geschehen kann.

§. 123.

Der Verweis wird von dem Superintendenten vor dem versammelten Moderamen, oder vor dem versammelten Kirchenvorstand, nach näherer Bestimmung des Urtheils, ertheilt.

§. 124.

Dieser Verweis wird, wenn er unwirksam war, nach einiger Zeit wiederholt, und zwar in Folge eines Urtheils, welches das Moderamen der Kreis-Synode spricht.

§. 125.

Ist auch dieser Verweis ohne Erfolg, so muß der Superintendent dem Consistorio den Fall zur Verfügung anzeigen.

§. 126 und Zusatz 37.

Bei Vergehungen, die einen Antrag auf Amts-Ent-setzung, Suspension oder Dienstentlassung mit Ruhe- Z. 37. gehalt begründen, macht das Directorium [*Moderamen*] der Kreis-Synode den Antrag an das Königliche Consistorium.

---

nebst Instruction des O.K.R. v. 23. August 1880, Anhang 11. 12. Ferner O.K.R. v. 15. Decbr. 1881 (K. Amtsbl. 1885, S. 6 ff.), betr. Bekämpfung des Separatismus.

[99]) K.G. betr. die Dienstvergehen der Kirchenbeamten und die unfreiwillige Versetzung derselben in den Ruhestand v. 16. Juli 1886, Anhang 13.

Das Consistorium ist berechtigt und verpflichtet, ex officio einzuschreiten, ohne den Antrag des Directoriums der Kreis= Synode abzuwarten [100]).

„Die Entlassung eines Presbyters erfolgt unbeschadet der dem Consistorium zustehenden Rechte (vgl. Zusatz 39 zu §. 129) durch den Vorstand der Kreis=Synode nach Anhörung des Presbyteriums:

　　1) wegen Verlustes einer zur Wählbarkeit erforderlichen
　　　　Eigenschaft (§ 10),

　　2) wegen grober Pflichtwidrigkeit." [101])

„Gegen die Entscheidung des Vorstandes, welche nach Untersuchung der Sache und Vernehmung des Beschuldig= ten durch eine schriftlich mit Gründen abzufassende Reso= lution zu erfolgen hat, steht sowohl dem Betroffenen, als auch dem Presbyterium binnen 14 Tagen die Berufung an das Consistorium zu, welches endgültig entscheidet." [101])

§. 127.

Wegen Nachlässigkeit im Amte, oder kirchenordnungs= widriger Verrichtung der Amtsgeschäfte, sowie auch wegen des Nichterscheinens im Presbyterio, dem Collegio der Ge= meinde=Repräsentanten, so wie in Kreis= und Provinzial= =Synodal=Versammlungen, werden die Pfarrer und die Mit= glieder der Presbyterien und der größern Gemeinde=Reprä= sentation mit angemessener Ordnungsstrafe belegt.

§. 128 und Zusatz 38.

Z. 38. Diese Ordnungsstrafen werden auf den Antrag des Superintendenten von der Kreis=Synode bestimmt. Der

---

[100]) Vgl. General=Synodal=Ordnung §. 7 Nr. 6. Die Sus= pension als Disciplinarstrafe wie die nach §. 122 dem Moderamen der Kreissynode zustehende Befugniß zur Ertheilung von Ver= weisen bleiben auch nach §. 59 des K.G. v. 16. Juli 1886 (Anm. 19) bis auf Weiteres in Geltung.

[101]) K.G. 1891 (20).

Superintendent hat das Recht, die von der Synode bestimmten Ordnungsstrafen, in Gemäßheit des von der Provinzial-Synode dafür aufgestellten und bestätigten Reglements[102]), festzusetzen und einzuziehen.

---

1 2) Westfälisches Reglement: C.M.R. 17. April 1855 (Müller, Anl. IX). Rheinisches Reglement: C.M.R. 30. Juni 1857 (beide ausdrücklich in Geltung belassen durch K.G. v. 16. Juli 1886, §. 58 Abf. 3), dahin lautend:

„I. Vorbehaltlich der den Kreis-Synoden und dem Königlichen Consistorium nach §. 121 ... 126 der Kirchen-Ordnung zustehenden Disciplinarbefugnisse sind die Superintendenten ermächtigt, gegen Pfarrer, Presbyter und Repräsentanten in nachstehenden Fällen folgende Ordnungsstrafen festzusetzen:

1) Jeder Presbyter oder Repräsentant, der in einer Sitzung, wozu er ordnungsmäßig eingeladen worden, ohne genügende Entschuldigung fehlt, zu spät kommt oder die Versammlung vor dem Schlusse ohne Erlaubniß verläßt, bezahlt 2½ ... 20 Sgr.; der Präses Presbyterii hat in solchen Fällen die doppelte Ordnungsstrafe zu erlegen.

2) Wer ohne genügende Entschuldigung bei der Kreis-Synodal-Versammlung fehlt, bezahlt 3 ... 6 Thlr.; wer ohne genügende Entschuldigung zu spät kommt oder ohne Beurlaubung die Sitzung verläßt, 10 Sgr. bis 1 Thlr.

3) Ein Pfarrer, der bei einer Vacanz die Turnus-Predigt ohne genügende Entschuldigung und hinreichende Vertretung versäumt, bezahlt 5 Thlr.

4) Falls der Pfarrer den zur Erledigung amtlicher Schreiben gesetzten Termin nicht innehält, bezahlt er nach zweimaliger Mahnung, in deren letzterer die Ordnungsstrafe angekündigt sein muß, für jeden folgenden Mahnbrief 1 Thlr.

5) Wird die Weiterbeförderung eines Circulares innerhalb des festgesetzten Termins versäumt, so wird jeder Tag der Verspätung mit 1 ... 2½ Sgr. bestraft.

II. Der Rekurs von den Festsetzungen des Superintendenten folgt dem regelmäßigen Instanzenzuge [an die kirchliche Aufsichtsbehörde].

III. Die im Geschäftskreise des Presbyteriums und der Repräsentation verwirkten Ordnungsstrafen fließen zu der kirch-

§. 129 und Zusatz 39 [103]).

Z. 39.   Das Consistorium übt die Disciplin über alle Gemeindebeamten, insoweit das Moderamen der Kreis-Synode,
[*oder der Superintendent, Zus.* 38] über dieselben die erste
Instanz bildet, in zweiter; über die Beamten des Kreises
aber (als Superintendenten, Moderamen der Kreis-Synode
und die Kreis-Synodal-Versammlung selbst) in erster Instanz.
Gegen die Gemeindebeamten kann es in erster Instanz
nur auf Antrag des Moderamens der Kreis-Synode, oder
wenn dieses seine Disciplinarbefugniss versäumt, ex officio
einschreiten. Das Consistorium kann auf Verweis, Ordnungsstrafe bis zu 20 Thaler, Suspension mit Entziehung
des halben Gehaltes, Dienstentlassung mit Pension und auf
Amtsentsetzung erkennen. Der Rekurs von den Straf-
erkenntnissen des Consistoriums, wenn solches in erster
Instanz gesprochen, geht an die obere Kirchenbehörde.
Ueber Klagen gegen die Mitglieder der Directorien der Provinzial=
Synoden entscheiden die betreffenden Staatsbehörden [*der evangelische Oberkirchenrath, A.K.O. 29. Juni 1850 §. 1 num. 1*].

---

lichen Armenkasse, die Strafen im Geschäftskreise der Kreis=
Synode zur Kreis=Synodal=Kasse.

IV. Der Antrag auf Einziehung einer vollstreckbar ge=
wordenen Ordnungsstrafe ist erforderlichenfalls durch den Super=
intendenten an die betreffende Königliche Regierung zu richten."
[Vgl. Synod. rhen. IX §. 125 S. 230. 31. Cons.R. Coblenz v.
27. Juli 1857.]

[103]) §. 1 d. K.G. v. 16. Juli 1886 (Anhang 13) bestimmt:
„Die Vorschriften dieses Gesetzes sind anwendbar auf alle geist=
lichen und nicht geistlichen Kirchenbeamten. Auf Aelteste (Presbyter), Gemeindevertreter (Repräsentanten) und Mitglieder syno=
daler Körperschaften als solche finden dieselben keine Anwendung."
Hiernach ist, abgesehen von der für den ersten Satz sich
ergebenden Ausnahme, sowie der Zulässigkeit der
Suspension als Disciplinarstrafe (s. o. Anm. 100) §. 129
u. Zuf. 39 d. K.O. durch das K.G. v. 16. Juli 1886 außer
Wirksamkeit gesetzt.

Neunter Abschnitt.

Von den Gehältern und Remunerationen der verschiedenen Kirchen-Beamten.

§. 130.

Die Kirchen-Vorstände verrichten die ihnen obliegenden Geschäfte unentgeltlich; doch sollen ihnen die Auslagen, welche dieselben erfordern, von ihren Gemeinden erstattet werden.

§. 131 und Zusatz 40, 1. 2.

Jede Gemeinde ist verpflichtet, für eine freie Dienst- Z. 40, 1. wohnung mit den nöthigen Wirthschaftsgebäuden und ein angemessenes Diensteinkommen ihres Pfarrers zu sorgen und, bei Unzulänglichkeit der fundirten Pfarr-Einkünfte und der Stolgebühren, aus Kirchenmitteln das Fehlende zu er- gänzen. In Ermangelung disponibeler Kirchenmittel ist da, wo die Gesetze die Communen zur Aushülfe verpflichten, der Communalfonds in Anspruch zu nehmen[104]). Wenn aber auf diese Weise das Erforderliche nicht herbeigeschafft werden kann, so ist von der Pfarrgemeinde, durch Beiträge der Pfarrgenossen nach dem Fuße der directen Staats- oder Z. 40, 2. Communalsteuern[105]), die Aufbringung des Ergänzungs- gehaltes zu bewirken.

§. 132.

Wenn der Prediger es verlangt, so sollen die Kirchen- Vorstände die Erhebung seiner Gehalts-Einkünfte besorgen und dieselben an den Verfall-Tagen dem Prediger abliefern.

§. 133 [106]).

„Die Mitglieder des Vorstandes der Kreis-Synoden und

---

[104]) Vgl. St.G. v. 14. März 1880 (Anhang 17) betr. die Bestrei- tung der Kosten für die Bedürfnisse der Kirchengemeinden in den Landestheilen des linken Rheinufers. Conf.R. Coblenz v. 9. Juni 1880.

[105]) Vgl. §. 13 des vorstehenden Gesetzes betr. Befreiung der Forensen von Kirchensteuer.

[106]) K.G. 1891 (30). S. Anm. 109.

die Moderatoren der Provinzial=Synoden, sowie die Mitglie=
der etwaiger Synodal=Kommissionen erhalten für die Ausla=
gen, die ihnen durch außerhalb der Synodal=Versammlung
zu verrichtende amtliche Geschäfte verursacht werden, von
den betreffenden Orts= beziehungsweise Synodal=Gemeinden
eine Entschädigung nach näherer Bestimmung der Provin=
zial=Synode." [107])

§. 134 [108]).

„Die Reisekosten der Deputirten zur Kreis=Synode
werden aus der Kreis=Synodal=Kasse, die Tagegelder dagegen
von den Gemeinden, die Reisekosten und Tagegelder der
Mitglieder der Provinzial=Synode aus der Provinzial=Syno=
dal=Kasse bezahlt. Die Entschädigung der Vorstandsältesten
der Kreis=Synoden, sofern sie nicht zugleich Deputirte einer
Orts=Gemeinde sind, leistet die Kreis=Synodal=Kasse."

§. 135.

Die Provinzial=Synodal=Kosten werden von der Pro=
vinzial=Synode auf die zu ihr gehörigen Kreis=Synoden,
nach den durch die Matrikel bestimmten Sätzen repartirt,
worauf die Kreis=Synode den auf sie gefallenen Antheil
auf die Gemeinden vertheilt. Fehlt in der Matrikel eine
solche Bestimmung, so ist dieselbe durch Beschluß der Pro=
vinzial=Synode zu ergänzen [109]).

§. 136.

Die Candidaten erlegen bei ihrer jedesmaligen Prüfung
die Summe von 10 Rthlr. in die Provinzial=Synodal=Kasse,
aus welcher die Mitglieder der Prüfungs=Commission für

---

[107] Ueber die fixirten Remunerationen aus dem Rheinischen
Superintendenturfonds: A.K.O. 19. Dec. 1855. Synod. rhen. IX 32. 33.

[108] K.G. 1891 (31). Zus. 41 v. 1853 ist weggefallen. S. auch
f. Anm.

[109] Zu §§. 133 ... 135 vgl. betr. Gebühren Synod. westf.
XVII, Beschl. 176 ... 178 u. Synod. rhen. XV §. 41 vb. I §. 13.

Reise= und Zehrungs=Kosten an dem Orte der Prüfung schadlos gehalten werden.

§. 137.

Es wird jährlich eine Kirchen= und Hauskollekte zur Unterstützung dürftiger Gemeinden der Provinz gehalten.

„Die Provinzialsynode vertheilt den Betrag der Kollek= ten, so oft sie sich versammelt."[110])

Zehnter Abschnitt.

Von den untern Kirchen-Beamten.

§. 138 und Zusatz 42.

Zu den untern Kirchen=Beamten werden gerechnet: Küster und ihre Gehülfen, Vorsänger und Organisten; auch, Z. 42. wo es herkömmlich ist, die Todtengräber.

§. 139 und Zusatz 43.

Den Küstern und ihren Gehülfen, wo deren vorhanden sind, liegt es ob, die Kirche auf= und zuzuschließen, für die Reinlichkeit in derselben und das Geläute zu sorgen, den Prediger zu denjenigen Amtshandlungen, zu denen ihr Dienst erforderlich ist, zu begleiten, und das dabei Nöthige zur Stelle zu schaffen, den Kirchen=Vorstand und die Gemeinde- Z. 43. vertretung auf Verordnung des Predigers zu berufen und Amtsbriefe zu befördern, auch bei Versammlungen der Pres= byterien [der stimmfähigen Gemeindeglieder] und Ge- meindevertretungen die nöthigen Dienstleistungen zu besorgen.

§. 140.

Die Wahl der untern Kirchen=Beamten geschieht, wo dieselbe nicht durch Patronat=Rechte beschränkt ist, vom Pres= byterio aus drei Subjecten, welche der Prediger in Vorschlag

---

110) K.G. 1891 (32).

bringt. Die Wahl unterliegt der Bestätigung des Super=
intendenten [111]).

§. 141.

Die untern Kirchenbedienten werden von der Gemeinde,
bei welcher sie angestellt sind, besoldet.

§. 142. [112])

„Sie werden in der Regel auf Lebenszeit angestellt,
jedoch sind die Presbyterien berechtigt, ihre Unterbeamten
auch auf Kündigung anzustellen. — Die Kündigung Sei=
tens des Presbyteriums darf nur nach vorgängiger Geneh=
migung des Superintendenten stattfinden.“

§. 143.

Die untern Kirchen=Beamten sollen nach einer beson=
dern, von der Provinzial=Synode abgefaßten und von der
[*Kirchen*-]Regierung bestätigten Dienst=Instruction [113]) ver=
pflichtet werden.

Eilfter Abschnitt.

Von der Kirchen-Visitation.

§. 144 und Zusatz 45.

Die [*ordentliche*] [114]) Kirchen=Visitation wird von dem
Superintendenten gehalten, und dies in den betreffenden

---

[111]) Conf.R. Münster v. 29. März 1886 betr. die ressort=
mäßigen Rechte bei der Besetzung der niederen Kirchenämter.

[112]) K.G. 1891 (33). Zusätze 44, 1. 2 v. 1853 sind weggefallen.

[113]) Westfälische Instruction v. 7. Mai 1838, bestätigt 25. Juni
1842; rheinische Instruction Synod. rhen. IV §. 58, bestätigt und
modificirt durch C.M.R. 1. März 1847.

[114]) Ueber außerordentliche General=Kirchen= und Schul=
visitationen: Synod. westf. VII Beschl. 191. 195 ... 203. O.K.R.
17. Aug. 1854. Synod. rhen. VIII §. 144. Rhein. Visitationsordnung
v. 28. Febr. 1855: Synod. rhen. IX §. 97.99.100. Synod. rhen. XI
pag. 131. XVIII (1884) §. 70. Synod. westf. XVII (1884), Beschl.
87 u. 231.

Gemeinden, den Sonntag vorher, von der Kanzel bekannt gemacht. Zu dieser Handlung versammelt sich das Pres= byterium mit dem Prediger, oder den Predigern, und der Superintendent eröffnet sie mit Gebet und einer kurzen an= gemessenen Anrede. Nach Beschluss der Kreis-Synode Z. 45. kann die Visitation auch vor versammelter Gemeinde und mit einem Gottesdienste eröffnet werden.

§. 145 und Zusatz 46.

Die Gegenstände, auf welche der Superintendent seine Aufmerksamkeit zu richten hat, sind folgende:

1) Lehre und Betragen des Pfarrers und Zustand des Presbyteriums. Der Prediger tritt ab und der Su= perintendent befragt das Presbyterium, ob es etwas gegen denselben vorzubringen habe. Dasselbe geschieht darauf in Ansehung des Presbyteriums. Nun werden die Glieder der Gemeinde, welche sich mit Anliegen und Beschwerden eingefunden, und nach vorheriger Anzeige an das Presbyterium, keine Remedur gefun= den haben, vorgelassen und gehört.

Der Superintendent versucht bei Mißhelligkeiten Ausgleichung, ertheilt freundliche Erinnerungen, und behält für solche Fälle, welche sich nicht von ihm schlichten lassen, die höhere Entscheidung vor.

2) Zustand der inneren Angelegenheiten der Gemeinde, würdige Feier der Sonn= und Festtage, Besuch des öffentlichen Gottesdienstes, Theilnahme an den Sacra= menten, Confirmanden=Unterricht, Uebung der Kirchen= disciplin, Theilnahme der Gemeinde an der äus= Z. 46. seren und inneren Mission, herrschende Sünden und Laster, eingerissene Mißbräuche u. s. w., Bera= thung, wie ihnen abzuhelfen und Einhalt zu thun.

3) Aeußerer Bestand der Gemeinde, Aufsicht über die Verwaltung des Kirchen= und Armen=Vermögens, je

nachdem er verfassungsmäßig einzuwirken hat. Vor=
legung der Inventarien und Lagerbücher, Kirchen=
rechnungen, Besichtigung, wenn es erforderlich ist, der
Schulen in Ansehung des Bestandes und der Uten=
silien, Inspektion der Schule nach den darüber be=
stehenden Vorschriften, Nachfrage über Verwaltung
der etwaigen Orts=Wittwen=Kassen und besonderer
Stiftungen, worüber die Rechnungen vorzulegen sind,
Einsicht der kirchlichen Register, der Tauf= und Co=
pulations=, und Begräbniß=, wie auch der Confirman=
den= und Communicanten=Register, welche allgemein
einzuführen sind, der Protokollbücher des Kirchenraths,
der Abschriften [oder Abdrücke] von den Verhand=
lungen der Kreis= und Provinzial=Synode und der
Verordnungen der Behörden.

§. 146.

Nach gehaltener Visitation trägt der Superintendent
über den Zustand der Gemeinde und ihre kirchlichen Ver=
hältnisse den Befund ins Presbyterial=Protokoll ein, welches
von den anwesenden Predigern und Presbyterial=Gliedern
unterzeichnet wird.

Den allgemeinen Visitationsbericht hat der Superin=
tendent sowohl der Kreis=Synode vorzulegen, als durch den
General=Superintendenten dem Consistorio einzusenden.

Zwölfter Abschnitt.

Von dem Kirchen-Vermögen und dessen Verwaltung.

§. 147.

Das Vermögen der Kirchengemeinde, es mag zu kirch=
lichen Schul= oder Armen=Zwecken bestimmt sein, wird von
dem Presbyterio, unter Aufsicht der [Kreis-]Synode [§. 37],
in der bisherigen Weise verwaltet, bis, zur Beseitigung der

vorhandenen Verschiedenheit der darin bestehenden Vorschriften und Observanzen, die Provinzial-Synode eine
Verwaltungs-Ordnung entworfen, und dieselbe die Genehmigung der, die Oberaufsicht auf die äußern Kirchen-An-
gelegenheiten führenden, höchsten Staatsbehörde erhalten
hat [115]).

Dreizehnter Abschnitt.
Von der Staats-Aufsicht über das Kirchenwesen.

§. 148 und Zusatz 47.

Die Aufsichtsbehörden über das Kirchenwesen sind:
das Ministerium der Geistlichen Angelegenheiten, [*der evangelische Oberkirchenrath*], das Provinzial-Consistorium
und die Regierungen [116]). Ueber die Ressortverhältnisse Z. 47.
der mit der Ausübung des landesherrlichen Kirchenregiments beauftragten evangelischen Kirchenbehörden
und der Staatsbehörden in evangelischen Kirchen-
sachen entscheiden die darüber ergangenen und
künftig ergehenden landesherrlichen Verordnungen [117]).

---

[115]) Für Westfalen, bestätigt 7. Mai 1838: s. Müller,
Anlage XII. Für die Rheinprovinz: Verwaltungsordnung
v. 16. Januar 1888, Anhang 20. Vgl. Synod. rhen. XVIII,
Beschl. 38. 86 u. Anlage D. XIX, Anlage D. Lagerbuchord-
nung v. 1. April 1889, Anhang 21.

[116]) Vgl. Gesetz betr. die evangelische Kirchenverfassung in
den acht älteren Provinzen v. 3. Juni 1876, Anhang 5, vb. St.G.
zur Ergänzung d. G. v. 3. Juni 1876 v. 19. Mai 1891 daselbst. A.B. betr.
den Uebergang der Verwaltung der Angelegenheiten der evangelischen Landeskirche auf den evangelischen Ober-Kirchenrath und
die Consistorien der acht älteren Provinzen v. 5. Septbr. 1877.
C.M.R. v. 10. u. 29. Septbr. 1877. O.K.R. v. 21. Septbr. 1877.
K.G. u. V.B. 1876/77 Nr. 10.

[117]) Vgl. Verordnung über die Ausübung der Rechte des
Staates gegenüber der evang. Landeskirche der acht älteren Provinzen v. 9. Septbr. 1876, Anhang 6.

Neben dem Consistorio und den Regierungen beaufsichtigt in jeder Provinz ein vom Landesherrn ernannter Geist=licher, welcher dirigirendes Mitglied des Provinzial=Con=sistoriums ist, unter dem Titel: General=Superintendent, nach den ihm von dem Ministerio der Geistlichen Ange=legenheiten ertheilten Instructionen [118]), die Superinten=dentur=Sprengel der Provinz.

Der General=Superintendent, oder ein anderer an dessen Stelle ernannter Königlicher Commissarius evangelischen Bekenntnisses, wohnt, als Vertreter des landesherrlichen Kirchenregiments, den jedesmaligen Verhandlungen der Provinzial=Synode bei, in welchem er die Rechte des Staates wahrzunehmen, das Wort jeder=zeit zu ergreifen und Anträge an die Synode zu machen befugt ist.

---

[118]) Die allgemeine Instruction der Generalsuperintendenten v. 14. Mai 1829, durch C.M.R. v. 31. Mai 1836 für Westfalen und die Rheinprovinz wesentlich modificirt, s. bei Müller, S. 256 f. vb. Anlage VIII b daselbst.

Anhänge.

I. Kirchenverfassung.

1) Regulativ des Consistoriums zu Coblenz über das Verfahren bei Repräsentantenwahlen vom 21. November 1864.

Unter Bezugnahme auf die §§. 103 und 105 der Verhandlungen der XI. Rheinischen Provinzial-Synode und mit Genehmigung des Evangelischen Ober-Kirchenrathes wird über das Verfahren bei Repräsentanten-Wahlen hiermit Folgendes festgesetzt:

§. 1. Die kirchenordnungsmäßig alle 2 Jahre stattfindende Erneuerungswahl der größeren Gemeinde-Vertretung (Repräsentation) ist überall spätestens in der zweiten Hälfte des Februar, nach der Presbyterwahl abzuhalten*).

§. 2. Die Einladung zur Wahl erfolgt durch eine Bekanntmachung des Presbyteriums, welche an den beiden letzten Sonntagen vor dem Wahltermine beim Hauptgottesdienste von der Kanzel zu verlesen ist. In Filialkirchen, in welchen nur alle 14 Tage Gottesdienst zu halten ist, muß diese Bekanntmachung wenigstens an einem Sonntage vor dem Wahltermine geschehen, während dieselbe in Filialkirchen, in welchen in größeren Zwischenräumen Gottesdienst gehalten wird, in der Regel nicht erforderlich ist.

In der Bekanntmachung sind der Zweck der ausgeschriebenen Versammlung sowie Ort und Zeit derselben genau anzugeben und

---

*) Die Aenderung der gesperrt gedruckten Worte (früher: in der auf den letzten, bezw. vorletzten Trinitatis-Sonntag folgenden Woche) ergiebt sich aus Synod. rhen. XVI §. 11 vb. m. Conf.R. Coblenz vom 28. November 1877. Die Amtsperiode der Presbyter und Repräsentanten beginnt und endigt mit dem 1. April. Die Ergänzungswahl des Presbyteriums durch die alte Repräsentation soll hiernach in der ersten Hälfte des Februar stattfinden. Die Einführung der neuen Presbyter erfolgt, wenn nicht der 1. April auf einen Sonntag fällt, am letzten Sonntag des Monat März, bezw. am 2. Ostertage.

sind dazu alle stimmberechtigten Gemeindemitglieder einzuladen. Auch sind im Anschlusse hieran die §§. 21 und 22 der Kirchen=Ordnung nebst ihren Zusätzen jedesmal vorzulesen. Für die=jenigen Gemeinden, in welchen wegen ihrer räumlichen Aus=dehnung ein anderer Modus der Einladung erforderlich sein sollte, werden besondere Bestimmungen vorbehalten.

§. 3. Wenn die örtlichen Verhältnisse die Aufstellung und Offenlegung einer Wählerliste wünschenswerth machen, so ist hierüber in einer besondern, unsrer Genehmigung unterliegen=den Wahl=Ordnung nach Maßgabe des Zusatzes 13, Nr. 3 zu §. 23 der Kirchen=Ordnung durch das Orts=Presbyterium Be=stimmung zu treffen*).

§. 4. Die Wahlverhandlung erfolgt unter der Leitung des Vorsitzenden des Presbyteriums und in Gegenwart der übrigen Mitglieder desselben, welche in der Wahlverhandlung zu erscheinen verpflichtet sind**).

Der Vorsitzende eröffnet die Versammlung mit einer kurzen Ansprache und verliest nochmals die §§. 21 und 22 der Kirchen=ordnung nebst Zusätzen, sowie die §§. 4 bis 13 der vorliegenden Instruction.

§. 5. Demnächst werden die anwesenden Gemeindemit=glieder aufgefordert, einzeln an den Wahltisch heranzutreten und dem Vorsitzenden oder dem ihm assistirenden Mitgliede des Presbyteriums ihre Wahlzettel und zwar o h n e ihre Unterschrift, zusammengefaltet oder verschlossen, einzuhändigen.

Gedruckte d. h. alle durch eigentlichen Druck, Ueberdruck oder auf anderm mechanischem Wege vervielfältigte Stimmzettel sind unzulässig und ist nur die Abgabe g e s c h r i e b e n e r Stimm=zettel gestattet.

Dieselben müssen soviel Namen von wählbaren Ge=meindemitgliedern enthalten, als Repräsentanten zu wählen sind. Stimmzettel, welche mehr Namen enthalten, sind ungültig***).

---

*) Bedingung für die Ausübung des Wahlrechts ist die Aufnahme in eine solche gemeindliche Wählerliste nur dann, wenn dies in der vom Consistorium genehmigten Wahlordnung aus=drücklich bestimmt ist.

**) Das Presbyterium muß während der ganzen Wahl=handlung in beschlußfähiger Anzahl versammelt sein.

***) Stimmzettel, welche zu wenig Namen enthalten, sind nicht ungültig.

6

Nur die persönlich anwesenden Gemeindemitglieder sind zur Abgabe von Stimmzetteln berechtigt.

§. 6. Die anwesenden Gemeindemitglieder, welche Stimm=zettel abgeben, werden der Reihe nach mit genauer Bezeichnung ihres Namens in eine, durch ein Mitglied des Presbyteriums zu führende Liste eingetragen und werden die abgegebenen Wahl=zettel vorläufig in einer Urne oder einem andern geeigneten Gefäße gesammelt.

§. 7. Jedes wählende Gemeindemitglied hat die Ver=pflichtung, auf Erfordern seine Identität und Stimmberechtigung dem Vorsitzenden nachzuweisen. Wird die Legitimation eines Wählers bestritten, und tritt nicht derselbe freiwillig von der Wahl zurück, so wird sein Name nicht in die ad §. 6 gedachte, sondern in eine, für die beanstandeten Wähler bestimmte Neben=liste eingetragen; auch ist sein Stimmzettel auf der Außenseite mit seinem Namen zu bezeichnen und vorläufig in besondern Verwahr zu nehmen.

§. 8. Dem Schlusse der Stimmenabgabe muß eine zwei=malige Aufforderung an alle diejenigen, welche noch nicht ge=stimmt haben, sich binnen einer angemessenen, vom Vorsitzenden zu bestimmenden Frist zur Stimmabgabe zu melden, vorausgehen.

Nach Ablauf dieser Frist wird die Abstimmung für be=endigt erklärt und werden die Wählerlisten (§§. 6 und 7) ge=schlossen und vom Vorsitzenden vollzogen.

Nach dem Schlusse der Abstimmung können keine weiteren Stimmzettel angenommen werden.

Die Abstimmung kann jedoch erst geschlossen werden, wenn von demjenigen Zeitpunkt ab, auf welchen der Beginn der Wahl=verhandlung festgesetzt worden war, mindestens eine Stunde verflossen ist.

§. 9. Demnächst treten die anwesenden Mitglieder des Presbyteriums erforderlichenfalls zu einer kurzen Berathung darüber zusammen, ob die beanstandeten Wähler (§. 7) und welche derselben zur Wahl zuzulassen seien oder nicht.

Das Resultat dieser Berathung ist in dem über die Wahl=verhandlung zu führenden Protokolle in kurzen Worten nieder=zulegen und der Versammlung zu verkündigen.

Die Stimmzettel derjenigen Wähler, deren Stimmberechtigung nicht anerkannt worden ist, werden bei dem Scrutinium (§. 10)

nicht berücksichtigt und bleibt es denselben überlassen, im ord=
nungsmäßigen Wege der Beschwerde oder des Einspruchs gegen
die Wahl ihre Rechte geltend zu machen.

§. 10. Sodann wird zum Scrutinium geschritten. Der
Vorsitzende öffnet die einzelnen Stimmzettel und verliest die darin
enthaltenen Namen, welche Letztere von 2 Mitgliedern des Pres=
byteriums oder von 2 andern hierzu designirten Gemeindemit=
gliedern gesondert in Stimmlisten eingetragen werden und zwar
derartig, daß, so oft auf denselben Namen eine weitere Stimme
fällt, demselben eine entsprechende höhere Ziffer zugeschrieben
wird (z. B. N. 1, 2, 3, 4, 5 u. s. w.).

Stimmzettel, welche aus formellen Gründen für ungültig
zu erachten sind, werden nicht berücksichtigt. Dieselben sind ein=
zeln mit dem Worte „Ungültig" zu bezeichnen und besonders
aufzubewahren; auch ist die Anzahl der für ungültig erklärten
Stimmzettel im Protokolle zu bemerken.

Ueber die formelle Ungültigkeit der Stimmzettel entscheiden in
zweifelhaften Fällen die anwesenden Mitglieder des Presbyteriums.

§. 11. Nachdem die Stimmzettel verlesen und in die
Stimmlisten eingetragen worden sind, werden die letzteren mit
einander verglichen und etwaige Verschiedenheiten derselben ver=
mittelst einer Revision der Stimmzettel berichtigt.

Diejenigen Personen, welche die meisten Stimmen*) er=
halten haben, und falls bei vorhandener Stimmengleichheit eine
Entscheidung durch das Loos (§. 25 der Kirchen=Ordnung) er=
forderlich sein sollte, diejenigen, welche das Loos trifft, werden
als die gewählten Repräsentanten der Versammlung bekannt
gemacht und wird die Verhandlung demnächst geschlossen.

§. 12. Das über die Verhandlung geführte Protokoll wird
von den anwesenden Mitgliedern des Presbyteriums vollzogen.

Die Stimmzettel und die Wähler= und Stimmlisten (§§. 6,
7 und 10) sind als Anlagen des Protokolles im Kirchen=Archiv
bis zur nächsten Repräsentantenwahl aufzubewahren.

---

*) An dem Erfordernisse der relativen Stimmenmajorität
ist bei den allgemeinen Ergänzungswahlen der Reprä=
sentation durch das K.G. v. 27. April 1891 nichts geändert. Blos
für die von der Repräsentation selbst vorzunehmende spezielle
Wahl von Substituten (s. o. zu §. 29) ist das Erforderniß der abso=
luten Majorität durch Z. 13 des genannten Gesetzes neu eingeführt.

§. 13. Die gewählten Repräsentanten sind an den beiden Sonntagen, welche auf den Wahltermin folgen, von der Kanzel zu verkündigen und können Einsprüche gegen die Wahl — sowohl was die Legalität des Verfahrens, als auch die Qualification der Gewählten betrifft — nur bis zur vollzogenen zweiten Bekanntmachung angenommen werden.

Diese Einsprüche sind bei dem Presbyterium anzumelden, welches letztere bezüglich seiner Verpflichtung, von Amtswegen die kirchliche Qualification der Gewählten zu prüfen, an unsere Circular-Verfügung vom 19. März 1857 (Nr. 958 c.) erinnert wird.

§. 14. Wenn das Presbyterium nach Zusatz 13 Nr. 1 zu §. 23 der Kirchen-Ordnung statt der Abstimmung durch verschlossene Stimmzettel die Wahl durch öffentliche Stimmgebung zu Protokoll anordnet, so ist dies bei der Einladung zum Wahltermin (§. 2) ausdrücklich bekannt zu machen.

Im Uebrigen sind auch in diesem Falle die vorstehenden Vorschriften maßgebend, sowohl was die allgemeine Wählerliste (§. 6) als auch die beiden Stimmlisten (§. 10) betrifft, in welche die mündlich abgegebenen Stimmen einzutragen sind. Wähler, deren Stimmberechtigung beanstandet wird, sind auch hier in eine besondere Nebenliste einzuschreiben unter Angabe derjenigen Namen, welchen sie ihre Stimme gegeben haben, damit nach dem Schlusse der Stimmgebung und der in §. 9 gedachten Berathung des Presbyteriums die beiden Stimmlisten (§. 10) erforderlichenfalls ergänzt werden können, auch die Möglichkeit bleibt, bei etwaigen Beschwerden und Einsprüchen gegen die Wahl zu beurtheilen, in wie weit die Zurückweisung einzelner Wähler auf das Resultat der Wahl von Einfluß gewesen ist.

§. 15. Die vorstehende Instruction findet gleichfalls Anwendung, wo es sich, wie bei neugebildeten oder bis auf eine Zahl von über 200 Seelen herangewachsenen Gemeinden nun die Constituirung der Repräsentation handelt, soweit nicht §. 20 der Kirchen-Ordnung in dieser Beziehung ein Anderes anordnet.

§. 16. Alle früheren Verordnungen, welche den vorstehenden Bestimmungen widersprechen, insbesondere unsere Circular-Verfügung vom 21. Januar 1838 (Nr. 85) werden hierdurch aufgehoben.

Coblenz, den 21. November 1864.

Königliches Consistorium.

2) Regulativ für die Repräsentanten- und Presbyter- Wahlen in der Provinz Westfalen.

A. Die Wahl der Repräsentanten betreffend.

1. In Gemeinden von 200 Seelen und darunter bilden „alle stimmfähigen Gemeindeglieder" (cfr. §. 21) die Repräsentation. K.O. §. 19 al. 2.

2. Jede evangelische Gemeinde, welche über 200 Seelen zählt, erhält eine besondere Repräsentation (§. 18 al. 1), und soll dieselbe

a. in Gemeinden von 200 bis incl. 500 Seelen . . 16
b. „ „ „ 500 „ „ 1000 „ . . 20
c. „ „ „ 1000 „ „ 2000 „ . . 24
d. „ „ „ 2000 „ „ 5000 „ . . 40
e. „ „ „ 5000 Seelen und darüber . . . 60

Mitglieder zählen. (§. 19.)

3. Ob und wie weit eine Vermehrung oder Ver- minderung der ursprünglichen Repräsentantenzahl je nach Zu- nahme oder Abnahme der Seelenzahl in den einzelnen Gemeinden einzutreten hat, ist von 8 zu 8 Jahren, vom Jahre 1862 an gerechnet, unter Benutzung des Ergebnisses der jedesmaligen jüngsten Volkszählung vom Presbyterium zu prüfen. (ibid. Erg.)*)

4. Wähler der Repräsentanten sind alle selbstän- digen (§. 3) Gemeindeglieder (nicht Eingepfarrte §. 2, 3. 2), welche das 24. Lebensjahr zurückgelegt haben, ihre Pflichten als Gemeindeglieder erfüllen (§. 3) [und denen nicht wegen öffent- lichen Aergernisses auf disciplinarischem Wege das Wahlrecht ausdrücklich entzogen ist], insbesondere zu den Bedürfnissen der Gemeinde [— es sei denn, daß bestimmte Steuer=Klassen=Stufen von der Beitragspflicht ordnungsmäßig freigelassen sind —] con- curriren und nicht aus öffentlichen Armenfonds unterstützt werden. Als selbständige Gemeindeglieder gelten diejenigen, welche entweder ein öffentliches Amt bekleiden, oder einem eigenen Ge- schäfte vorstehen, oder eine eigene Haushaltung führen [resp. nach §. 356 Th. II. Tit. 11 A.L.R. einem andern Familien= haupt nicht untergeordnet sind. K.O. §. 22 E. 2]. Der Sohn

---

*) S. Müller S. 55.

einer Wittwe, welcher deren Geschäft führt und sonst qualificirt ist, ist wahlberechtigt; Frauenzimmer haben kein Stimmrecht (§. 21).

5. Wählbar zu Repräsentanten sind diejenigen selbständigen (cfr. ad 4) Gemeindeglieder, welche das 24. Lebensjahr zurückgelegt, einen unbescholtenen Ruf haben, ehrbaren Lebenswandel führen und an dem Gottesdienste und h. Abendmahle fleißig theilnehmen. Leibzüchter sind als selbständige Gemeindeglieder anzusehen und wählbar. — Elementar-Schullehrer sind wählbar, wenn die betreffende Königliche Regierung ihre Genehmigung dazu ertheilt.

6. Die Wahlperiode umfaßt 8 Jahre, indem von den anfänglich durch's Loos in 4 gleich starke Cöten eingetheilten Repräsentanten alle zwei Jahre ein Cötus austritt und der Neuwahl unterworfen wird. Die austretenden Repräsentanten dürfen wieder gewählt werden. Jedes Mitglied des Repräsentanten-Collegiums muß so lange im Amte verbleiben, bis ein anderes an seine Stelle erwählt und eingetreten ist. K.O. §. 19 E. §. 26 u. E. 3. §. 27. §. 28.

7. Zur Vorbereitung auf die Repräsentantenwahl bedarf es einer unter gehöriger Beachtung des Zusatzes 2 zu §. 2 der K.O. und nach Maßgabe des §. 21 a. b. c. (cfr. oben unter Nr. 4 und 5) anzufertigenden Liste aller Wahlberechtigten, welche mit einer Abschrift der §§. 22 und 23 der K.O. vom ersten Sonntage der Ankündigung an bis zum Wahltermine an einem Jedermann zugänglichen Orte, [entweder in der Schule oder] im Pfarrhause offen zu legen ist. Der Wahltermin ist an zwei aufeinander folgenden Sonntagen nach dem öffentlichen Gottesdienste von der Kanzel anzukündigen und ist dabei der Inhalt der §§. 22 und 23 zur Kenntniß der Gemeinde zu bringen, dieselbe auch unter Anrufung der Hülfe des Herrn um einen segensreichen Erfolg aufzufordern, allen Fleiß anzuwenden, daß nur gottesfürchtige, der K.O. entsprechende Männer gewählt werden. K.O. §. 8. E. 5. §. 23. E. 1. u. 2.

8. Der Termin für die Umwahl der Repräsentation wird dadurch bestimmt, daß selbige der Presbyterwahl vorhergehen muß, daß sie am füglichsten kurz vor Berufung der Kreissynode, in der Regel in der ersten Hälfte des Juli zu erfolgen hat. K.O. §. 8. E. 3. §. 26. E. 1. u. 2.

9. Hinsichtlich des Wahlverfahrens ist zunächst zu unterscheiden:

a. die bei Gemeinde-Neubildungen noch vorkommende erste Wahl von Repräsentanten, welche unter dem Vorsitze des Superintendenten mit Zuziehung des Pfarrers, resp. der Pfarrer der Gemeinde*), stattzufinden hat. §. 20 der K.O.;

10. b. die Wahl von Substituten für die in der Zwischenzeit mit Tode abgehenden, die Gemeinde verlassenden oder in das Presbyterium gewählten Repräsentanten**), deren Stelle in der ersten Sitzung der Gemeindevertretung und durch Wahl derselben in der Art wieder besetzt wird, daß die Neugewählten die Stelle ihrer resp. Vorgänger bis zu dem Zeitpunkte behalten, wo letztere durch den regelmäßigen Wechsel ausgeschieden sein würden. §. 29 d. K.O.

Wo die Gemeindevertretung diese Wahl vornimmt, muß wenigstens deren Hälfte gegenwärtig sein. §. 8. E. 1. l. c.

[Geschieht die Wahl von Substituten in Verbindung***) mit der regelmäßigen Ergänzungswahl, so wird dieselbe in einem Acte, und zwar in der Art vorgenommen, daß die mit den meisten Stimmen versehenen Personen zur Ergänzung des ausscheidenden Viertels dienen, die demnächst Meistbestimmten als Stellvertreter der außerordentlich ausgefallenen Repräsentanten einrücken. §. 29. E. 1. l. c.]

11. Die regelmäßige Ergänzungswahl der Repräsentanten geschieht unter dem Vorsitz des jedesmaligen Präses des Presbyteriums. Sie ist gültig, wenn nach ordnungsmäßiger Zusammenberufung auch nur sehr wenige Wähler ihre Stimme abgegeben haben. K.O. §. 28 u. E. 1.

---

*) Die folgenden Worte: „im Beisein des evangelischen Ortsbürgermeisters" u. s. w. haben auf Grund K.G. v. 27. April 1891 3. 9 wegzufallen.

**) Nach K.G. 1891 3. 13 allgemein für die „aus der Repräsentation Ausscheidenden".

***) Eine solche Verbindung kann in Gemäßheit des K.G. 1891 3. 13 A. 2 nicht mehr zulässig sein, da für die Wahl von Substituten nach §. 29 der K.O. in Zukunft „absolute Stimmenmehrheit" erforderlich ist.

12. Die Wahl erfolgt auf die Weise, daß jeder Wäh=
lende so viele Namen von Wählbaren, als Vertreter der Ge=
meinde zu ernennen sind, in einem dem Wahlvorsteher zu über=
gebenden, verschlossenen Zettel benennt.

Durch Beschluß des Presbyteriums kann statt dessen auch
die Wahl durch öffentliche Stimmgebung zu Protokoll ange=
ordnet werden.

Die Stimmen können nur durch die Wählenden selber,*)
nicht durch Bevollmächtigte abgegeben werden.

Bei beiden Wahlformen ist, um Verwirrung zu vermei=
den, die Reihefolge der ausscheidenden Repräsentanten innezu=
halten. K.O. §. 23 u. 3. 1. E. 6. §. 25 E.

13. Wo die örtlichen Verhältnisse es nöthig machen, kann
die Wahl auch mit Berücksichtigung der einzelnen Abthei=
lungen der Gemeinde [Stadt= und Land=Gemeinde, resp.
Bauerschaften] erfolgen. Dieser Wahlmodus muß jedoch vom
Superintendenten nach Berathung mit dem Presbyterium als
nothwendig anerkannt werden, und sind die näheren Bestim=
mungen, namentlich auch über Vertheilung der Gesammtzahl
der Repräsentanten auf die einzelnen Abtheilungen, besonderen
Wahlordnungen vorbehalten, welche nach Anhörung des Pres=
byteriums auf Antrag des Superintendenten vom Consistorium
festgestellt werden.

14. Wo nach Abtheilungen gewählt wird, dürfen nicht
die einzelnen Gemeindetheile die Wahl der ihnen zukommenden
Vertreter für sich vornehmen, sondern die Wähler der Gesammt=
gemeinde vollziehen die Wahl in ungetheilter Versammlung,
wobei sie nur gehalten sind, die für jede Abtheilung bestimmte
Zahl von Repräsentanten zu benennen. K.O. §. 19. E. §. 2.
§. 23. E. 3...6.

15. Die neuen Repräsentanten werden durch relative
Mehrheit der Stimmen**) ernannt. Wenn eine Gleichheit der
Stimmen eintritt, so bestimmt das Loos den künftigen Reprä=
sentanten. K.O. §. 24 und 25.

16. Die zu Repräsentanten gewählten Gemeindeglieder
dürfen sich nach §. 161 Tit. 6 Th. II A.L.R. diesem Amte

---

*) Ebenso K.G. 1891 3. 10.
**) Für diesen Fall ist durch die K.O.Revision v. 1891 nichts
geändert.

nicht entziehen, wenn nicht die daselbst Tit. 18 §. 208 f. be=
zeichneten Ablehnungsgründe vorhanden sind. Erforderlichen
Falls können gegen Weigerliche die im §. 9 der K.O.*) fest=
gesetzten Folgen angewendet werden. Wenn ein Gemeindeglied
die Wahl ablehnt, muß das Presbyterium dasselbe über seine
Gründe vernehmen und diese nöthigenfalls zunächst von der
Kreis=Synode würdigen lassen. K.O. §. 22 E. 4 u. §. 28 E. 2.

17. Die Namen der gewählten Gemeindevertreter [auch
der Substituten siehe oben unter 10] werden an den zwei
zunächst folgenden Sonntagen von der Kanzel verkündigt
und können nur bis zur vollzogenen zweiten Bekanntmachung
Einsprüche gegen die Wahl angenommen werden. Diese Be=
kanntmachung darf auch wegen etwaiger Einsprüche nicht unter=
brochen werden. Nach Umständen ist der Publication eine
Bemerkung über den geschehenen Einspruch in angemessener
Weise mit Hinweisung auf die abzuwartende Entscheidung hinzu=
zufügen. K.O. §. 24**) Z. 1 und E. 1 §. 29 E. 2.

18. Ueber die gesetzmäßige Ernennung der Repräsentanten
der Kirchengemeinde, sowie über die Qualification der Gewählten
hat das Consistorium die Aufsicht zu führen. Nach jeder Re=
präsentantenwahl ist das Ergebniß derselben dem Presbyterio
vorzutragen und dasselbe vom Präses aufzufordern, sich über
die Qualification der Gewählten pflichtmäßig zu äußern.

Im Uebrigen finden die Bestimmungen in §. 11 der K.O.
und den dazu erlassenen Ergänzungen, betreffend das Ver=
fahren bei Einsprüchen gegen Presbyterwahlen, auch hier An=
wendung (s. unter B. 15). K.O. §. 8***) E. 5. §. 22 E. 5.
§. 24 Z. 2.

B. Die Wahl der Presbyter betreffend.

1. Die Zahl der Mitglieder des Presbyteriums richtet
sich nach der Größe der Gemeinde und wird diese Zahl nach
dem vorhandenen Bedürfniß von der Gemeinde-Repräsentation
bestimmt. Abänderungen in der vorgefundenen Zahl dürfen
aber nicht ohne Genehmigung der Kreis=Synode vorgenommen

---

*) Zu beachten der neue Schlußsatz, s. o. §. 9 d. K.O.
**) Vgl. den neuen Zusatz zu §. 21 d. K.O.
***) In neuer Fassung durch K.G. 1891 Z. 2.

werden*). Es sollen deren jedoch außer dem Pfarrer zum wenigsten vier sein, nämlich zwei Aelteste, ein Kirchmeister und ein Diakon oder Armenpfleger. K.O. §. 7 und E.

2. Die wechselnden Mitglieder des Presbyteriums (mit Ausnahme derjenigen Mitglieder, welche ihre Stellen vermöge eines sie dazu berechtigenden Grundbesitzes bekleiden), werden in kleinen Gemeinden bis zu 200 Seelen von allen stimmfähigen Mitgliedern (cfr. §. 21 der K.O.), und in größeren Gemeinden von dem Presbyterium und der größeren Repräsentation ge= wählt. K.O. §. 8**) und E. 7.

3. Es dürfen nur solche in §. 21 der K.O. bezeichnete selbständige Gemeindeglieder zu Mitgliedern des Presbyteriums gewählt werden, deren Wandel unsträflich ist, die ein gutes Gerücht in der Gemeinde haben, überhaupt ihre Liebe zur evangelischen Kirche, namentlich durch Erziehung ihrer Söhne im evangelischen Bekenntnisse bethätigen und durch Theilnahme am öffentlichen Gottesdienste und heil. Abendmahle ihre kirch= liche Gesinnung beweisen. Ausnahmen in Bezug auf evange= lische Kindererziehung können unter ganz besonderen Verhält= nissen durch das Consistorium gestattet werden. Dieselben Er= fordernisse gelten hinsichtlich der vermöge ihres Grundbesitzes zum Eintritt in den Kirchenvorstand berechtigten Gemeindeglieder. K.O. §. 3. §. 8. E. 7. §. 10 Z. 1.

4. Die Aeltesten und Kirchmeister müssen das 30., die Diakonen das 24. Lebensjahr vollendet haben. Auch dürfen nicht Vater und Sohn, nicht Großvater und Enkel, auch nicht Brüder zu gleicher Zeit Glieder des Presbyterii sein. Es be= zieht sich diese Bestimmung jedoch nicht auf Verwandte des Pfarrers. Auch Elementarlehrer sind wählbar. K.O. §. 10 und Z. 2. 3. E. 3. 4. 5.

5. Die Wahl der Kirchenältesten, Kirchmeister und Dia= konen erfolgt der Regel nach jedesmal auf die Dauer von vier Jahren und scheidet alsdann nur alle zwei Jahre die Hälfte derselben aus. Jedoch kann, wo es nach den Verhält= nissen zweckmäßig erscheint, mit Zustimmung der Kreis=Synode die bisherige zweijährige Amtsdauer beibehalten werden, in wel= chem Falle alle Jahre die Hälfte ausscheidet.

---

*) S. d. neuen Zusatz zu §. 7 d. K.O.
**) K.G. 1891 Z. 2.

Die Abgehenden können, wenn ſie ſich dazu qualificiren, wiedergewählt werden.

Jedes Mitglied des Presbyteriums muß aber ſo lange in Function bleiben, bis ein anderes an deſſen Stelle gewählt, und eingeführt iſt. K.O. §. 8*). Z. 1. §. 9. E. 3.

6. Bei bevorſtehender Presbyterwahl ſoll der Herr der Kirche um einen ſegensreichen Erfolg derſelben öffentlich ange=rufen werden. K.O. §. 8. E. 5.

7. Der Wechſel des Presbyteriums ſoll am Ende des Jahres, doch ſo früh vorgenommen werden, daß die Einfüh=rung am 1. Januar geſchehen kann. K.O. §. 8. E. 2.

8. Scheidet ein Glied des Presbyteriums vor Ablauf ſeiner Dienſtzeit aus, ſo wird an deſſen Stelle durch das Pres=byterium ein Subſtitut gewählt, welcher ſo lange das Amt bekleidet, als der Ausgeſchiedene daſſelbe bekleidet haben würde. K.O. §. 8. Z. 2.

9. Die regelmäßige Ergänzungswahl des Presby=teriums, mag dieſelbe nun von allen ſtimmfähigen Gemeinde=gliedern, oder vom Presbyterium und der Repräſentation vor=genommen werden, erfolgt unter dem Vorſitze des Präſes Pres=byterii. Im erſteren Falle genügt nach ordnungsmäßig geſche=hener Einladung auch die geringſte Zahl der erſchienenen Wäh=ler; [im zweiten Falle muß wenigſtens die Hälfte der Mitglie=der beider Collegien gegenwärtig ſein]. K.O. §. 8**) und E. 1. §. 32**). E. 2.

10. Da für die Abſtimmungen in den Verſammlungen der größeren Gemeindevertretung ein beſtimmter Modus des Verfahrens in der K.O. nicht vorgeſchrieben iſt, ſo gehört es zu den discretionären Befugniſſen des Präſes, hierüber nach ſeinem Ermeſſen Beſtimmung zu treffen, ohne daß derſelbe hierin durch Majoritäts=Beſchlüſſe der Verſammlung beſchränkt werden kann. K.O. §. 30***). E. 2.

11. Ohne erhebliche Gründe, zu welchen ein Alter über 60 Jahre, notoriſche Kränklichkeit, oder ein Geſchäft, welches mit öfterer oder langer Abweſenheit nothwendig ver=bunden iſt, ſowie zwei mit Vermögens=Adminiſtration verbun=

---

*) Vgl. K.G. 1891 Z. 2. A. 3.
**) S. K.G. 1891 Z. 2. A. 2 u. Z. 15.
***) Vgl. K.G. 1891 Z. 11.

dene Vormundschaften [subsidiarisch aber auch) die im A.L.R.
Th. II. Tit. 6 §. 161. Tit. II. §. 555 Tit. 18 §. 208 ff.] zu
zählen sind, dürfen die in das Presbyterium Gewählten sich
diesem Amte nicht entziehen. Bei unmittelbarer Wiederwahl
in das Presbyterium kann jedoch der Wiedergewählte auch ohne
solche Gründe die Wahl ablehnen. K.O. §. 8. §. 9.*) Z. 1.
C. 2. 3.

12. Ueber die Gültigkeit der Entschuldigungs=
gründe entscheidet zunächst das Presbyterium, und auf dem
Wege des Rekurses, welcher jedoch innerhalb 14 Tagen prä=
klusivischer Frist, vom Tage der Mittheilung der Entscheidung
des Presbyteriums an gerechnet, eingelegt werden muß, das
Moderamen der Kreis=Synode in letzter Instanz. Wer ohne
erhebliche Gründe das Amt eines Presbyters ablehnt, verliert
dadurch das Recht, in Zukunft als Glied des Presbyterii und
der größeren Gemeinde=Repräsentation gewählt zu werden. K.O.
§. 9 u. Z. 2.

13. Nach jeder Presbyterwahl ist das Ergebniß dersel=
ben dem Presbyterio vorzutragen und dasselbe vom Präses
aufzufordern, sich über die Qualification der Gewählten pflicht=
mäßig zu äußern. K.O. §. 8. C. 5.

14. Die erwählten Mitglieder des Presbyte=
riums sollen an den zwei zunächst folgenden Sonntagen der
Gemeinde öffentlich von der Kanzel angezeigt, und darf diese
Publikation auch in Folge etwaiger Einsprüche nicht unterbro=
chen werden. Es ist dabei event. solchen Einspruchs mit Hin=
weisung auf die abzuwartende Entscheidung in angemessener
Weise nur Erwähnung zu thun. K.O. §. 11 u. C. 1.

15. Gegen die Wahl eines Aeltesten, Kirchmeisters oder
Diakons können nur bis zur vollzogenen zweiten Verkündigung
Einsprüche eingelegt werden. Ueber diese Einsprüche entschei=
det zunächst das Moderamen der Kreis=Synode auf erforderten
gutachtlichen Bericht des Presbyteriums, und auf Rekurs, wel=
cher jedoch innerhalb 14 Tagen präklusivischer Frist, von der
Bekanntmachung des Beschlusses des Moderamens an gerechnet,
eingelegt werden muß, das Consistorium.

Der Rekurs an das Consistorium, welches in letzter In=

---

*) S. K.G. 1891 Z. 3.

stanz entscheidet, ist nur demjenigen, gegen welchen der Einspruch
gerichtet worden ist, nicht auch dem Opponenten gestattet. Bis
zur endgültigen Entscheidung über die erhobenen Einsprüche
verbleibt der Amtsvorgänger des Beanstandeten in seinen Functionen, und falls nicht zu ermitteln ist, an wessen Stelle der
Beanstandete treten sollte, entscheidet das Loos darüber, welcher
von den ausscheidenden Presbytern bis zu jenem Zeitpunkte in
seinen Functionen zu verbleiben hat. K.O. §. 11 3. 1. 2.

16. Die gewählten Mitglieder des Presbyteriums [deren
Wahl nicht angefochten, oder über deren Wahl endgültig entschieden ist,] werden durch den Pfarrer nach dem in der Agende
befindlichen Formulare vor der Gemeinde eingeführt. Bei nach
Ablauf ihrer Dienstzeit wiedergewählten Mitgliedern bedarf es
dieser Einführung nicht, sondern es genügt die Hinweisung auf
ihre früher geschehene Verpflichtung. K.O. §. 11 u. E. 2.

Münster, den 27. Januar 1880.

Königliches Consistorium.

**3) Allerhöchster Erlaß vom 20. Januar 1876, betreffend
die Einführung einer General-Synodal-Ordnung für
die evangelische Landeskirche der acht älteren
Provinzen der Monarchie.**

Nachdem in Gemäßheit Meines Erlasses vom 10. September 1873 eine außerordentliche General-Synode den von dem
Evangelischen Ober-Kirchenrath in Vereinigung mit dem Minister der geistlichen Angelegenheiten festgestellten und von Mir
genehmigten Entwurf einer General-Synodal-Ordnung berathen
hat, ertheile Ich kraft der Mir als Träger des landesherrlichen Kirchenregiments zustehenden Befugnisse der als Anlage
beifolgenden General-Synodal-Ordnung für die evangelische
Landeskirche der acht älteren Provinzen der Monarchie hierdurch
Meine Sanktion und verkünde dieselbe als kirchliche Ordnung.
Das wichtige Werk einer selbständigen Verfassung für die
evangelische Landeskirche ist hiermit in allen ihren Entwickelungs-
stufen begründet; überall sind den Gemeindegliedern wesentliche
Befugnisse der Theilnahme an der kirchlichen Gesetzgebung und
Verwaltung übertragen.

Ich vertraue auf die Barmherzigkeit Gottes, an dessen Segen Alles gelegen ist, daß auch diese neue Ordnung dienen wird zur Hebung des kirchlichen Lebens, zur Herstellung des kirchlichen Friedens und zur Anregung eines kräftigen und ersprießlichen Zusammenwirkens aller Betheiligten für die Wahrung des evangelischen Glaubens und guter Sitte.

Soweit es zur Ausführung der General-Synodal-Ordnung nicht noch einer Mitwirkung der Landesgesetzgebung bedarf, wegen deren Herbeiführung von Mir das Erforderliche veranlaßt ist, hat der Evangelische Ober-Kirchenrath mit dem Minister der geistlichen Angelegenheiten wegen dieser Ausführung die weiteren Einleitungen zu treffen. Zugleich bestimme Ich, daß die Vorschriften des §. 7 Nr. 6 der General-Synodal-Ordnung über das förmliche Disziplinarverfahren auf diejenigen Disziplinaruntersuchungen, welche am Tage der Verkündung dieses Erlasses bereits eingeleitet sind, keine Anwendung finden, diese Untersuchungen vielmehr nach dem bisherigen Verfahren zu Ende zu führen sind.

Der gegenwärtige Erlaß ist durch die Gesetz-Sammlung zur öffentlichen Kenntniß zu bringen.

Berlin, den 20. Januar 1876.

Wilhelm.
Falk.

---

4) General-Synodal-Ordnung für die evangelische Landeskirche in den neun (acht) älteren Provinzen der Monarchie.

§. 1. Der Verband der General-Synode erstreckt sich auf die evangelische Landeskirche der neun*) älteren Provinzen der Monarchie.

Der Bekenntnißstand und die Union in den genannten Provinzen und den dazu gehörenden Gemeinden werden durch dieses Verfassungsgesetz nicht berührt.

---

*) A.E. v. 7. März 1887. II. 1.

I.

Zusammensetzung.

§. 2. Die General-Synode wird zusammengesetzt:

1) aus 150 Mitgliedern, welche von den Provinzial-Synoden der Provinzen Ostpreußen, Westpreußen*), Brandenburg, Pommern, Posen, Schlesien, Sachsen, Westfalen und der Rheinprovinz gewählt werden;

2) aus sechs Mitgliedern, von welchen jede evangelisch-theologische Fakultät an den Universitäten Königsberg, Berlin, Greifswald, Breslau, Halle und Bonn eines aus ihrer Mitte wählt;

3) aus den General-Superintendenten der im General-Synodalverbande stehenden Provinzen;

4) aus dreißig vom Könige zu ernennenden Mitgliedern.

Die Berufung der Synodalmitglieder erfolgt für eine Synodalperiode von sechs Jahren.

§. 3. Die zufolge §. 2 Nr. 1 zu wählenden Mitglieder werden auf die neun**) Provinzial-Synoden dergestalt vertheilt, daß die Synode

der Provinz Ostpreußen	15,	***)
„ „ Westpreußen	9,	
„ „ Brandenburg	27,	
„ „ Pommern	18,	
„ „ Posen	9,	
„ „ Schlesien	21,	
„ „ Sachsen	24,	
„ „ Westfalen	12,	
„ Rheinprovinz	15	

Mitglieder wählt.

Die Wahl erfolgt in der Weise, daß

1) ein Dritttheil aus den innerhalb der Provinz in geistlichen Aemtern der Landeskirche angestellten Geistlichen,

2) ein Dritttheil aus solchen Angehörigen der Provinz gewählt wird, welche in Kreis- oder Provinzial-Synoden oder in den Gemeindekörperschaften derselben als weltliche

---

*) A.E. v. 7. März 1887 II. 2.
**) A.E. v. 7. März 1887 II. 3.
***) A.E. v. 7. März 1887 II. 3.

Mitglieder entweder zur Zeit der Kirche dienen oder früher gedient haben;

3) die Wahlen für das letzte Dritttheil sind an diese Be=
schränkungen nicht gebunden, sondern können auch auf
andere angesehene, kirchlich erfahrene und verdiente Männer
gerichtet werden, welche der evangelischen Landeskirche an=
gehören.

Alle Gewählten müssen das dreißigste Lebensjahr zurück=
gelegt haben.

§. 4. Königlicher Verordnung bleibt es vorbehalten, die
Aussonderung der Residenzstadt Berlin und ihrer Umgebung
aus dem Synodalverbande der Provinz Brandenburg, die Ein=
richtung einer besonderen Provinzial= (Stadt=) Synode Berlin
und die Vertheilung der Zahl der Mitglieder anzuordnen,
welche demnächst die Synoden der Provinz Brandenburg und
der Stadt Berlin nach dem Maßstabe der in ihnen vorhan=
denen evangelischen Bevölkerung in die General=Synode zu ent=
senden haben.

Ueber die einzelnen hierzu erforderlichen Bestimmungen
sind die vereinigten Kreis=Synoden von Berlin und die Pro=
vinzial=Synode der Provinz Brandenburg zu hören.

Veränderungen der hiernach getroffenen Anordnungen, welche
durch spätere landesgesetzliche Feststellung eines besonderen pro=
vinziellen Verbandes für die Stadt Berlin und ihre Umgebung
bedingt werden sollten, erfolgen gleichfalls durch Königliche
Verordnung.

II.

Wirkungskreis.

§. 5. Die General=Synode hat mit dem Kirchenregimente
des Königs der Erhaltung und dem Wachsthum der Landes=
kirche auf dem Grunde des evangelischen Bekenntnisses zu dienen;
Regiment, Lehrstand und Gemeinden zur Gemeinschaft der Arbeit
an dem Aufbau der Landeskirche zu verbinden; auf Innehal=
tung der bestehenden Kirchenordnung in den Thätigkeiten der
Verwaltung zu achten; über die gesetzliche Fortbildung der lan=
deskirchlichen Einrichtungen zu beschließen; die Fruchtbarkeit der
Landeskirche an Werken der christlichen Nächstenliebe zu fördern;
die Einheit der Landeskirche gegen auflösende Bestrebungen zu

wahren; der provinziellen kirchlichen Selbständigkeit ihre Grenzen zu ziehen und sie in denselben zu schützen; die Gemeinschaft zwischen der Landeskirche und anderen Theilen der evangelischen Gesammtkirche zu pflegen; zur interkonfessionellen Verständigung der christlichen Kirchen zu helfen; und überhaupt sowohl aus eigener Bewegung als auf Anregung der Kirchenregierung, in Gemäßheit dieser Ordnung, Alles zu thun, wodurch die Landeskirche gebaut und gebessert und die Gesammtkirche in der Erfüllung ihrer religiösen und sittlichen Aufgabe gefördert werden mag.

Gesetzgebung.

§. 6. Landeskirchliche Gesetze bedürfen der Zustimmung der General=Synode und werden von dem Könige, kraft seines Rechts als Träger des Kirchenregiments, erlassen. Sie werden Behufs der Beglaubigung von dem Präsidenten des Evangelischen Ober=Kirchenraths gezeichnet.

Die General=Synode hat das Recht, landeskirchliche Gesetze vorzuschlagen.

Bevor ein von der General=Synode angenommenes Gesetz dem Könige zur kirchenregimentlichen Genehmigung vorgelegt wird, ist die Erklärung des Ministers der geistlichen Angelegenheiten darüber herbeizuführen, ob gegen den Erlaß desselben von Staatswegen etwas zu erinnern sei.

Ein Kirchengesetz erhält seine verbindliche Kraft durch die Verkündung in dem unter Verantwortlichkeit des Evangelischen Ober=Kirchenraths erscheinenden kirchlichen Gesetz= und Verordnungsblatt. Sie beginnt, sofern in dem Gesetze kein anderer Anfangstermin bestimmt ist, mit dem vierzehnten Tage nach demjenigen Tage, an welchem das betreffende Stück des genannten Blattes in Berlin ausgegeben worden ist.

§. 7. Folgende Gegenstände unterliegen ausschließlich der landeskirchlichen Gesetzgebung:

1) die Regelung der kirchlichen Lehrfreiheit;
2) die ordinatorische Verpflichtung der Geistlichen;
3) die zu allgemeinem landeskirchlichen Gebrauche bestimmten agendarischen Normen.

Soll die Einführung agendarischer Normen nur für einzelne Provinzialbezirke erfolgen, so bedarf es der Zustimmung der betreffenden Provinzial=Synode.

Insofern bestehende agendarische Ordnungen die Verwaltung der Sakramente betreffen, dürfen sie in den einzelnen Gemeinden nicht ohne Zustimmung der Gemeindeorgane verändert werden, gleichviel, ob die Aenderung durch landeskirchliche oder provinzielle Gesetzgebung beschlossen ist.

Durch vorübergehende Verhältnisse bedingte und daher nur zeitweilige liturgische Anordnungen werden mit Ermächtigung des Königs vom Evangelischen Ober-Kirchenrath getroffen.

Die Zulassung von Katechismuserklärungen, Religionslehrbüchern und Gesangbüchern erfolgt für den allgemeinen landeskirchlichen Gebrauch nach ertheilter Billigung der General-Synode, für den provinziellen Gebrauch nach ertheilter Billigung der Provinzial-Synode, durch Verfügung des Kirchenregiments. Gegen obligatorische Einführung solcher kirchlicher Bücher steht jeder einzelnen Gemeinde ein Widerspruchsrecht zu;

4) die Einführung oder Abschaffung allgemeiner kirchlicher Feiertage;

5) Aenderungen der Kirchengemeinde- und Synodal-Ordnung vom 10. September 1873 und dieser Ordnung, sowie Aenderungen der Kirchenverfassung, welche den Grundsatz betreffen, wonach das Kirchenregiment des Königs durch kollegiale, mit geistlichen und weltlichen Mitgliedern besetzte Kirchenbehörden auszuüben ist;

6) die Kirchenzucht wegen Verletzung allgemeiner Pflichten der Kirchenglieder, sowie die Disciplinargewalt über Geistliche und andere Kirchendiener. [Bis zur anderweiten kirchengesetzlichen Regelung *) der Disciplinargewalt bei Dienstvergehen der Superintendenten, Geistlichen und niederen Kirchendiener finden auf das förmliche Diciplinarverfahren, sowie auf die vorläufige Dienstenthebung gegen dieselben die Bestimmungen der §§. 22. 23 Nr. 1, 24. 27. 28. 31 bis 45 und 48 bis 54 des Gesetzes vom 21. Juli 1852 (Gesetz-Samml. S. 465) mit der Maß-

---

*) K.G. v. 16. Juli 1886, betr. die Dienstvergehen der Kirchenbeamten u. die unfreiwillige Versetzung derselben in den Ruhestand. S. Anhang 13.

gabe Anwendung, daß die in dem genannten Gesetze dem Disciplinarhofe und den Provinzialbehörden beigelegten Befugnisse von den Provinzial-Consistorien nach den für das Verfahren bei den Provinzial-Behörden vorgeschriebenen Bestimmungen zu üben sind, die dem Disciplinarhof beigelegte gutachtliche Thätigkeit fortfällt, und die Zuständigkeiten des Ministerial- beziehungsweise Staatsministerial-Ressorts dem Evangelischen Ober-Kirchenrathe zukommen];

7) die kirchlichen Erfordernisse der Anstellungsfähigkeit und die kirchlichen Grundsätze über die Besetzung der geistlichen Aemter;

8) die kirchlichen Bedingungen der Trauung *).

§. 8. Der Kirchenregierung wie der General-Synode bleibt unbenommen, auch über andere Gegenstände der kirchlichen Ordnung, deren allgemeine kirchengesetzliche Regelung heilsam erachtet wird, Gesetzesvorschläge zu machen.

Ist diese Regelung erfolgt, so kann weder eine Veränderung derselben noch deren Ueberlassung an die provinzialkirchliche Gesetzgebung oder an das kirchenregimentliche Verordnungsrecht anders als im Wege der landeskirchlichen Gesetzgebung geschehen.

§. 9. Es hängt vom Ermessen der Kirchenregierung ab, über Gesetzesvorschläge, welche sie der General-Synode zu machen beabsichtigt, zuvor die Provinzial-Synoden, beziehungsweise die ausschließlich betheiligten, zu gutachtlicher Aeußerung zu veranlassen. Bei Veränderungen, welche die Liturgie betreffen (§. 7 Nr. 3), soll diese Anhörung der Provinzial-Synoden in der Regel geschehen.

§. 10. Veränderungen der revidirten Kirchenordnung für Westfalen und die Rheinprovinz können, wie bisher, von den Provinzial-Synoden dieser Provinzen beschlossen und durch Bestätigung der Kirchenregierung in Kraft gesetzt werden.

Werden Bestimmungen der genannten Kirchenordnung durch ein von der Kirchenregierung beabsichtigtes landeskirchliches Gesetz betroffen, so müssen die Synoden der beiden Provinzen, bevor der Gesetzesvorschlag an die General-Synode gelangt, gutachtlich gehört werden.

---

*) K.G. betr. die Trauungsordnung v. 27. Juli 1880. S. Anhang 10.

Gehen solche Gesetzesvorschläge von der General=Synode aus, so sind die Gutachten der genannten Provinzial=Synoden vor der Einholung der Königlichen Sanction zu veranlassen.

Aeußern sich beide Synoden übereinstimmend gegen die Veränderung ihrer Kirchenordnung, so bleiben diese Provinzen von dem Geltungsbereiche der betreffenden landeskirchlichen Vor= schrift ausgenommen.

Kirchliche Vermögensrechte und Besteuerung.

§. 11. Die General=Synode übt eine Kontrole über die vom Evangelischen Ober=Kirchenrathe verwalteten oder unter seine Verfügung gestellten kirchlichen Fonds und sonstigen kirchlichen Einnahmen, und vereinbart mit ihm die leitenden Grundsätze für ihre Verwendung. Der General=Synode, und in den Jahren, in welchen sie sich nicht versammelt, dem Synodalvorstande ist die Jahresrechnung über diese Fonds zur Prüfung und Er= theilung der Entlastung vorzulegen.

§. 12. Von der Verwendung der unter der Verwaltung des Ministers der geistlichen Angelegenheiten stehenden kirchlichen Fonds und der im Staatshaushalts=Etat für kirchliche Zwecke bewilligten Mittel giebt der Evangelische Ober=Kirchenrath auf Grund der Nachrichten, welche er darüber vom Minister der geistlichen Angelegenheiten erhalten hat, der General=Synode Kenntniß. Sobald solche Fonds oder Mittel in die Verwal= tung der Kirche übergehen, erweitert sich die synodale Kenntniß= nahme zur Kontrole (§. 11).

§. 13. Anordnungen der Kirchenregierung wegen Einfüh= rung neuer, regelmäßig wiederkehrender, sowie wegen Abschaffung bestehender landeskirchlicher Kollekten bedürfen der Zustimmung der General=Synode.

§. 14. Die Bewilligung neuer Ausgaben für landeskirch= liche Zwecke*), soweit sie durch Umlagen auf die Kirchenkassen

---

*) K.G. v. 2. Sept. 1880, betr. die Vertheilung der General= Synodalkosten und der landeskirchlichen Umlagen auf die einzel= nen Provinzen. Einziger Paragraph: „Umlagen zur Bestreitung von Ausgaben für landeskirchliche Zwecke (§. 14 d. Gen.Syn.O. v. 20. Januar 1876) und die Kosten der General=Synode, sowie der Vorstände derselben und der von den letzteren bestellten Ausschüsse und Commissionen (§. 38 a. a. O.) sind nach Maßgabe der von den evangelischen Gemeindegliedern aufzubringenden Klassen= und

oder Kirchengemeinden gedeckt werden sollen, erfolgt im Wege der kirchlichen Gesetzgebung.

Der bewilligte, durch Umlage aufzubringende Betrag wird über die Provinzen der Landeskirche nach einem Maßstabe repartirt, welcher vorläufig durch Königliche Verordnung aufgestellt, endgültig zwischen der General-Synode und der Kirchenregierung vereinbart wird.

Die auf die einzelnen Provinzen entfallenden Beträge werden nach den in den §§. 72. 73 der Kirchengemeinde- und Synodal-Ordnung vom 10. September 1873 aufgestellten Normen, für die Provinzen Rheinland und Westfalen nach Maßgabe des §. 135 der Kirchenordnung vom 5. März 1835, einer Unterrepartition unterworfen und an die Consistorialkassen und von diesen an den Evangelischen Ober-Kirchenrath abgeführt.

§. 15. Auch die Einkünfte des Kirchenvermögens und der Pfarrpfründen können durch ein Kirchengesetz zu Beiträgen für kirchliche Zwecke herangezogen werden.

Dies ist nur zulässig bei Kirchenkassen, sofern die etatsmäßige Solleinnahme derselben die etatsmäßige Sollausgabe um mehr als ein Drittheil der letzteren, und wenigstens um dreihundert Mark jährlich, übersteigt, bei Pfarrpfründen, sofern der jährliche Ertrag derselben ausschließlich des Wohnungswerths auf mehr als sechstausend Mark sich beläuft. Diese Beiträge dürfen zehn Prozent des jährlichen Ueberschusses der Solleinnahme der Kirchenkasse und des über die Summe von sechstausend Mark hinausgehenden Pfründenertrags nicht überschreiten.

Anträge und Beschwerden.

§. 16. Die General-Synode kann durch Anträge, welche sie beschließt, das Kirchenregiment in dem ganzen Bereiche seiner Thätigkeit zu den Maßregeln anregen, die sie dem landeskirchlichen Bedürfniß entsprechend erachtet. Auf jeden solchen Antrag muß ein Bescheid, im Falle der Ablehnung mit den Gründen derselben, ertheilt werden.

§. 17. Behufs Erhaltung der kirchengesetzlichen Ordnung in den Thätigkeiten der Verwaltung steht der General-Synode

---

klassifizirten Einkommensteuer auf die Provinzen der Landeskirche zu vertheilen." S. auch Anm. zu Art. 16 des St.G. v. 3. Juni 1875 (Anhang 5).

auch der Weg der Beschwerde offen. Gegenstand derselben sind
Verletzungen kirchengesetzlicher Vorschriften durch Verfügungen
der Kirchenbehörden, welche im kirchlichen Instanzenwege keine
Abhülfe gefunden haben. Die von der General-Synode darüber
gefaßten Beschlüsse gehen an den Evangelischen Ober-Kirchenrath
zur Prüfung und Bescheidung.

Wahrung der Einheit der Landeskirche.

§. 18. Der General-Synode werden die von den Provinzial-Synoden gefaßten Beschlüsse vorgelegt. Findet die General-
Synode, daß ein Beschluß der Provinzial-Synode mit der Einheit
der evangelischen Landeskirche in Bekenntniß und Union, in
Kultus und Verfassung nicht vereinbar ist, so ist demselben die
kirchenregimentliche Bestätigung zu versagen. Ist solche bereits
ertheilt, so hat die Kirchenregierung ihn außer Kraft zu setzen.

Verhältniß zu anderen Kirchengemeinschaften.

§. 19. Die General-Synode nimmt Kenntniß von den Be-
ziehungen der Landeskirche zu den übrigen Theilen der Deutschen
evangelischen Kirche, beschließt über die der weiteren Entwickelung ihres Gemeinschaftsbandes dienenden Einrichtungen und
betheiligt sich durch von ihr gewählte Abgeordnete an etwaigen
Vertretungskörpern der Deutschen evangelischen Kirche.

Zur Theilnahme der Landeskirche an anderen kirchlichen
Versammlungen, insbesondere denen von internationaler oder
interkonfessioneller Art, bedarf es der Zustimmung der General-
Synode.

Wahl des Präsidiums, des Synodalvorstandes und Synodalraths.

§. 20. Die General-Synode wählt beim Beginne ihrer
jedesmaligen Versammlung (§. 29) und für die Dauer derselben ihr Präsidium, bestehend aus einem Präsidenten, einem
Vicepräsidenten und vier Schriftführern.

§. 21. Am Schlusse jeder ordentlichen Versammlung (§. 24)
wählt die General-Synode den Synodalvorstand und Synodalrath
auf eine Synodalperiode von sechs Jahren. Wird die Versammlung geschlossen, bevor diese Wahl stattgefunden hat, so
treten die für die frühere Synodalperiode Gewählten wieder
in Funktion.

§. 22. Der Synodalvorstand besteht aus einem Vorsitzen=
den, aus einem Stellvertreter desselben und aus fünf Beisitzern.
„Es werden fünf Ersatzmänner gewählt, welche bei Verhinde=
rung von Mitgliedern des Vorstandes in diesen berufen wer=
den. Scheiden bei nicht versammelter Synode sowohl der
Vorsitzende als sein Stellvertreter aus, so wählen die Beisitzer
unter sich für die Restzeit einen Vorsitzenden und dessen Stell=
vertreter.“ *)

Der Synodalvorstand tritt außer Funktion, sobald die
nächste ordentliche Versammlung der General-Synode ihr Präsi=
dium gewählt hat.

§. 23. Zum Synodalrath wählt die General-Synode acht=
zehn Mitglieder, welche zusammen mit dem Vorstande den Sy=
nodalrath bilden.

Von den Gewählten müssen je drei den Provinzen Bran=
denburg und Sachsen, je zwei den Provinzen Ostpreußen**),
Pommern, Schlesien, Westfalen und der Rheinprovinz, je einer
den Provinzen Westpreußen**) und Posen angehören. Für
dieselben werden Ersatzmänner gewählt, welche bei Verhinderung
der ersteren zur Funktion berufen werden.

Der Synodalrath endet seine Funktion mit der Eröffnung
der nächsten ordentlichen General-Synode.

III.
Versammlungen der General-Synode.

§. 24. Die General-Synode tritt auf Berufung des Königs
und zwar alle sechs Jahre***) zu ordentlicher Versammlung
zusammen. Zu außerordentlicher Versammlung kann sie nach
Anhörung des Synodalvorstandes jederzeit berufen werden.

Dem Könige steht es zu, jederzeit die Versammlung zu
schließen oder zu vertagen.

§. 25. Während der Versammlung der Synode findet in
allen evangelischen Hauptgottesdiensten der Landeskirche eine
Fürbitte für die Synode statt.

*) K.G. betr. Abänderung des §. 22 Abs. 1 der Gen.Syn.O.
v. 26. Mai 1886.
**) A.E. v. 7. März 1887 II. 4.
***) Erste ord. Gen.Syn. 1879. Zweite ord. Gen.Syn. 1885.

§. 26. Als Königlicher Kommissar zur Wahrnehmung der Zuständigkeiten des obersten Kirchenregiments bei der Synode fungirt der Präsident des Evangelischen Ober-Kirchenraths In Vakanzfällen oder bei dauernder Verhinderung ernennt der König einen anderen Kommissar.

Der Königliche Kommissar ist befugt, jederzeit das Wort zu ergreifen und Anträge zu stellen. Er kann Mitglieder des Evangelischen Ober-Kirchenraths mit seiner Beihülfe und vor-übergehenden Vertretung beauftragen.

Der Minister der geistlichen Angelegenheiten und die von ihm ernannten Kommissarien sind berechtigt, den Sitzungen bei-zuwohnen und jederzeit das Wort zu ergreifen, sofern sie es im Interesse des Staates für erforderlich erachten.

§. 27. Die Synode regelt ihren Geschäftsgang. Bis dies geschieht, ist eine provisorische Geschäftsordnung maßgebend, welche der Evangelische Ober-Kirchenrath ertheilt*).

§. 28. Der Präsident der Synode leitet die Verhand-lungen und handhabt die äußere Ordnung.

§. 29. Der Vorsitzende des Synodalvorstandes eröffnet die Synode, berichtet über die bisherige Wirksamkeit des Syno-dalvorstandes während der verflossenen Synodalperiode, sowie über die Verhandlungen der während derselben Zeit abgehalte-nen Provinzial-Synoden, soweit sie für die gesammte Landes-kirche von Bedeutung sind; er berichtet ferner über die Legiti-mation der Synodalmitglieder und leitet die Wahl des Prä-sidiums.

Die Versammlung beschließt über die Legitimation ihrer Mitglieder.

§. 30. Die Mitglieder werden nach Konstituirung des Präsidiums von dem Präsidenten mit dem in der Kirchen-gemeinde- und Synodal-Ordnung vom 10. September 1873 §. 63 vorgeschriebenen Gelöbniß verpflichtet.

§. 31. Am Tage nach der Eröffnung der Synode findet ein feierlicher Synodal-Gottesdienst statt.

Jede einzelne Sitzung beginnt mit einer kurzen Schrift-vorlesung und Gebet und schließt mit einem Segenswunsch. Die Synode wird mit Gebet geschlossen.

---

*) Provisorische Geschäftsordnung v. 17. Sept. 1879. §. 21 Abf. 6 abgeändert durch Beschl. 19 der zweiten ord. Gen.Syn.

§. 32. Die Verhandlungen sind öffentlich. Eine vertrauliche Berathung kann durch Beschluß der Synode verfügt werden.

Zur Beschlußfähigkeit ist die Anwesenheit der Mehrheit der gesetzlichen Zahl der Mitglieder erforderlich. Die Beschlußfassung erfolgt mit absoluter Mehrheit der abgegebenen Stimmen. Bei Stimmengleichheit gilt der Antrag als abgelehnt.

Wahlhandlungen sind, wenn zunächst relative Mehrheiten sich ergeben, durch engere Wahl bis zur Erreichung einer absoluten Mehrheit fortzusetzen. Für die Wahl zu Kommissionen genügt die relative Mehrheit. Bei Stimmengleichheit entscheidet das Loos.

Einer zweimaligen Berathung und Beschlußfassung bedarf es, wenn es sich um Kirchengesetze (§. 6) oder um Bewilligung neuer Ausgaben (§. 14. 15) handelt.

Aenderungen der Kirchenverfassung in Bezug auf die Zusammensetzung oder die Befugnisse der Gemeindeorgane oder der Synoden können nur mit einer Mehrheit von zwei Dritteln der abgegebenen Stimmen in der General-Synode beschlossen werden.

§. 33. Das Präsidium sorgt für die Aufzeichnung, Redaktion und Beglaubigung der Sitzungsprotokolle. Bei der Aufzeichnung kann es von Mitgliedern der Synode unterstützt werden, welche sich auf Einladung des Präsidiums diesem Geschäfte unterziehen.

IV.
Synodalvorstand und Synodalrath.

§. 34. Als selbständiges Kollegium hat der Vorstand der General-Synode den folgenden Wirkungskreis:

1) Er erledigt die ihm von der Kirchenregierung gemachten Vorlagen.

2) Er beschließt über die in seiner eigenen Mitte gestellten Anträge auf Beseitigung von Mängeln, welche bei der kirchlichen Gesetzgebung und Verwaltung hervortreten. Beschlüsse der letzteren Art gehen, sofern ihnen im Verwaltungswege entsprochen werden kann, als Anträge an den evangelischen Ober-Kirchenrath. Verlangt ihre Ausführung den Weg der Gesetzgebung, so kann der Synodalvorstand entweder die Beschreitung desselben bei der Kirchenregierung beantragen, oder selbst einen Gesetzent-

wurf Behufs seiner Einbringung in der General-Synode ausarbeiten (§. 6).

3) Er vertritt die nicht versammelte General-Synode, wenn Anordnungen, welche regelmäßig der beschließenden Mit= wirkung der General-Synode bedürfen, wegen ihrer Unauf= schieblichkeit durch kirchenregimentlichen Erlaß provisorisch getroffen werden sollen. Solche Erlasse können nur er= gehen, wenn der Synodalvorstand sowohl die Unauf= schieblichkeit anerkennt, als auch ihrem Inhalte zustimmt, und mit ausdrücklicher Erwähnung dieser seiner Mitwir= kung. Sie sind der nächsten General-Synode zur Prüfung und Genehmigung vorzulegen und, wenn die letztere ver= sagt wird, außer Wirksamkeit zu setzen.

4) Er bereitet die nächste Versammlung der General-Synode, soweit ihm dies obliegt, vor, insbesondere durch Prüfung der Legitimationen und Feststellung des der General= Synode abzustattenden Berichts (§. 29).

5) In Bezug auf die vorangegangene Versammlung erledigt er die zur Ausführung ihrer Beschlüsse erforderlichen Ge= schäfte und sorgt für den Druck und die Vertheilung der Synodalprotokolle.

6) Er verwaltet die General-Synodalkasse (§. 38) und übt die ihm in §. 11 zugewiesenen Funktionen.

Verlangt der Synodalvorstand, bevor er sich in Angele= genheiten der unter Nr. 2 und 3 bezeichneten Art schlüssig macht, eine gemeinschaftliche Berathung mit dem Evangelischen Ober-Kirchenrath, so hat der letztere eine solche zu veranstalten.

§. 35. Der Synodalvorstand wird zur Erledigung der= jenigen Geschäfte, welche ihm selbständig bei nicht versammel= ter Synode obliegen (§. 34), nach Vereinbarung mit dem Evangelischen Ober-Kirchenrath von seinem Vorsitzenden nach Berlin berufen.

Zu einem gültigen Beschlusse des Synodalvorstandes bedarf es der Anwesenheit von wenigstens fünf Mitgliedern. Bei Stimmengleichheit giebt die Stimme des Vorsitzenden den Ausschlag.

Die Erledigung einzelner Geschäfte im schriftlichen Wege ist ausnahmsweise nach dem Ermessen des Vorsitzenden zulässig.

Der Synodalvorstand regelt seinen Geschäftsgang durch

seine Beschlüsse. Es steht ihm frei, aus seiner Mitte für bestimmte Geschäfte Ausschüsse zu bilden oder auch einzelne Mitglieder mit solchen zu beauftragen.

§. 36. Mit dem Evangelischen Ober-Kirchenrath wirkt der Synodalvorstand zusammen:

1) wenn in der Rekursinstanz entweder über Einwendungen der Gemeinde gegen die Lehre eines zum Pfarramt Designirten, oder über die wegen Mangels an Uebereinstimmung mit dem Bekenntniß der Kirche angefochtene Berufung eines sonst Anstellungsfähigen zu einem geistlichen Amte, oder in einer wegen Irrlehre*) gegen einen Geistlichen geführten Disciplinaruntersuchung Entscheidung abgegeben werden soll;

2) bei der Feststellung der von der Kirchenregierung der General-Synode vorzulegenden Gesetzentwürfe und der zur Ausführung der landeskirchlichen Gesetze erforderlichen Instruktionen;

3) bei den dem Evangelischen Ober-Kirchenrath zustehenden Vorschlägen für die Besetzung der General-Superintendenturen;

4) bei Vertretung der evangelischen Landeskirche in ihren vermögensrechtlichen Angelegenheiten;

5) in anderen Angelegenheiten der kirchlichen Centralverwaltung von vorzüglicher Wichtigkeit, in welchen der Evangelische Ober-Kirchenrath die Zuziehung des Synodalvorstandes beschließt.

Die Mitwirkung des Vorstandes findet in der Weise statt, daß die Mitglieder desselben, nach vorheriger Mittheilung der Gegenstände der Berathung, auf Berufung durch den Präsidenten des Evangelischen Ober-Kirchenraths an den betreffenden Berathungen und Beschlüssen als außerordentliche Mitglieder des Evangelischen Ober-Kirchenraths mit vollem Stimmrecht Theil nehmen. In der Ausfertigung solcher Beschlüsse ist ihrer Mitwirkung Erwähnung zu thun. Dem Erforderniß der Mitwirkung ist entsprochen, wenn wenigstens vier Mitglieder des Vorstandes Theil genommen haben.

§. 37. Der Synodalrath (§. 23) wird in jedem Jahre

---

*) Vgl. K.G. v. 16. Juli 1886 §. 34. Anhang 13.

einmal in Berlin versammelt, um mit dem Evangelischen Ober-
Kirchenrath in dessen Sitzung über Aufgaben und Angelegenheiten der Landeskirche zu berathen, in welchen die Kirchenregierung durch Feststellung leitender Grundsätze den Beirath
dieses landeskirchlichen Synodalorgans für nothwendig erachtet.

Die Berufung erfolgt durch den Evangelischen Ober-
Kirchenrath.

Die Versammlung des Synodalraths kann in den Jahren
ausfallen, in welchen die General-Synode sich versammelt.

V.
Kosten.

§. 38. Zur Bestreitung der Kosten der General-Synode,
sowie der Vorstände derselben und der von den letzteren bestellten Ausschüsse und Commissionen*) wird eine General-Synodalkasse gebildet. Diese erhält ihren Bedarf, soweit nicht andere
Mittel für jenen Zweck gewidmet sind, durch die Beiträge der
Provinzial-Synodalkassen. Für die Vertheilung dieser Beiträge
über die einzelnen Provinzen und die Beschaffung der auf diese
entfallenden Summen sind die Bestimmungen des §. 14 Satz 2
und 3 maßgebend. Die Abführung geschieht an den Vorstand
der General-Synode.

§. 39. Der Synodalvorstand legt die Rechnung der General-Synodalkasse. Die Prüfung und Entlastung dieser Rechnung erfolgt durch die General-Synode.

Beschließt die General-Synode auf den Antrag ihres Vorstandes die Verwaltung der Synodalkasse durch den Evangelischen Ober-Kirchenrath, so erfolgt sie bei diesem; Rechnungslegung und Entlastung richten sich dann nach den Vorschriften
des §. 11.

§. 40. Den Mitgliedern der General-Synode, ihres Vorstandes und des Synodalrathes gebühren Tagegelder und, soweit sie nicht am Orte ihrer synodalen Wirksamkeit ihren
Wohnsitz haben, Reisekosten. Dieselben gehören zu den Synodalkosten und werden nach den vom Evangelischen Ober-Kirchenrath vorläufig zu bestimmenden, definitiv mit der General-
Synode zu vereinbarenden Sätzen aus der General-Synodalkasse
bestritten.

---

*) Vgl. oben §. 11.

VI.
Schlußbestimmungen.

§. 41. Die Neuregelung der Ressortverhältnisse zwischen den Staatsbehörden einerseits und den Kirchenbehörden andererseits bleibt staatlicher Anordnung vorbehalten.

§. 42. Die §§. 50. 59. 61 und 62 der Kirchengemeinde- und Synodal=Ordnung vom 10. September 1873 sind aufgehoben.

An die Stelle derselben treten die Bestimmungen der nachfolgenden §§. 43 bis 46.

§. 43. Die Kreis=Synode besteht aus:
1) dem Superintendenten der Diözese als Vorsitzenden.

Unter mehreren zur Synode gehörigen Superintendenten gebührt der Vorsitz dem im Ephoralamt älteren;

2) sämmtlichen innerhalb des Kirchenkreises ein Pfarramt definitiv oder vikarisch verwaltenden Geistlichen. Geistliche an Anstalten, welche keine Parochialrechte haben, Militärgeistliche und ordinirte Hülfsgeistliche sind nur befugt, mit berathender Stimme an der Synode Theil zu nehmen. Zweifel über den Umfang der Theilnahmeberechtigung einzelner Geistlichen entscheidet das Consistorium;

3) der doppelten Anzahl gewählter Mitglieder. Die Hälfte derselben wird aus den derzeitigen Aeltesten oder aus der Zahl der früheren Aeltesten gewählt, in der Weise, daß jede Gemeinde so viele Mitglieder entsendet, als sie stimmberechtigte Geistliche in der Synode hat. Die andere Hälfte wird aus den angesehenen, kirchlich erfahrenen und verdienten Männern des Synodalkreises von den an Seelenzahl stärkeren Gemeinden gewählt. Diejenigen Gemeinden, welche hiernach noch ein oder mehrere Mitglieder zu wählen haben, sowie die Zahl dieser Mitglieder, werden unter Berücksichtigung der Seelenzahl, sowie der sonstigen örtlichen Verhältnisse der Gemeinden und des Kreises, das erste Mal nach Anhörung des Kreis=Synodalvorstandes durch Anordnung des durch den Provinzial=Synodalvorstand verstärkten Consistoriums, demnächst endgültig nach Anhörung der Kreis=Synode durch Beschluß der Provinzial=Synode bestimmt.

Die Wahl dieser Mitglieder erfolgt auf drei Jahre und wird durch die vereinigten Gemeindeorgane, bei verbundenen Gemeinden der Gesammtparochie, vollzogen; wo verfassungsmäßig eine Gemeindevertretung nicht vorhanden ist, erfolgt die Wahl durch den Gemeinde-Kirchenrath. Diejenigen weltlichen Mitglieder der Kreis-Synode, welche noch kein Gelübde als Aelteste abgelegt haben, werden von dem Vorsitzenden der Kreis-Synode mit demjenigen Gelübde verpflichtet, welches die Mitglieder der Provinzial-Synode nach §. 63 der Kirchengemeinde- und Synodal-Ordnung vom 10. September 1873 zu leisten haben. Die Gewählten müssen das dreißigste Lebensjahr zurückgelegt haben.

Seitens der Kirchenregierung ist darauf hinzuwirken, daß durch Theilung der größeren Diözesen eine übermäßig große Zahl der zu einer Kreis-Synode gehörigen Mitglieder vermieden werde.

§. 44. Die Provinzial-Synode wird zusammengesetzt aus:

1) den von den Kreis-Synoden oder Synodalverbänden der Provinz zu wählenden Abgeordneten;

2) einem von der evangelisch-theologischen Fakultät der Provinzial-Universität (für Westpreußen der Universität Königsberg*), für Posen der Universität Breslau) zu wählenden Mitgliede dieser Fakultät;

3) den vom Könige zu ernennenden Mitgliedern, deren Zahl den sechsten Theil der nach Nr. 1 zu wählenden Abgeordneten nicht übersteigen soll.

Die Berufung aller Synodalmitglieder erfolgt für eine Synodalperiode von drei Jahren.

§. 45. Jeder Kreis-Synodalbezirk ist ein Wahlkreis, seine Kreis-Synode der Wahlkörper. Ist jedoch in der Provinz eine größere Anzahl von Kreis-Synoden vorhanden, so ist durch Vereinigung mehrerer Kreis-Synoden zu einem Wahlverbande die Zahl der Wahlkreise auf fünfunddreißig, in den Provinzen Brandenburg und Sachsen auf vierzig zu verringern. In dem Wahlverbande bilden die vereinigten Kreis-Synoden den Wahlkörper.

---

*) A.E. v. 7. März 1887 II. 5.

Die Anzahl und die Begrenzung der durch Zusammen legung von Kreis-Synoden gebildeten Wahlkreise wird bis zur anderweiten kirchengesetzlichen Regelung durch Königliche Verord nung bestimmt.

Die Zahl der von den Kreis-Synoden und Wahlverbänden zu wählenden Abgeordneten (§. 44 Nr. 1) beträgt das Dreifache der in der Provinz vorhandenen Wahlkreise.

Für jeden Abgeordneten wird gleichzeitig ein Stellvertreter gewählt.

§. 46. Die Wahl erfolgt in der Weise, daß in jedem Wahlkreise

1) ein Abgeordneter aus den innerhalb des Wahlkreises in geistlichen Aemtern der Landeskirche angestellten Geistlichen;

2) ein Abgeordneter aus solchen Angehörigen des Wahlkreises gewählt wird, welche in Kreis-Synoden oder in den Gemeindekörperschaften desselben als weltliche Mitglieder zur Zeit der Kirche dienen oder früher gedient haben;

3) das letzte Dritttheil der Abgeordneten wird von den an Seelenzahl stärkeren Kreis-Synoden und Wahlverbänden aus den angesehenen, kirchlich erfahrenen und verdienten Männern des Provinzialbezirks gewählt. Diejenigen Wahlkörper, welche hiernach eines oder mehrere dieser Mitglieder zu wählen haben, sowie die Zahl dieser Mit glieder werden unter Berücksichtigung der Seelenzahl das erste Mal durch Anordnung des Evangelischen Ober-Kirchenraths, demnächst endgültig durch Beschluß der Provinzial-Synode bestimmt. Dieser Beschluß bedarf der Bestätigung des durch den Vorstand der General-Synode verstärkten Evangelischen Ober-Kirchenraths.

Die weltlichen Mitglieder müssen das 30. Lebensjahr zu rückgelegt haben.

§. 47. Die Amtsthätigkeit der jetzigen Kreis-Synoden und Kreis-Synodalvorstände, Provinzial-Synoden und Provinzial Synodalvorstände erlischt mit dem Tage, an welchem die nach der gegenwärtigen Ordnung gebildeten Synoden und Synodalvorstände in Wirksamkeit treten.

§. 48. Bis zur Konstituirung des Präsidiums der ersten General-Synode werden die dem Synodalvorstand oder seinem

Vorsitzenden beigelegten Funktionen durch den Evangelischen Ober-Kirchenrath oder dessen Präsidenten ausgeübt.

§. 49. Die zur Ausführung dieser Ordnung erforderliche Instruktion wird von dem Evangelischen Ober-Kirchenrath im Einverständniß mit dem Minister der geistlichen Angelegenheiten erlassen.

---

5) Gesetz, betreffend die evangelische Kirchenverfassung in den acht (9) älteren Provinzen der Monarchie vom 3. Juni 1876.

Wir Wilhelm, von Gottes Gnaden König von Preußen ꝛc. verordnen, mit Zustimmung der beiden Häuser des Landtages der Monarchie, für die Provinzen Preußen*), Brandenburg, Pommern, Posen, Schlesien, Sachsen und Westfalen und die Rheinprovinz, was folgt:

Art. 1. Die in der Kirchengemeinde- und Synodal-Ordnung vom 10. September 1873 (Ges.-Samml. 1874 S. 151) und in der anliegenden General-Synodal-Ordnung vom 20. Januar 1876 bestimmten und nach diesen Vorschriften zusammengesetzten Synodalorgane üben die nachstehenden Rechte nach Maßgabe dieses Gesetzes.

Art. 2. Die Kreis-Synode übt die ihr in der Kirchengemeinde- und Synodal-Ordnung vom 10. September 1873 zugewiesenen Rechte in Betreff

1) der in den Kirchengemeinden bestehenden und der den Kirchengemeinden des Synodalkreises gemeinsamen Einrichtungen und Institute für christliche Liebeswerke (§. 53 Nr. 5);

2) des Kassen- und Rechnungswesens der einzelnen Gemeinden und der kirchlichen Stiftungen innerhalb des Bezirks (§. 53 Nr. 6);

3) der Kreis-Synodalkasse, des Kreis-Synodalrechners, des Etats der Kasse und der Repartition der zu derselben erforderlichen Beiträge der Kirchenkassen und Gemeinden (§. 53 Nr. 7);

4) der statutarischen Ordnungen (§. 53 Nr. 8).

---

*) Vgl. St.G. v. 21. Mai 1887 A. I.

Die zur Ausübung dieser Rechte erforderlichen Beschlüsse werden nach §. 52 Absatz 3. 4 gefaßt.

Art. 3. Den Gemeinden steht gegen Beschlüsse der Kreis-Synode wegen Repartition der zur Kreis-Synodalkasse erforderlichen Beiträge binnen einundzwanzig Tagen seit Zustellung des Beschlusses Beschwerde zu.

Ueber die Beschwerde entscheidet die Staatsbehörde.

Art. 4. Zur Feststellung statutarischer Ordnungen in dem der Kreis-Synode überwiesenen Geschäftsgebiete (§. 53 Nr. 8, §. 65 Nr. 5) bedarf es der vorgängigen Anerkennung seitens der Staatsbehörde, daß die entworfenen Bestimmungen dem Gesetz vom 25. Mai 1874 und diesem Gesetz nicht zuwider seien.

Art. 5. Der Kreis-Synodalvorstand übt in Bezug auf die nach §. 53 Nr. 5 und 6 der Synode übertragene Mitaufsicht das Recht, in eiligen Fällen die vorläufige Entscheidung zu treffen (§. 55 Nr. 6).

Art. 6. Die Rechte, welche nach den Artikeln 2 bis 5 der einzelnen Kreis-Synode und deren Vorstande zustehen, werden in dem Fall des §. 57 Absatz 1 den vereinigten Kreis-Synoden und deren Vorständen für die gemeinsamen Angelegenheiten beigelegt, wenn die Vereinigung mit Einwilligung der einzelnen Kreis-Synoden erfolgt.

Art. 7. Wenn der Wirkungskreis einer Kreis-Synode oder einer nach §. 57 Absatz 1 gebildeten Vereinigung von Kreis-Synoden, sowie ihres Vorstandes nach Absatz 2 dieses Paragraphen mit Rücksicht auf eigenthümliche Einrichtungen oder Bedürfnisse des Kreises erweitert werden soll, so ist ein Regulativ zu erlassen, für welches die Bestimmungen des bezeichneten Absatzes maßgebend sind. Auf die Feststellung desselben findet Artikel 4 dieses Gesetzes Anwendung.

Art. 8*). In dem Regulativ für die vereinigten Kreis-Synoden der Haupt- und Residenzstadt Berlin kann denselben das Recht beigelegt werden,

1) über die Veränderung, Aufhebung oder Einführung allgemeiner Gebührentaxen für alle Gemeinden Beschluß zu fassen;

---

*) Ziff. 2. 3 u. 4 d. A. 8 beruhen in ihrer jetzigen Fassung auf dem St.G. v. 19. Mai 1891, durch dessen A. 4 das frühere Ergänzungsgesetz b. 6. März 1882 außer Kraft gesetzt worden ist.

2) Anleihen aufzunehmen.

Die Anleihen dürfen nur zur Errichtung neuer kirch=
licher Gebäude verwendet werden. Zur Aufnahme bedarf
es der Genehmigung des Staatsministeriums;

3) allgemeine Umlagen auszuschreiben, und zwar:

    a) behufs Ersatz für die Stolgebühren,

    b) zur Verzinsung und Abtragung der Anleihen,

    c) zur Gewährung von Beihülfen an ärmere Parochieen
    behufs Befriedigung dringender kirchlicher Bedürfnisse.

        Soll die Umlage für die beiden letzteren Zwecke
    zehn Prozent der Summe der von den pflichtigen
    Gemeindegliedern jährlich an den Staat zu entrich=
    ten Personalsteuern (Klassen= und Einkommensteuer)
    übersteigen, so bedarf es der Genehmigung des Staats=
    ministeriums.

    d) behufs Berichtigung des Antheils aller Gemeinden
    an den Kreis=, Provinzial= und General=Synodal=
    kosten, sowie an den im Wege kirchlicher Gesetzgebung
    festgestellten Umlagen für provinzielle und landes=
    kirchliche Zwecke.

Die Umlagen müssen gleichzeitig in allen Gemeinden
nach gleichem Maßstabe erhoben werden, und gilt für den
Repartitionsfuß die Vorschrift des §. 31 Nr. 6 der
Kirchengemeinde= und Synodal-Ordnung vom 10. Sep=
tember 1873.

Auf die Beschlüsse über solche Umlagen findet Artikel 3
Absatz 3. 4 des Gesetzes vom 25. Mai 1874 Anwendung;

4) eine Synodalkasse für die Einnahme und Verwendung
der ausgeschriebenen Umlagen und aufgenommenen An=
leihen zu errichten.

Art. 9. In anderen Ortschaften, die mehrere unter einem
gemeinsamen Pfarramt nicht verbundene Parochieen umfassen,
können die im Artikel 8 bezeichneten Zwecke auf den Antrag
aller oder der Mehrheit der Parochieen im Sinne des Artikel 4
des Gesetzes vom 25. Mai 1874 für gemeinsame Angelegen=
heiten durch das Consistorium erklärt werden.

Beim Widerspruch der Vertretung auch nur einer Parochie
kann dies nur unter Zustimmung der Provinzial=Synode ge=
schehen.

Art. 10. Die Provinzial=Synode übt die ihr in der Kirchengemeinde= und Synodal=Ordnung vom 10. September 1873 zugewiesenen Rechte in Betreff

1) der von den Kreis=Synoden beschlossenen statutarischen Be= stimmungen (§. 65 Nr. 5);

2) der Synodalwittwen= und Waisenkassen, der provinziellen Fonds und Stiftungen; der Kreis=Synodalkasse und der Provinzial=Synodalkasse (§. 65 Nr. 6)*);

3) neuer kirchlicher Ausgaben zu provinziellen Zwecken (§. 65 Nr. 7);

4) der Verwendung des Ertrages der vor dem jedesmaligen Zusammentritt der Provinzial=Synode oder alljährlich in der Provinz einzusammelnden Kirchen= und Hauskollekten zum Besten der dürftigen Gemeinden des Bezirks (§. 65 Nr. 8).

Die Befugniß, eine Einsammlung dieser Hauskollekte anzuordnen, bedarf nicht der besonderen Ermächtigung einer Staatsbehörde; die Zeit der Einsammlung muß aber dem Oberpräsidenten vorher angezeigt werden.

Die zur Ausübung dieser Rechte erforderlichen Beschlüsse werden nach §. 70 Absatz 1. 2 gefaßt.

Art. 11. Die von der Provinzial=Synode beschlossenen neuen kirchlichen Ausgaben zu provinziellen Zwecken (§. 65 Nr. 7 der Kirchengemeinde= und Synodal=Ordnung vom 10. Sep= tember 1873) werden auf die Kreis=Synodalkassen nach Maßgabe der in den §§. 72. 73 daselbst aufgestellten Normen repartirt.

Sowohl der Beschluß über die Bewilligung der Ausgabe, als die Matrikel bedarf der Bestätigung durch die Staats= behörde. Die Bestätigung ist insbesondere zu versagen, wenn Bedenken hinsichtlich der Ordnungsmäßigkeit des Beschlusses, der Angemessenheit des Vertheilungsmaßstabes oder der Lei= stungsfähigkeit des Bezirks bestehen.

Art. 12. Die Bestimmungen der §§. 71 bis 74 der Kirchengemeinde= und Synodal=Ordnung vom 10. September 1873 über die Kosten der Kreis= und Provinzial=Synoden kommen zur Anwendung, sobald die neuen Synodalorgane gemäß den §§. 43 bis 46 der General=Synodalordnung vom 20. Januar 1876 gebildet sind.

---

*) O.K.R. v. 13. Mai 1873.

Art. 13. Kirchliche Gesetze und Verordnungen, sie mögen für die Landeskirche oder für einzelne Provinzen oder Bezirke erlassen werden, sind nur soweit rechtsgültig, als sie mit einem Staatsgesetz nicht in Widerspruch stehen.

Bevor ein von einer Provinzial-Synode oder von der General-Synode beschlossenes Gesetz dem Könige zur Sanktion vorgelegt wird, ist durch eine Erklärung des Staatsministeriums festzustellen, daß gegen das Gesetz von Staatswegen nichts zu erinnern ist. In der Verkündigungsformel ist diese Feststellung zu erwähnen.

Absatz 4 des §. 6 der General-Synodal-Ordnung vom 20. Januar 1876 findet auch auf provinzielle kirchliche Gesetze Anwendung.

Die Bestimmungen dieses Artikels gelten auch in dem Bezirk der Kirchenordnung vom 5. März 1835 für die Provinz Westfalen und die Rheinprovinz.

Art. 14. Die General-Synode übt die ihr in der General-Synodal-Ordnung vom 20. Januar 1876 zugewiesenen Rechte in Betreff

1) der unter die Verwaltung und Verfügung des Evangelischen Ober-Kirchenraths gestellten kirchlichen Fonds (§§. 11. 12);

2) neuer Ausgaben für landeskirchliche Zwecke (§. 14);

3) der Heranziehung der Einkünfte des Kirchenvermögens und der Pfarrpfründen zu Beiträgen für kirchliche Zwecke (§. 15).

Die zur Ausübung dieser Rechte erforderlichen Beschlüsse werden nach §. 32 Absatz 2 und 4 gefaßt.

Art. 15. Kirchengesetze, durch welche neue Ausgaben zu landeskirchlichen Zwecken bewilligt werden (§. 14 der General-Synodal-Ordnung vom 20. Januar 1876), und die endgültige Vereinbarung zwischen der General-Synode und der Kirchenregierung über die Vertheilung der Umlage auf die Provinzen (§. 14 Absatz 2 daselbst) bedürfen, bevor sie dem Könige zur Sanktion vorgelegt werden, der Zustimmung des Staatsministeriums. Die Zustimmung ist in der Verkündigungsformel zu erwähnen.

Die Königliche Verordnung über vorläufige Feststellung des Vertheilungsmaßstabes (§. 14 Abs. 2) ist von dem Staatsministerium gegenzuzeichnen.

Für die Untervertheilung in den Provinzen Ost- und
Westpreußen*), Brandenburg, Pommern, Posen, Schlesien und
Sachsen kommt Artikel 11 zur Anwendung. Die Untervertheilung in der Provinz Westfalen und der Rheinprovinz erfolgt
nach Maßgabe des §. 135 der Kirchenordnung vom 5. März
1835. Wegen der Bestätigung der Matrikel für die Vertheilung auf die Kreis-Synoden findet Artikel 11 Absatz 2 und
wegen der Vertheilung der Antheile der Kreis-Synoden auf die
Gemeinden Artikel 3 Anwendung.

Art. 16. Die Gesammtsumme der auf Grund der Artikel 10 Nr. 3 und 14 Nr. 2 zu beschließenden Umlagen
darf — abgesehen von den Synodalkosten — für provinzielle und
landeskirchliche Zwecke vier Prozent der Gesammtsumme der
Klassen- und Einkommensteuer der zur evangelischen Landeskirche gehörigen Bevölkerung nicht übersteigen.

Wie viel von den innerhalb dieser Grenzen zulässigen Umlagen durch die Provinzial-Synoden und wie viel durch die
General-Synode ausgeschrieben werden kann, wird durch landeskirchliches Gesetz bestimmt**).

Kirchengesetze, welche diesen Prozentsatz überschreiten, bedürfen der Bestätigung durch ein Staatsgesetz. Dasselbe gilt,
wenn Kirchengesetze eine Belastung der Gemeinden zu Gemeinde-
zwecken anordnen oder zur Folge haben.

Art. 17. Kirchengesetze, durch welche die Einkünfte des
Kirchenvermögens oder der Pfarrpfründen zu Beiträgen für
kirchliche Zwecke herangezogen werden (§. 15 der General-Synodal-Ordnung vom 20. Januar 1876), dürfen die Pfründen-
inhaber in ihren schon vor Erlaß dieses Gesetzes erworbenen

---

*) S. St.G. v. 21. Mai 1887 A. II.

**) K.G. v. 2. Septbr. 1880 betr. Ausschreibung von Umlagen
für provinzielle und landeskirchliche Zwecke. Einziger Paragraph:
„Von demjenigen Betrage an Umlagen, welcher nach Art. 16
Abs. 1 d. G. v. 3. Juni 1876 bis zur Höhe von vier Prozent der
gesammten Klassen- und Einkommensteuer der zur evangelischen
Landeskirche gehörigen Bevölkerung ohne Hinzutreten eines Staats-
gesetzes beschlossen werden darf, kann eine Summe bis zu drei
Prozent der bezeichneten Steuern durch die General-Synode, bis
zu einem Prozent der in jeder Provinz aufzubringenden Klassen-
und Einkommensteuer durch die betreffende Provinzial-Synode
ausgeschrieben werden." O.K.R. v. 12. Mai 1883. S. auch Anm.
zu §. 14 der Gen.Syn.O. (Anhang 4).

Rechten nicht schmälern, müssen die Heranziehung in den einzelnen Kategorien der Kirchenkassen oder Pfründen nach gleichen
Prozentsätzen anordnen und bedürfen, bevor sie dem Könige
zur Sanktion vorgelegt werden, der Zustimmung des Staatsministeriums. Die Zustimmung ist in der Verkündigungsformel
zu erwähnen.

Die Zustimmung darf nicht versagt werden, wenn das
Gesetz ordnungsmäßig zu Stande gekommen ist und der Inhalt
desselben dem §. 15 der General-Synodal-Ordnung vom 20. Januar 1876 und diesem Artikel entspricht.

Kirchengemeinden, welche den Nachweis führen, daß sie
die vollen Ueberschüsse ihrer Kirchenkasse zu bestimmten, innerhalb der nächstfolgenden Jahre zu befriedigenden Bedürfnissen
nicht entbehren können, sind von dieser Beitragspflicht zeitweilig
zu entbinden.

Die Beiträge können im Wege der Administrativ-Exekution
beigetrieben werden.

Zur Abwendung der Exekution steht den Betheiligten
binnen einundzwanzig Tagen seit Empfang der Zahlungsauf-
forderung die Beschwerde dahin zu, daß die Heranziehung nicht
dem Gesetz entspricht oder die Berechnung des Beitrages un-
richtig, oder die Kirchenkasse nach Absatz 3 von der Beitragspflicht zu entbinden ist.

Ueber die Beschwerde entscheidet die Staatsbehörde.

Art. 18. Der General-Synodalvorstand übt die ihm in
den §§. 11. 12 der General-Synodal-Ordnung vom 20. Januar
1876 zugewiesenen Rechte und verwaltet die General-Synodalkasse (§. 34 Nr. 6).

Die zur Ausübung dieser Rechte erforderlichen Beschlüsse
werden nach §. 35 Absatz 2 gefaßt.

Art. 19. Die Vertretung der evangelischen Landeskirche
in ihren vermögensrechtlichen Angelegenheiten erfolgt durch den
Evangelischen Ober-Kirchenrath unter Mitwirkung des General-
Synodalvorstandes (§. 36 Nr. 4 der General-Synodal-Ordnung
vom 20. Januar 1876). Die Befugniß zur Aufnahme von
Anleihen ist darin nicht einbegriffen.

Schriftliche Willenserklärungen, welche die Landeskirche
Dritten gegenüber rechtlich verpflichten, bedürfen in ihrer Ausfertigung des Vermerks, daß der General-Synodalvorstand bei

dem Beschluß mitgewirkt hat, der Unterschrift des Präsidenten des Evangelischen Ober-Kirchenraths oder dessen Stellvertreters und der Beidrückung des Amtssiegels.

Art. 20. Für die Kosten der General-Synode, deren Vorstände, Ausschüsse und Commissionen, sowie des Synodalraths kommen die §§. 38 bis 40 der General-Synodal-Ordnung vom 20. Januar 1876 zur Anwendung.

Art. 21. Die Verwaltung der Angelegenheiten der evangelischen Landeskirche geht, soweit solche bisher von dem Minister der geistlichen Angelegenheiten und von den Regierungen geübt worden ist, auf den Evangelischen Ober-Kirchenrath und die Consistorien als Organe der Kirchenregierung über.

Der Zeitpunkt und die Ausführung des Ueberganges bleibt Königlicher Verordnung vorbehalten.

Veränderungen der kollegialen Verfassung dieser Organe bedürfen der Genehmigung durch ein Staatsgesetz (General-Synodal-Ordnung vom 20. Januar 1876 §. 7 Nr. 5).

Art. 22. In Beziehung auf die Patronatsverhältnisse, sowie auf die kirchlichen Angelegenheiten bei dem Militär und öffentlichen Anstalten wird in den Zuständigkeiten der Behörden durch dieses Gesetz nichts geändert.

Art. 23. Den Staatsbehörden verbleibt:

1) die Anordnung und Vollstreckung der zur Aufrechthaltung der äußeren kirchlichen Ordnung erforderlichen polizeilichen Vorschriften;

2) die Regelung der streitigen Kirchen-, Pfarr- und Küsterei-baufachen, sowie die Vollstreckung der einstweiligen Entscheidungen in diesen Sachen;

3) die Beitreibung kirchlicher Abgaben;

4) die Leitung der Kirchenbuchführung, soweit die Kirchenbücher noch zur Beurkundung des Personenstandes dienen;

5) die Ausstellung von Attesten über das Vorhandensein derjenigen Thatsachen, welche den Anspruch auf Kostenfreiheit begründen;

6) die Mitwirkung bei der Veränderung bestehender, sowie bei der Bildung neuer Pfarrbezirke;

7) die Mitwirkung bei der Besetzung kirchenregimentlicher Aemter oder bei der Anordnung einer kommissarischen Verwaltung derselben. Diese Mitwirkung bleibt in dem

bisherigen Umfange bestehen. Insbesondere hat die An=
stellung der Mitglieder der kirchenregimentlichen Behörden
unter Gegenzeichnung des Ministers der geistlichen An=
gelegenheiten zu erfolgen.

Art. 24. Die Beschlüsse der kirchlichen Organe bedürfen
zu ihrer Gültigkeit der Genehmigung der staatlichen Aufsichts=
behörde in folgenden Fällen:

1) bei dem Erwerb, der Veräußerung oder der dinglichen
   Belastung von Grundeigenthum*);

2) bei der Veräußerung von Gegenständen, welche einen ge=
   schichtlichen, wissenschaftlichen oder Kunstwerth haben;

3) bei Anleihen, soweit sie nicht blos zu vorübergehender
   Aushülfe dienen und aus der laufenden Einnahme der=
   selben Voranschlagsperiode zurückerstattet werden können;

4) bei der Einführung und Veränderung von Gebühren=
   taxen;

5) bei der Errichtung neuer, für den Gottesdienst, die Geist=
   lichen oder andere Kirchendiener bestimmter Gebäude;

6) bei der Anlegung oder veränderten Benutzung von Be=
   gräbnißplätzen;

7) bei der Ausschreibung, Veranstaltung oder Abhaltung
   von Sammlungen außerhalb der Kirchengebäude, unbe=
   schadet des Artikels 10 Nr. 4;

8) bei einer Verwendung des kirchlichen Vermögens zu an=
   deren, als den bestimmungsmäßigen Zwecken.

Bewilligungen aus der Kirchenkasse an andere Gemein=
den oder zur Unterstützung evangelischer Vereine und An=
stalten, sofern dieselben einzeln zwei Prozent und im Ge=
sammtbetrage eines Etatsjahres fünf Prozent der Soll=
einnahme nicht übersteigen, bedürfen nicht der Genehmi=
gung der Staatsbehörde.

Art. 25. In Betreff der Schenkungen und letztwilligen Zu=
wendungen bewendet es bei dem Gesetz vom 23. Februar 1870.

Art. 26. Die kirchlichen Organe bedürfen zur Führung von
Prozessen keiner Ermächtigung von Seiten einer Staatsbehörde.

---

*) O.K.R. 11. Decbr. 1880 betreffend die Zuständigkeit der
kirchl. Aufsichtsbehörden in Vermögensangelegenheiten. Vgl. auch
Conf.R. Coblenz v. 31. Januar 1882 betr. Veräußerung kirchlicher
Grundstücke.

Art. 27. Die Staatsbehörde ist berechtigt, von der kirch=
lichen Vermögensverwaltung Einsicht zu nehmen, zu diesem
Behuf die Etats und Rechnungen einzufordern, sowie außer=
ordentliche Revisionen vorzunehmen und auf Abstellung der
etwa gefundenen Gesetzwidrigkeiten durch Anwendung der ge=
setzlichen Zwangsmittel zu dringen.

Weigert*) sich ein Gemeindekirchenrath oder eine Gemeinde=
vertretung, gesetzliche Leistungen, welche aus dem kirchlichen Ver=
mögen zu bestreiten sind, oder den Pfarreingesessenen obliegen,
auf den Etat zu bringen, festzusetzen oder zu genehmigen, so ist
sowohl das Consistorium als auch die Staatsbehörde unter ge=
genseitigem Einvernehmen befugt, die Eintragung in den Etat
zu bewirken und die weiter erforderlichen Anordnungen zu
treffen.

Bestreiten die Gemeindeorgane die Gesetzwidrigkeit der be=
anstandeten Posten oder die Verpflichtung zu der auf Anord=
nung des Consistorii und der Staatsbehörde in den Etat ein=
getragenen Leistungen, so entscheidet auf Klage der Gemeinde=
organe im Verwaltungsstreitverfahren das Oberverwaltungs=
gericht.

Art. 28. Durch Königliche Verordnung werden diejenigen
Staatsbehörden bestimmt, welche die in den Artikeln 3. 5 und
8 des Gesetzes vom 25. Mai 1874 und in den Artikeln 3. 4.
7. 8. 11. 17, Absatz 6, Artikel 23. 24. 27 dieses Gesetzes
erwähnten Rechte auszuüben haben**).

Art. 29. Alle diesem Gesetz, der Kirchengemeinde= und
Synodal=Ordnung vom 10. September 1873 Abschnitt 2—5
und der anliegenden General=Synodal=Ordnung vom 20. Januar
1876 entgegenstehenden Bestimmungen, mögen dieselben in den
allgemeinen Landesgesetzen, in Provinzial= oder Lokalgesetzen
und Lokalordnungen enthalten, oder durch Observanz oder Ge=
wohnheit begründet sein, treten außer Kraft.

Urkundlich 2c.

—

*) Vgl. St.G. v. 19. Mai 1891 A. 3.
**) S. den folgenden Anhang.

6) Verordnung über die Ausübung der Rechte des Staats gegenüber der evangelischen Landeskirche der acht älteren Provinzen der Monarchie vom 9. September 1876.

Wir Wilhelm, von Gottes Gnaden König von Preußen rc. verordnen in Gemäßheit des Artikels 28 des Gesetzes vom 3. Juni 1876 (Gesetz=Samml. S. 125), auf den Antrag Un= seres Staatsministeriums, für die Provinzen Preußen, Bran= denburg, Pommern, Posen, Schlesien, Sachsen, Westfalen und die Rheinprovinz über die Ausübung der Rechte des Staats gegenüber der evangelischen Landeskirche dieser Provinzen, was folgt:

Art. 1. Die Rechte des Staats werden von dem Minister der geistlichen Angelegenheiten ausgeübt:

1) bei Feststellung des Regulativs*) für die vereinigten Kreis= Synoden der Haupt= und Residenzstadt Berlin (Gesetz vom 3. Juni 1876 Art. 8);

2) bei dem Erwerb, der Veräußerung oder der dinglichen Belastung von Grundeigenthum, wenn der Werth des zu erwerbenden oder des zu veräußernden Gegenstandes, oder wenn der Betrag der Belastung die Summe von zehntausend Mark übersteigt (Art. 24 Nr. 1);

3) bei der Veräußerung von Gegenständen, welche einen geschichtlichen, wissenschaftlichen oder Kunstwerth haben (Art. 24 Nr. 2);

4) bei der Errichtung neuer, für den Gottesdienst bestimmter Gebäude (Art. 24 Nr. 5);

5) bei der Anlegung von Begräbnißplätzen (Art. 24 Nr. 6);

6) bei der Bewilligung von Sammlungen außerhalb der Kirchengebäude, wenn die Sammlung in mehr als einer Provinz stattfinden soll (Art. 24 Nr. 7), und zwar in diesem Falle in Gemeinschaft mit dem Minister des Innern;

7) in allen Fällen der Art. 24 und 27 Abs. 1 a. a. O., wenn die Rechte des Staats gegenüber dem Evangelischen Ober=Kirchenrath geltend zu machen sind.

---

*) Vgl. St.G. v. 19. Mai 1891 A. 2.

Art. II. Die Rechte des Staats werden durch den Ober=
präsidenten ausgeübt:

1) bei den von der Provinzial-Synode beschlossenen neuen
   kirchlichen Ausgaben (Gesetz vom 3. Juni 1876 Art. 11
   Abf. 2);

2) bei der Bewilligung von Sammlungen außerhalb der
   Kirchengebäude, wenn die Sammlung in mehr als einem
   Regierungsbezirk stattfinden soll (Art. 24 Nr. 7).

Gegen die Verfügung des Oberpräsidenten findet in den
Fällen zu 1 die Beschwerde an den Minister der geistlichen
Angelegenheiten, in den Fällen zu 2 an die Minister des Innern
und der geistlichen Angelegenheiten statt.

Art. III. Die Rechte des Staats werden durch den Re=
gierungspräsidenten, in der Haupt= und Residenzstadt Berlin
durch den Polizeipräsidenten ausgeübt:

1) in Betreff der Vollstreckbarkeit der Beschlüsse über Ge=
   meindeumlagen (Art. 3 des Gesetzes vom 25. Mai 1874);

2) bei Feststellung der Gemeindestatuten (Art. 5 des Gesetzes
   vom 25. Mai 1874);

3) in Betreff der Ausübung der Patronatsrechte (§. 23 der
   Kirchengemeinde= und Synodal=Ordnung vom 10. Sep=
   tember 1873 und Art. 8 des Gesetzes vom 25. Mai 1874);

4) in den Fällen der Art. 3. 4. 7. 17 Abf. 6, der Art. 24
   und 27 des Gesetzes vom 3. Juni 1876, soweit nicht
   in den Art. 1 und 2 dieser Verordnung die Ausübung
   der Rechte dem Minister der geistlichen Angelegenheiten
   oder dem Oberpräsidenten übertragen ist.

Gegen die Verfügung des Regierungspräsidenten geht, so=
fern nicht die Klage bei dem Oberverwaltungsgerichte nach
Art. 27 Abf. 3 des Gesetzes vom 3. Juni 1876 stattfindet,
die Beschwerde an den Oberpräsidenten. Derselbe beschließt auf
die Beschwerde endgültig.

Art. IV. Ob und welche Aenderung in der Zuständigkeit
der Staatsbehörden für die im Art. 23 des Gesetzes vom
3. Juni 1876 bezeichneten Rechte einzutreten hat, bleibt der in
Gemäßheit des Art. 21 a. a. O. später zu erlassenden Verord=
nung vorbehalten.

7) Kirchengesetz, betreffend das im Allerhöchsten Erlaß vom 28. Juli 1876 vorgesehene Pfarrwahlrecht. Vom 15. März 1886.

Wir Wilhelm, von Gottes Gnaden König von Preußen u. s. w., verordnen unter Zustimmung der General=Synode und nachdem durch die Erklärung Unseres Staatsministeriums festgestellt worden, daß gegen dieses Gesetz von Staatswegen nichts zu erinnern ist, für die evangelische Landeskirche der älteren Provinzen, was folgt:

§. 1. Das nach §. 32 Nr. 2 der Kirchengemeinde= und Synodal=Ordnung vom 10. September 1873, sowie nach dem Erlaß vom 28. Juli 1876 (K.=Ges.= u. V.=Bl. 1876/77 S. 17) den Gemeinden verliehene Pfarrwahlrecht findet Anwendung auf jede bei der betreffenden Kirchengemeinde bestehende fundirte geistliche Stelle, deren freie Besetzung dem Kirchenregimente ohne Mitwirkung einer anderen Behörde oder eines anderen Berechtigten zusteht.

Die Ernennung eines Pfarradjunkten und Pfarrsubstituten mit dem Rechte der Nachfolge gilt als definitive Besetzung.

Ausgeschlossen von der Besetzung durch Gemeindewahl sind diejenigen geistlichen Stellen, welche mit einem anderen nicht derselben Parochie oder Gesammtparochie (K.=G. u. S.=O. §. 2 Abs. 2) angehörenden geistlichen Amte dauernd verbunden sind.

§. 2. An der Gemeindewahl nehmen in Gesammtparochieen neben denjenigen Kirchengemeinden, auf welche sich das im §. 1 bezeichnete Recht des Kirchenregiments zunächst bezieht, auch die Vertretungen der sonst betheiligten Kirchengemeinden in vereinigter Versammlung Theil, falls nicht Rechte Dritter entgegenstehen.

§. 3. Das Consistorium hat die Erledigung der Pfarrstelle mit dem Bemerken öffentlich bekannt zu machen, daß die Wiederbesetzung durch Gemeindewahl nach Maßgabe dieses Gesetzes erfolgt (vgl. §. 5).

§. 4. Die vereinigten Gemeindeorgane (Repräsentation) können bei Ausübung des ihnen beigelegten Wahlrechts die Auswahl auf alle über die Verwaltung des geistlichen Amts in der evangelischen Landeskirche qualifizirte Personen richten, jedoch

mit der Beschränkung, daß in Pfarrstellen, deren Jahresein=
kommen außer freier Wohnung 3 600 ℳ. übersteigt, nur
Geistliche von mindestens zehn Dienstjahren, in Pfarrstellen,
deren Jahreseinkommen außer freier Wohnung 5 400 ℳ.
übersteigt, nur solche von mindestens fünfzehn Dienstjahren
gewählt werden dürfen. Der Substitut mit dem Rechte der
Nachfolge wird hierbei dem Pfarradjunkten gleichgestellt. Ueber
etwaige die Höhe des Stelleneinkommens oder des Dienstalters
betreffende Zweifel entscheidet die kirchliche Aufsichtsbehörde nach
den für die Feststellung des Ruhegehalts der Geistlichen in den
östlichen Provinzen geltenden Bestimmungen.

In Fällen, wo das kirchliche Interesse es wünschenswerth
erscheinen läßt, können mit Genehmigung des Evangelischen
Ober=Kirchenraths wahlfähige Personen mit dem erforderlichen
Dienstalter auch dann, wenn sie noch nicht ordinirt sind, in
solche Pfarrstellen berufen werden, deren Jahreseinkommen
3 600 ℳ. übersteigt.

Ebenso ist der Evangelische Ober=Kirchenrath ermächtigt,
in denjenigen Fällen, in welchen das Soll Einkommen der Stelle
vorübergehend durch Pfründenabgabe an den Pensions=Fonds der
evangelischen Landeskirche oder an einen Emeritus oder an eine
Pfarrwittwe derartig geschmälert ist, daß die geeignete Besetzung
der Stelle hierdurch erschwert oder unmöglich gemacht wird, von
der Anwendung dieses Paragraphen zu dispensiren.

§. 5. Für das Verfahren bei der Gemeindewahl sind
maßgebend:

a. in den westlichen Provinzen die Bestimmungen des §. 59
der Kirchenordnung vom 5. März 1835 mit den dazu
ergangenen oder künftig zu erlassenden Ergänzungen;

b. in den östlichen Provinzen die nachstehenden §§. 6 bis 11
dieses Gesetzes.

§. 6. Die Bewerbung ist schriftlich bei dem Consistorium
anzubringen.

Die eingegangenen Meldungen sind dem Gemeinde=Kirchen=
rath zu übersenden.

§. 7. Der Gemeinde=Kirchenrath hat unter Leitung des
Superintendenten alle zu einer ordnungsmäßigen Wahl erforder=
lichen Vorbereitungen zu treffen.

Sowohl die vereinigten Gemeindeorgane, als auch der

Gemeinde-Kirchenrath für sich, können verlangen, daß die zur Besetzung der Stelle in Aussicht genommenen Geistlichen und Kandidaten, auf Einladung des Superintendenten, nach vorheriger Abkündigung in den Kirchen des Gemeindebezirks, eine Predigt und Katechisation halten. Wenn mehr als drei Gastpredigten zu dem Zwecke verlangt werden, so kann der Kreis-Synodalvorstand ihre Zahl auf Antrag des Superintendenten bis auf drei beschränken. Die Wahl ist nicht auf diejenigen beschränkt, welche eine Predigt und Katechisation gehalten haben.

Der Gemeinde-Kirchenrath ist in Vereinigung mit der Gemeindevertretung berechtigt, Mitglieder der Gemeinde an den Wohnort des Bewerbers zu senden, um ihn predigen zu hören und Erkundigungen über ihn einzuziehen.

Ein Bewerber darf sich nur den zu gemeinschaftlicher Sitzung vereinigten Gemeindeorganen, und zwar auf die Einladung des Gemeinde-Kirchenraths anläßlich der von ihm gehaltenen Gastpredigt persönlich vorstellen. Einem Gewählten, welcher entgegen dieser Vorschrift durch persönliches Werben um Stimmen oder in anderer Weise durch unwürdige Mittel auf seine Wahl einzuwirken versucht hat, ist die Bestätigung zu versagen.

§. 8. Der Superintendent bestimmt im Einverständniß mit dem Gemeinde-Kirchenrath den Wahltermin mit einer Frist nicht unter zwei Wochen und leitet die Wahlverhandlung.

§. 9. Die Wahl erfolgt mittelst schriftlicher Stimmzettel. Wird bei der ersten Wahl die absolute Mehrheit nicht erreicht, so findet eine engere Wahl zwischen denjenigen Drei statt, welche die meisten Stimmen auf sich vereinigt haben. Ergiebt auch diese Wahl eine absolute Mehrheit nicht, so scheidet bei der ferneren Wahl derjenige aus, welcher die mindeste Stimmenzahl erhalten hat. Dasselbe geschieht ohne engere Wahl in dem Falle, daß im ersten Wahlgange nur drei Personen Stimmen erhalten haben.

Bei Stimmengleichheit entscheidet überall das Loos. Stimmen Abwesender dürfen nicht zugelassen werden.

Erörterungen über die zur Wahl stehenden Personen sind verboten.

Im Uebrigen finden die Wahlvorschriften der Kirchengemeinde- und Synodal-Ordnung vom 10. September 1873 entsprechende Anwendung. (§. 27. 30. 11 daselbst.)

Sofort nach beendigter Wahl prüft der Gemeinde-Kirchenrath unter Vorsitz des Superintendenten die Ordnungsmäßigkeit der Wahlhandlung.

§. 10. Das Ergebniß der Wahl ist der Gemeinde in den beiden nächstfolgenden sonntäglichen Hauptgottesdiensten in allen Kirchen der Parochie von der Kanzel bekannt zu machen.

Wenn der Gewählte nicht bereits vor der Wahl eine Gastpredigt gehalten (§. 7) oder nicht schon bisher im geistlichen Amt an derselben Gemeinde gestanden hat, so ist von ihm eine Probepredigt und Katechisation zu fordern. Innerhalb zwei Wochen nach der ersten Bekanntmachung, beziehungsweise nach der Probepredigt kann jedes Gemeindeglied gegen Lehre, Gaben und Wandel des Gewählten und gegen die Gesetzlichkeit der Wahl bei dem Superintendenten Einspruch erheben.

Das Verfahren über erhobene Einsprüche regelt sich nach §§. 55 Nr. 10 und 68 Nr. 6 der Kirchengemeinde- und Synodal-Ordnung vom 10. September 1873 und §. 36 Nr. 1 der General-Synodal-Ordnung.

§. 11. Der Gewählte erhält von dem Gemeinde-Kirchenrathe eine schriftliche Benachrichtigung über seine Wahl, in welcher das Diensteinkommen der Stelle angegeben sein muß.

Der Gewählte hat sich innerhalb vier Wochen nach Zustellung der Benachrichtigung über die Annahme der Wahl zu erklären.

Lehnt er ab, oder erklärt er sich nicht, so ist innerhalb sechs Wochen zu einer Neuwahl zu schreiten.

§. 12. Der Gemeinde-Kirchenrath (Presbyterium) hat, nachdem der Gewählte angenommen hat, die Wahlverhandlung durch den Superintendenten dem Consistorium zur Berufung des Gewählten einzureichen.

Im Falle der Versagung der Berufung des Gewählten hat das Consistorium dieselbe auf Grund des §. 391 Th. II Tit. 11 Allgemeinen Landrechts näher zu begründen. Sowohl dem Gewählten als dem Gemeinde-Kirchenrath (Presbyterium) steht dagegen innerhalb vier Wochen die Beschwerde an den Evangelischen Ober-Kirchenrath frei. Will der Gemeinde-Kirchenrath von Einlegung der Beschwerde absehen, so hat derselbe die

Angelegenheit ungesäumt der Gemeindevertretung (Repräsentation) zur Beschlußfassung zu unterbreiten.

§. 13. Die Kosten des Wahlverfahrens fallen der Gemeinde zur Last. Es ist zulässig, diese Kosten aus der Kirchenkasse zu bestreiten.

§. 14. Soweit der im §. 32 Nr. 2 der Kirchengemeinde- und Synodal-Ordnung, bezw. im Erlaß vom 28. Juli 1876 vorgesehene Wechsel in der Besetzung nicht bereits durch Erledigung der Pfarrstelle eingetreten ist, wird folgendes festgesetzt:

Fällt die erste durch Tod eintretende Stellenerledigung auf einen ungeraden Monat, so wählt die Gemeinde, wenn auf einen geraden Monat, so beruft die Kirchenbehörde ohne Gemeindewahl.

Erfolgt die erste Erledigung auf andere Weise, als durch den Tod des Stelleninhabers, so wählt die Gemeinde.

Wird eine neue Stelle besetzt, so beruft die Kirchenbehörde ohne Gemeindewahl.

Jede Besetzung gilt erst mit Einführung des Geistlichen in das Amt als vollendet.

§. 15. Das Consistorium kann eine angemessene Frist zur Vornahme der Wahl anordnen. Eine Verlängerung der Frist ist zulässig. Wird die Frist nicht inne gehalten, so erlischt das Wahlrecht der Gemeinde für diesen Fall.

Wird die Berufung des Gewählten (§. 12) in Folge der wider die Wahl erhobenen Einsprüche oder aus anderen Gründen von dem Kirchenregimente endgültig versagt, so muß eine Neuwahl binnen sechs Wochen vorgenommen werden. Hat auch die zweite Wahl die Genehmigung der Kirchenbehörde nicht erhalten, so ist die Stelle von dem Consistorium ohne weitere Konkurrenz einer Gemeindewahl zu besetzen.

§. 16. Das vorstehende Gesetz tritt an die Stelle der Verordnung vom 2. December 1874 (Ges.-S. S. 355) und des Erlasses vom 28. Juli 1876 (K.-Ges.- u. V.-Bl. 1876/77 S. 17).

Urkundlich unter Unserer Höchsteigenhändigen Unterschrift und beigedrucktem Königlichen Insiegel.

Gegeben Berlin, den 15. März 1886.

8) *) Entwurf eines Kirchengesetzes für die Provinz Westfalen und die Rheinprovinz, betreffend die Form der schriftlichen Willenserklärungen der Presbyterien der evangelischen Gemeinden.

Wir, Wilhelm, von Gottes Gnaden König von Preußen 2c., verordnen unter Zustimmung der Provinzial-Synoden von West=falen und der Rheinprovinz und nachdem durch Erklärung Unseres Staatsministeriums festgestellt ist, daß gegen dieses Provinzial=Kirchengesetz von Staatswegen nichts zu erinnern ist, für den Umfang der Provinz Westfalen und der Rhein=provinz, was folgt:

§. 1. Die Beschlüsse des Presbyteriums werden Dritten gegenüber, soweit der §. 2 nichts Anderes bestimmt, durch Auszüge aus dem Protokollbuche bekundet, welche der Vorsitzende (Präses) beglaubigt. Ausfertigungen ergehen unter der Unter=schrift des Vorsitzenden.

§. 2. Zu jeder die Gemeinde verpflichtenden schriftlichen Willenserklärung des Presbyteriums bedarf es der Unterschrift des Vorsitzenden oder seines Stellvertreters und zweier anderer Mit=glieder des Presbyteriums, sowie der Beidrückung des Kirchen=siegels. Hierdurch wird Dritten gegenüber die ordnungsmäßige Fassung des Beschlusses festgestellt, so daß es eines Nachweises der einzelnen Erfordernisse desselben, insbesondere der erfolgten Zustimmung der größeren Vertretung (Repräsentation) der Ge=meinde, wo deren Zustimmung nothwendig ist, nicht bedarf.

Urkundlich 2c.

———   ———

*) S. Vorrede zur fünften Auflage.

II. Kirchliches Leben.

9) Die gesetzlichen Bestimmungen über die religiöse Erziehung von Kindern aus gemischter Ehe*).

Nach den aus der Verbindung von A.L.R. II, 2 §§. 76 ff. und der Declaration vom 21. November 1803 sich ergebenden Bestimmungen sind grundsätzlich alle Kinder aus gemischten Ehen, Söhne wie Töchter, in der Confession des Vaters zu erziehen. Auf einen in der letzten Krankheit erst erfolgten Confessionswechsel des Vaters wird dabei keine Rücksicht genommen. Alle Verträge unter den Eltern oder mit Dritten, durch welche jene gesetzliche Regel ausgeschlossen oder verändert werden will, sind ohne rechtliche Wirksamkeit. Und zwar gilt diese gesetzliche Regel nicht blos bei Lebzeiten der Eltern, sondern auch nach ihrem Tode. Nur ist im einen und anderen Falle je eine Ausnahme von der Regel zugelassen. Sind im ersteren Falle, nämlich bei Lebzeiten der Eltern und während bestehender Ehe, jene aus freien Stücken, d. h. also ohne durch vorangegangenen Vertragsschluß irgendwie gebunden sein zu können, einverstanden über die Kindererziehung in einer anderen, als der väterlichen Confession, so hat es dabei sein Bewenden und kein Dritter hat das Recht, ihnen darin zu widersprechen; erhebt sich aber Meinungsverschiedenheit, so kommt sofort die gesetzliche Regel wieder zur Anwendung und alle Kinder werden in der Confession des Vaters unterrichtet. Die Ausnahme für den zweiten Fall, nämlich die Wirksamkeit der gesetzlichen Regel über den Tod hinaus, besteht darin, daß, waren mit beiderseitiger freier Uebereinstimmung die Kinder

---

*) S. oben Anm. 85. Vgl. **Hübler**, Die religiöse Erziehung der Kinder aus gemischten Ehen im Gebiet des Preußischen Allgemeinen Landrechts. (Berlin, 1888.)

wenigstens während des ganzen letzten Jahres vor
dem Tode eines Elterntheiles in einer von der väterlichen abweichenden Confession unterrichtet, dieser Unterricht
auch nach der durch den Tod erfolgten Auflösung
der Ehe bis zum vollendeten 14. Lebensjahre, d. h.
bis zum Eintritt der religiösen Selbstbestimmung des betreffenden Kindes fortgesetzt werden muß. Hatte also
der Unterricht in der von der väterlichen abweichenden Confession nur kürzere Zeit gedauert, so tritt auch hier die
gesetzliche Regel sofort wieder in Wirksamkeit, der zuletzt
genossene religiöse Unterricht hört auf und die Kinder sind bis
zum Unterscheidungsalter zur Confession des Vaters zurückzu-
führen. Nach richtiger Gesetzesauslegung bezieht sich aber jene
Ausnahme nicht auch auf die jüngeren Geschwister der
betreffenden Kinder; diese sind vielmehr wiederum nach der gesetzlichen Regel in der Confession des Vaters zu erziehen.

---

10) Kirchengesetz, betreffend die Trauungs-Ordnung. Vom 27. Juli 1880.

Wir, Wilhelm, von Gottes Gnaden König von Preußen ꝛc. verordnen unter Zustimmung der General-Synode und
nachdem durch Erklärung Unseres Staats-Ministeriums festgestellt worden, daß gegen dieses Gesetz von Staatswegen nichts
zu erinnern ist, für die evangelische Landeskirche der älteren
Provinzen was folgt:

§. 1. Die Trauung hat die nach dem bürgerlichen Recht
erfolgte Eheschließung zur Voraussetzung.

Als Nachweis dafür dient die vom Standesbeamten in
Gemäßheit des §. 54 des Reichsgesetzes vom 6. Februar 1875
über die Beurkundung des Personenstandes und die Eheschließung (Reichs-Gesetzblatt Seite 23) auszustellende Bescheinigung.

Die Trauung soll der bürgerlichen Eheschließung möglichst
ohne Verzug nachfolgen.

§. 2. Die kirchliche Pflicht erfordert:

1) für ein Ehebündniß die Trauung nachzusuchen;

2) von einer Eheschließung abzusehen, für welche die Trauung aus kirchlichen Gründen versagt werden muß;

3) in die eheliche Lebensgemeinschaft vor erfolgter Trauung nicht einzutreten.

§. 3. Der Trauung geht in der Regel ein zweimaliges, auf Verlangen der Betheiligten ein einmaliges kirchliches Aufgebot voran.

Dasselbe besteht aus Verkündigung und Fürbitte und erfolgt in der Regel im sonntäglichen Hauptgottesdienste.

Das kirchliche Aufgebot ist zu wiederholen, wenn die Trauung nicht innerhalb sechs Monaten nachfolgt.

§. 4. Zur Vornahme des kirchlichen Aufgebots zuständig ist das Pfarramt der für die Trauung gewählten Parochie (vergl. §. 9).

Die zu Trauenden sind berechtigt, sich außerdem in den übrigen zur Vornahme der Trauung zuständigen Parochieen aufbieten zu lassen.

§. 5. Ein kirchliches Aufgebot darf nicht vorgenommen werden, sobald sich Zweifel gegen die Zulässigkeit der Trauung ergeben (§§. 11 und 12).

Die Entscheidung über die Versagung des kirchlichen Aufgebots erfolgt unter entsprechender Anwendung der über die Versagung der Trauung geltenden Bestimmungen.

§. 6. Das kirchliche Aufgebot kommt auf Wunsch der Betheiligten in Wegfall:

1) bei der Trauung solcher Paare, welche in die eheliche Lebensgemeinschaft bereits eingetreten sind,

2) bei Trauungen, die nachweislich keinen Aufschub zulassen.

Außerdem kann der Superintendent aus besonderen Gründen vom kirchlichen Aufgebot dispensiren.

Hat die Trauung ohne vorheriges kirchliches Aufgebot stattgefunden, so ist dieselbe der Gemeinde nachträglich mit Fürbitte bekannt zu machen. Der Superintendent ist befugt, auch von dieser Bekanntmachung zu dispensiren.

§. 7. Die Trauung erfolgt in Gemäßheit der Anlage A.

In der Regel soll die Trauung in der Kirche stattfinden. Der Geistliche ist ermächtigt, sie geeigneten Falls, oder wo es herkömmlich ist, auch im Hause vorzunehmen.

§. 8. In der Charwoche, an den ersten Feiertagen der

drei hohen Feste, Weihnachten, Ostern und Pfingsten, am Buß=
tage und am Todtenfeste dürfen Trauungen, außer im Fall
unmittelbarer Todesgefahr eines der zu Trauenden, nicht vor=
genommen werden.

Ausnahmen kann der Superintendent in dringenden Fällen
gestatten, doch ist diese Bewilligung nur unter der Voraus=
setzung einer stillen Hochzeitsfeier zu ertheilen.

§. 9. Zuständig zur Vornahme der Trauung sind nach
Wahl der zu Trauenden die Pfarrämter der Parochie, welcher
der eine oder andere Theil bisher angehört hat, sowie derjeni=
gen, in welcher sie als Eheleute ihren Wohnsitz nehmen wollen.

§. 10. Ein nicht zuständiger Geistlicher bedarf zur Vor=
nahme einer Trauung des Erlaubnißscheines eines der zuständ=
digen Geistlichen.

Ist in der evangelischen Landeskirche ein zuständiger Geist=
licher nicht vorhanden, so ist jeder Geistliche zur Vornahme
der Trauung berechtigt. Gleiches gilt in Fällen unmittelbarer
Todesgefahr eines der zu Trauenden.

§. 11. Die Trauung ist nicht statthaft, wenn nicht we=
nigstens der eine Theil einer evangelischen Kirchengemeinschaft
angehört.

§. 12. Die Trauung findet statt bei allen nach dem bür=
gerlichen Recht zulässigen Ehen, jedoch sind ausgenommen:

1) Ehen zwischen Christen und Nichtchristen;
2) Ehen Geschiedener, wenn deren Schließung von den
   zuständigen Organen auf dem Grunde des Wortes Gottes
   nach gemeiner Auslegung der evangelischen Kirchen als
   sündhaft erklärt wird;
3) Ehen solcher Personen, welchen als Verächtern des christ=
   lichen Glaubens oder wegen lasterhaften Wandels oder
   wegen verschuldeter Scheidung der früheren Ehe oder wegen
   ihres Verhaltens bezüglich der Eingehung der Ehe der Segen
   der Trauung ohne Aergerniß nicht ertheilt werden kann;
4) Gemischte Ehen, vor deren Eingehung der evangelische
   Theil die Erziehung sämmtlicher Kinder in der römisch=
   katholischen oder in einer anderen nicht evangelischen Reli=
   gionsgemeinschaft zugesagt hat.

§. 13. Der Geistliche, welcher auf Grund der §§. 11
und 12 Nr. 1, 3 und 4 die Trauung ablehnt, ist auf Ver=

langen der Betheiligten verpflichtet, die Entscheidung des Gemeinde-Kirchenraths, und wenn er auf Grund des §. 12 Nr. 2
die Trauung ablehnt, nach Anhörung des Gemeinde-Kirchenraths die Entscheidung des Kreis-Synodalvorstandes über die
Zulässigkeit der Trauung herbeizuführen.

Gegen die Entscheidung des Gemeinde-Kirchenraths in
den Fällen der §§. 11 und 12 Nr. 1, 3 und 4 haben die
Betheiligten wie der Geistliche die Beschwerde an den Kreis-
Synodalvorstand und in den Fällen des §. 12 Nr. 2 gegen
die Entscheidung des Kreis-Synodalvorstandes die Beschwerde
an das Consistorium, welchem überlassen bleibt, nach Maßgabe
der Kirchengemeinde- und Synodal-Ordnung §. 68 den Provin-
zial-Synodalvorstand zuzuziehen.

Consistorium und Kreis-Synodalvorstand entscheiden in
der Beschwerde-Instanz endgültig.

§. 14. Die Einlegung der Beschwerde ist in allen Fällen
an eine vierwöchentliche Frist gebunden.

Die dem Geistlichen gegen die Entscheidung des Gemeinde-
Kirchenraths, beziehungsweise des Kreis-Synodalvorstandes zustehende Beschwerde hat aufschiebende Wirkung.

§. 15. Trauungen sind zur Beurkundung in das Kirchen-
buch der Parochie einzutragen, in welcher sie vollzogen werden.
Ueber die erfolgte Trauung ist dem getrauten Paare eine amtliche Bescheinigung durch denjenigen Geistlichen, dem die Führung
des Kirchenbuches obliegt, unentgeltlich einzuhändigen.

§. 16. Im Geltungsgebiete der rheinisch-westfälischen
Kirchenordnung werden die im Vorstehenden dem Gemeinde-
Kirchenrathe beigelegten Befugnisse durch das Presbyterium,
die Befugnisse des Kreis-Synodalvorstandes durch das Moderamen der Kreis-Synode wahrgenommen.

§. 17. Für die evangelischen Militärgemeinden wird an
den Vorschriften der §§. 61 und 62 der Militär-Kirchenordnung vom 12. Februar 1832 über die Zuständigkeit zur Vornahme des Aufgebots und der Trauung nichts geändert; die
Regelung des Verfahrens bei Versagung des Aufgebots und
der Trauung bleibt Königlicher Verordnung vorbehalten.

§. 18. Insoweit nach §. 75 des Reichsgesetzes vom 6.
Februar 1875 innerhalb solcher Grenzpfarreien, deren Bezirk
sich in das Ausland erstreckt, für Form und Beurkundung von

Ehen das bestehende Recht maßgebend geblieben ist, finden die Bestimmungen des gegenwärtigen Gesetzes keine Anwendung.

§. 19. Alle diesem Gesetze entgegenstehenden kirchlichen Vorschriften werden aufgehoben.

Urkundlich ꝛc.

11) Kirchengesetz, betreffend die Verletzung kirchlicher Pflichten in Bezug auf Taufe, Konfirmation und Trauung. Vom 30. Juli 1880.

Wir, Wilhelm, von Gottes Gnaden König von Preußen ꝛc., verordnen unter Zustimmung der General-Synode und nachdem durch Erklärung Unseres Staatsministeriums festgestellt worden, daß gegen dieses Gesetz von Staatswegen nichts zu erinnern ist, für die evangelische Landeskirche der älteren Provinzen was folgt:

§. 1. Wenn Kirchenglieder ihre Pflicht verabsäumen, die unter ihrer Gewalt stehenden Kinder taufen und konfirmiren zu lassen, oder für die von ihnen eingegangene Ehe die Trauung zu begehren, so ist auf dieselben vorerst durch seelsorgerischen Zuspruch des Geistlichen sowie durch freundliche, ernste Mahnung eines oder mehrerer Aeltesten einzuwirken.

Etwaige äußere Hindernisse, welche die Erfüllung jener Pflichten erschweren können, sind thunlichst zu beseitigen.

§. 2. Wer ungeachtet dieser Einwirkung die Erfüllung der kirchlichen Pflicht beharrlich versagt, ist durch den Gemeinde-Kirchenrath (Presbyterium) zur Nachholung des Versäumten binnen einer angemessenen Frist, unter Hinweisung auf die Folgen der Unterlassung, schriftlich aufzufordern.

§. 3. Bleibt auch die schriftliche Aufforderung ohne Erfolg, so treten für den Schuldigen durch Beschluß der verfassungsmäßig zuständigen Organe die in den nachfolgenden Bestimmungen festgestellten weiteren Maßregeln der Kirchenzucht ein.

§. 4. Kirchenglieder, welche die Taufe eines unter ihrer

Gewalt stehenden Kindes verweigern oder beharrlich versäumen, sollen der Fähigkeit, ein kirchliches Amt zu bekleiden, des kirchlichen Wahlrechts (§§. 34. 35 Kirchengemeinde- und Synodal-Ordnung, §§. 21. 22 Rheinisch-Westfälische Kirchen-Ordnung), sowie des Rechts der Taufpathenschaft verlustig erklärt werden.

Die Einsegnung der Wöchnerinnen unterbleibt, so lange durch Schuld der Eltern die Taufe nicht begehrt wird.

Ueber die Ausschließung vom heiligen Abendmahl bei Verweigerung der Taufe, sowie in den nachstehenden Fälen der §§. 5 bis 7 entscheiden die Bestimmungen des §. 12.

§. 5. Der Verlust der in §. 4 genannten Rechte trifft auch solche Kirchenglieder, welche in Verachtung der kirchlichen Ordnung entweder ein evangelisches, unter ihrer Gewalt stehendes Kind beharrlich der Vorbereitung für die Konfirmation entziehen, beziehungsweise in die Konfirmation desselben nicht einwilligen, oder verweigern, für ein von ihnen geschlossenes Ehebündniß die Trauung nachzusuchen.

Doch kann in einzelnen, für eine mildere Beurtheilung geeigneten Fällen dieser Art die Entziehung kirchlicher Rechte ausnahmsweise zunächst auf den Verlust der Wählbarkeit und der Fähigkeit, ein kirchliches Amt zu bekleiden, beschränkt bleiben.

§. 6. Ein Kirchenglied, welches sich verpflichtet, seine sämmtlichen Kinder der religiösen Erziehung in einer nicht evangelischen Religionsgesellschaft zu überlassen, ist der Fähigkeit, ein kirchliches Amt zu bekleiden, sowie des kirchlichen Wahlrechts, in schweren Fällen auch des Rechts der Taufpathenschaft verlustig zu erklären.

In wieweit die Entziehung dieser Rechte auch da einzutreten hat, wo die gedachte Pflichtverletzung ohne vorangegangenes Versprechen thatsächlich vorliegt, bleibt dem Ermessen der zuständigen Organe überlassen.

§. 7. Ein Kirchenglied, welches eine Ehe schließt, der die Trauung aus kirchlichen Gründen nach Maßgabe der Vorschriften der Trauungs-Ordnung versagt werden muß, ist der kirchlichen Wählbarkeit verlustig zu erklären, in schweren Fällen auch des Wahlrechts, sowie des Rechts der Taufpathenschaft.

§. 8. Die nachträgliche Entziehung kirchlicher Rechte ist nicht zulässig, wenn die Erfüllung der genannten kirchlichen Pflichten thatsächlich nicht mehr möglich ist.

§. 9. Wird die versäumte kirchliche Pflicht nachträglich erfüllt, so sind die entzogenen Rechte dem Betroffenen auf seinen Antrag wieder beizulegen.

§. 10. Wenn die nachträgliche Erfüllung der verletzten kirchlichen Pflicht nicht mehr möglich ist, so können die entzogenen Rechte auf Grund nachhaltiger Beweise kirchlichen Wohlverhaltens wieder beigelegt werden.

§. 11. Die Wiederbeilegung der entzogenen kirchlichen Rechte erfolgt durch Beschluß des Gemeinde-Kirchenraths (Presbyteriums).

Gegen einen in dieser Beziehung gefaßten Beschluß des Gemeinde-Kirchenraths (Presbyteriums) steht dem Betroffenen, und wenn es sich um das Recht der Taufpathenschaft handelt, auch dem Geistlichen, der Rekurs an den Vorstand (Moderamen) der Kreis-Synode zu.

§. 12. Kirchenglieder, welche von den nach Vorschrift dieses Gesetzes (§§. 4 bis 7) zulässigen Maßregeln der Kirchenzucht betroffen worden, sind vom heiligen Abendmahl zurückzuweisen, wenn dieselben als unfähig angesehen werden müssen, die Gnadengabe im Segen und ohne Aergerniß der Gemeinde zu empfangen.

Dies ist anzunehmen bei beharrlicher Verabsäumung der Taufe (§. 4), in den übrigen Fällen (§§. 5 bis 7) insbesondere dann, wenn die Unterlassung der kirchlichen Pflicht sich durch öffentliche Reden oder Handlungen als Verachtung des Wortes Gottes kennzeichnet.

Das Verfahren bei der Zurückweisung vom heiligen Abendmahle regelt sich nach den besonderen Bestimmungen des §. 14 der Kirchengemeinde- und Synodal-Ordnung und der §§. 14a und 120 Zusatz der Rheinisch-Westfälischen Kirchen-Ordnung.

§. 13. Ungetaufte sind nicht als Kirchenglieder anzusehen und können deshalb weder zur Konfirmation noch zur Ausübung der den Kirchengliedern zustehenden Rechte zugelassen werden. Doch ist es gestattet, ihnen die Theilnahme an der kirchlichen Unterweisung zu gewähren.

§. 14. Evangelischen Eltern soll für solche Kinder, welche im kirchlich unmündigen Alter ungetauft gestorben sind, die Bestattung auf dem kirchlichen Friedhof nicht versagt werden.

Jedoch können die geistliche Begleitung und die kirchlichen

Ehren bei der Beerdigung solcher Kinder, welche durch Schuld der Eltern ungetauft geblieben sind, Seitens der Angehörigen nicht beansprucht werden.

§. 15. Die Unterlassung der Trauung Seitens der El=
tern ist kein Grund, den Kindern die Taufe zu versagen.

§. 16. Das Aufsichtsrecht der vorgesetzten Kirchenbehör=
den (§. 47 der Kirchengemeinde= und Synodal=Ordnung und §. 148 der Rheinisch=Westfälischen Kirchen=Ordnung) gegenüber Beschlüssen kirchlicher Organe, welche mit bestimmten Vorschriften dieses Gesetzes in Widerspruch stehen, erfährt durch die Bestim=
mungen desselben keine Veränderung.

§. 17. Die nach dem Staatsgesetze vom 13. Mai 1873 zulässigen, kirchenordnungsmäßig festgestellten oder in einzelnen Landestheilen observanzmäßig bestehenden anderweitigen Uebun=
gen der Kirchenzucht, auch in ihrer Anwendung auf die in den §§. 4 bis 7 genannten kirchlichen Pflichtversäumnisse, werden durch dies Gesetz nicht berührt.

Urkundlich :c.

---

12) Instruktion zu dem Kirchengesetz vom 30. Juli 1880, betr. die Verletzung kirchlicher Pflichten in Bezug auf Taufe, Konfirmation und Trauung.

Seit die staatliche Nöthigung zur äußeren Erfüllung der bei der Eheschließung und Kindererziehung den Kirchengliedern obliegenden religiösen Pflichten weggefallen, ist die Kirche inner=
halb der für die Anwendung kirchlicher Zuchtmittel durch das Staatsgesetz gezogenen Grenzen darauf angewiesen, mit eigenen Mitteln die christliche Ordnung des Familienlebens zu schützen und insbesondere die Ausübung kirchlicher Rechte in den Ge=
meinden an die Erfüllung der einfachsten kirchlichen Pflichten zu binden, wie dies in §. 34 Abs. 5 Nr. 4 der Kirchengemeinde=
und Synodal=Ordnung ausdrücklich vorgesehen ist.

Die Uebung der Disciplin innerhalb der Gemeinden ist durch die Kirchengemeinde= und Synodal=Ordnung (§§. 14. 53. 55) den Gemeinde-Kirchenräthen und in der Berufungsinstanz den Kreis-Synoden, bezw. deren Vorständen anvertraut, in wesentlicher Uebereinstimmung mit der für die westlichen Provinzen schon länger bestehenden Ordnung (§§. 14. 120 der Rhein.- Westf. Kirchen-Ordn.); es fehlte aber bisher an einer Feststellung gleichmäßiger Grundsätze für die Handhabung derselben. Die nach Einführung der Civilstandsgesetzgebung zahlreich hervorgetretenen Unterlassungen der Taufe und Trauung, welche an einigen Orten bereits den christlichen Charakter unseres Volkes in dem Fundament des Familienlebens ernstlich bedrohen, haben es nothwendig gemacht, die den Gemeinde-Kirchenräthen ertheilten Vollmachten zur Uebung kirchlicher Zucht durch die Zuweisung geeigneter Zuchtmittel zu ergänzen und ihre Aufgabe, christliche Gesinnung und Sitte in der Gemeinde sowohl durch eigenes Vorbild, als auch durch besonnene Anwendung aller dazu geeigneten und statthaften Mittel aufrecht zu erhalten und zu fördern, bei Verletzung kirchlicher Pflichten in Bezug auf Taufe, Konfirmation und Trauung durch ein besonderes Kirchengesetz in feste und verbindliche Regeln zu fassen.

Mit der Anwendung der in dem Gesetz vom 30. Juli d. J. enthaltenen Vorschriften ist allerdings die Obliegenheit gemeindlicher Kirchenzucht keineswegs erschöpft, wie denn §. 17 des Gesetzes ausdrücklich bestimmt, daß die nach dem Staatsgesetz vom 13. Mai 1873 zulässigen, kirchenordnungsmäßig festgestellten oder in einzelnen Landestheilen observanzmäßig bestehenden anderweitigen Uebungen der Kirchenzucht, auch in ihrer Anwendung auf die in den §§. 4 bis 7 genannten kirchlichen Pflichtversäumnisse, durch dies Gesetz nicht berührt werden. Vielmehr steht zu erwarten, wenn die Gemeinde-Kirchenräthe gegenüber den äußerlich leichter erkennbaren und meßbaren Pflichtverletzungen die vielfach ganz außer Uebung gekommene Kirchenzucht nach sicheren Grundsätzen wieder handhaben lernen, daß das Bewußtsein von den überhaupt zur Wahrung christlicher Sitte und zur Abwehr von Aergernissen in den Gemeinden ihnen anvertrauten Obliegenheiten gekräftigt werden wird. Sonst würde gerade aus dem auf die Verletzung besonderer kirchlicher Pflichten eingeschränkten Gesetz die nicht gering zu achtende Gefahr erwachsen, daß die Kirche auf die äußerliche Thatsache der Unterlassung kirchlicher Handlungen oder der Nichtbeachtung einzelner kirchlicher Vorschriften mit empfindlichen Zuchtmitteln antwortet, während bei möglicherweise schwerer wiegenden Aergernissen, wie Gotteslästerung, Meineid, Ehebruch oder schändlichen Lastern der Vollbesitz der kirchlichen Gemeinderechte unbeanstandet bliebe.

Die Gemeinde-Kirchenräthe werden sich bei Anwendung des Gesetzes stets gegenwärtig zu halten haben, daß evangelische Kirchenzucht, wenngleich sie auf den Schutz christlicher Ordnung und die Ausscheidung von Aergernissen in den Gemeinden zielt, immer eine Uebung barmherziger und heiliger Liebe im Dienste dessen sein muß, welcher der Heiland der Welt ist und die Verlorenen retten, die Irrenden zurechtführen, die Schwachen stärken, die Kranken heilen will, daß auch die ausschließende Kirchenzucht nie den Charakter heilender Seelsorge verlieren darf und auch in der Art ihres Verfahrens als solche sich an den Gewissen zu bewähren hat.

Der HErr hat seinen Jüngern Matth. 18, 15—17 angezeigt, in welcher Weise die brüderliche Zucht unter Christen zu üben ist, und die apostolischen Vorbilder, insbesondere das Verfahren des Apostel Paulus I. Cor. 5, II. Cor. 5, II. Thess. 3, stellen vor Augen, wie unter den damaligen Gemeindeverhältnissen die Weisungen des HErrn befolgt worden sind. Ob das für unsere Landeskirche angeordnete Gesetz „Zorn anrichten" oder zur Erbauung der Gemeinden und zur Reinigung des Heiligthums dienen wird, das hängt von dem Geiste weiser, treuer und reiner Liebe ab, in welchem sein Buchstabe zur Anwendung gelangt.

Indem wir das Haupt der Kirche bitten, alle an der Uebung christlicher Gemeindezucht betheiligten Organe für das neue und schwierige Werk mit Licht und Kraft Seines heiligen Geistes auszustatten, erlassen wir in Verbindung mit dem General-Synodalvorstand hinsichtlich der Ausübung der in dem Gesetze enthaltenen Bestimmungen im Einzelnen nachfolgende Vorschriften und Erläuterungen.

Vorgängige Maßregeln (§§. 1 u. 2).

1. Bevor die Gemeinde-Kirchenräthe in der Lage sind, eine geflissentliche Verletzung der kirchlichen Pflicht anzunehmen und wider dieselbe auf disciplinarischem Wege vorzugehen, ist

es erforderlich), einerseits sorgfältig und schonend die thatsäch=
liche Pflichtversäumniß, sowie die Absicht, bei derselben
zu beharren, festzustellen, andererseits durch seelsorgerische
Einwirkung und Beseitigung äußerer Hindernisse dem drohen=
den Aergerniß auf gütlichem Wege thunlichst vorzubeugen.

Feststellung der Thatsachen.

2. Was die Feststellung der thatsächlichen Pflichtversäum=
niß betrifft, so sind dabei in Betracht zu ziehen:

1) der Termin, von welchem an die Unterlassung einer
   pflichtmäßigen Handlung oder die Vornahme einer pflicht=
   widrigen Handlung auf Grund des Gesetzes angenommen
   werden kann und daher disciplinare Maßnahmen in Aus=
   sicht zu nehmen sind,
2) die Personen, welche für die Pflichtversäumniß als
   verantwortlich angesehen werden müssen,
3) die Veranlassungen aus örtlichen, häuslichen oder
   persönlichen Verhältnissen, welche bei der Beurtheilung
   des Grades der Pflichtverletzung von Bedeutung sein
   können.

Alle in dieser Hinsicht nothwendig werdenden Ermitte=
lungen haben eben so sorgfältig als vorsichtig, unter Schonung
der Ehre und im Geiste christlicher Liebe zu erfolgen.

3. Die kirchliche Ordnung, nach welcher die Kinder inner=
halb der ersten 6 Wochen zu taufen sind, ist durch den
Wegfall staatlichen Zwanges nicht berührt worden. Auf die
Aufrechterhaltung derselben ist möglichst hinzuwirken. Doch ist
den besonderen Verhältnissen größerer Städte, der Diaspora=
Gemeinden, erschwertem Verkehr in ungünstiger Jahreszeit, so
wie hemmenden häuslichen Verhältnissen Rechnung zu tragen,
wenn nicht der fortgesetzte Aufschub als Vorwand für die Ver=
säumung angesehen werden muß. So lange nicht anderweite
bestimmte Kundgebungen die Absicht offenbaren, ein Kind der
Taufe zu entziehen, sind vor Ablauf der 6 Wochen Maßnahmen
Seitens des Gemeinde-Kirchenraths nicht angezeigt.

Da der Konfirmation nothwendig ein längerer Unter=
richt vorausgeht und dieser nach Entlassung aus der Schul=
pflicht nicht mehr sicher erreicht werden kann, so muß darauf
gehalten werden, daß die Anmeldung zum Konfirmations=Unter=

richt dem entsprechend rechtzeitig erfolgt. Bei Schülern höherer Lehranstalten, für welche die Zeit der Konfirmation vielfach nicht mit dem Abgang aus der Schule zusammenfällt, wird das 16. Lebensjahr als die Zeit anzusehen sein, in der ohne besondere Gründe das Kind dem vorbereitenden Unterricht nicht länger entzogen werden darf.

Die Unterlassung der Anmeldung zur Trauung ist zu beachten, sobald das vor der Eheschließung angeordnete bürger= liche Aufgebot bekannt geworden ist. Wenn auch disciplinarische Maßnahmen erst nach erfolgter Eheschließung eintreten können, so ist doch möglichst vor derselben die Absicht, auf die Trauung zu verzichten, festzustellen, um der rechtzeitigen seelsorgerischen Einwirkung Raum zu lassen.

Das Gleiche gilt von dem Eingehen einer Ehe, welcher die Trauung aus kirchlichen Gründen versagt werden muß.

Die Ueberlassung der Kinder zur Erziehung in einer nicht evangelischen Religionsgesellschaft vollzieht sich entweder schon durch der Eheschließung vorausgehende Versprechungen, oder bei der Taufe der Kinder, oder bei dem religiösen Unterricht derselben. Wenn die eine oder andere Form zur Kenntniß des Gemeinde=Kirchenraths oder eines Mitgliedes desselben gelangt, ist das Thatsächliche zuverlässig festzustellen.

4. Als verantwortlich für Verabsäumung der Taufe oder Konfirmation, so wie für Ueberlassung der Kinder an eine andere Konfession (§. 6) können nur diejenigen angesehen werden, welche über die religiöse Erziehung der Kinder zu ent= scheiden haben, oder welchen thatsächlich die Verfügung über die Erziehung von zuständiger Seite überlassen ist. Die Mutter ist bei Lebzeiten des Vaters nur mit verantwortlich zu machen, wenn bestimmte Kundgebungen vorliegen, daß sie wissentlich und willentlich an der Versäumniß betheiligt ist. Auch darf Ehefrauen nicht zugemuthet werden, daß sie wider den Willen oder ohne Vorwissen des Gatten die Taufe oder Konfirmation des Kindes nachsuchen. Bei unterlassener Trauung, so wie bei Eingehung einer kirchlich unzulässigen Ehe sind beide Theile als verantwortlich anzusehen, da die Ehe nur unter beiderseitiger Einwilligung zu Stande kommen kann. Bei der Beurtheilung des Maßes der Verantwortlichkeit wird allerdings die Abhängig= keit der Frau vom Manne zu berücksichtigen sein.

5. Bezüglich der Veranlassungen, welche die Pflicht=
versäumniß herbeiführen, ist festzustellen, inwieweit die aus
Armuth stammende Scheu vor den zu entrichtenden Gebühren
oder von sonstigen Unkosten, in wieweit Krankheit der bethei=
ligten bezw. Abwesenheit des Familienhauptes, weite Entfernung
der Wohnung vom Pfarrorte, Rücksicht auf Schwächlichkeit oder
den geistigen Zustand eines dem Alter nach für die Konfir=
mation reifen Kindes die Ursache der Unterlassung sind. Bei
Unterlassung der Trauung ist festzustellen, ob, abgesehen von
äußeren Rücksichten, die Besorgniß, die Trauung einer nicht
zweifellos zulässigen Ehe werde von der Kirche versagt werden,
oder die Verachtung des Segens der Trauung selbst der Be=
weggrund ist.

6. Es liegt den Gemeinde=Kirchenräthen für die Art und
Weise, wie alle diese Ermittelungen einerseits rechtzeitig, voll=
ständig und ohne Ansehen der Person, andererseits schonend
und zart herbeizuführen sind, eine große Verantwortung auf,
es wird allenthalben einer weisen Berücksichtigung der örtlichen
und persönlichen Verhältnisse bedürfen, insbesondere aber eine
rasche und nachdrückliche Initiative da angezeigt sein, wo in
einem leicht übersehbaren und enger verbundenen Gemeinde=
kreise die Gefahr des Aergernisses auch nur durch einen ver=
einzelten Fall am größten ist.

Tritt die Pflichtverletzung in einer Parochie ein, welcher
der für dieselbe Verantwortliche nicht angehört, so hat der Ge=
meinde=Kirchenrath, zu dessen Kenntniß dieselbe gelangt, dem
zuständigen Gemeinde=Kirchenrath (vgl. Nr. 11) davon Mitthei=
lung zu machen.

Seelsorgerische Einwirkung.

7. Hand in Hand mit der Feststellung der Thatsachen
wird in den meisten Fällen die seelsorgerische Einwirkung
beginnen. Zunächst ist der seelsorgerische Zuspruch die persön=
liche und selbständige Amtspflicht des Geistlichen, und seine
Aufgabe ist es vornehmlich, in vertraulichem Verkehr dem Aer=
gerniß für die Gemeinde wachsam vorzubeugen. Damit ist
aber die Pflicht der Aeltesten, durch freundliche und ernste Mah=
nung die Thätigkeit des Geistlichen zu unterstützen, nicht ge=
mindert. In welcher Weise dies zu geschehen hat, entzieht

sich allgemeiner Regelung. Namentlich auch, ob bei einer vom Gemeinde-Kirchenrath ausgehenden vertraulichen Mahnung zuerst der Geistliche und dann Aelteste, oder umgekehrt, als die geeignetesten Organe anzusehen sind, das kann nur nach den örtlichen Zuständen und den Verhältnissen des einzelnen Falles entschieden werden. An Orten, an welchen die betreffenden Pflichtverletzungen häufiger eintreten, erscheint die Vereinbarung eines bestimmten zweckmäßigen Verfahrens erwünscht.

8. Nach vorausgegangener erfolgter persönlicher Einwirkung ist eine mündliche Vernehmung vor versammeltem Kollegium des Gemeinde-Kirchenraths nicht ausgeschlossen.

9. Die zuvorkommende und schonende Beseitigung solcher **äußerer Hindernisse**, welche die Erfüllung der kirchlichen Pflicht erschweren können, ist um so nothwendiger, als die in großer Zahl eingetretenen Unterlassungen von Taufe und Trauung ganz überwiegend die unbemittelten Klassen betreffen, welchen die Kirche von jeher vorzugsweise die Theilnahme barmherziger Liebe zugewandt hat. Außer dem Erlaß der Gebühren unter Schadloshaltung der Berechtigten ist besonders zur Herbeiführung von nachträglicher Vollziehung versäumter Handlungen Schonung des Ehrgefühls, Vornahme der Handlung im Hause oder in der Stille in Betracht zu ziehen. Nur ist bei solchem Entgegenkommen in Ausnahmefällen die Wahrung der ortsüblichen kirchlichen Sitte gegenüber eigenwilligen Zumuthungen nicht außer Acht zu lassen.

10. Die §. 2 für alle Unterlassungen vor der Beschlußfassung über disciplinare Maßnahmen vorgeschriebene **schriftliche Aufforderung** kann erst ergehen, wenn fortgesetzter seelsorgerischer Zuspruch sich als erfolglos erwiesen hat und somit die Absicht, sich der kirchlichen Pflicht zu entziehen, angenommen werden muß. Dieselbe ist außer von dem vorsitzenden Geistlichen von zwei Aeltesten zu unterzeichnen, und ihre Fassung hat dem im Protokoll verzeichneten Beschluß zu entsprechen, weshalb bei der protokollarischen Aufzeichnung eines jeden disciplinaren Beschlusses besondere Sorgfalt anzuwenden sein wird. Die Dauer der in der Aufforderung zu setzenden Frist ist dem Ermessen des Gemeinde-Kirchenraths überlassen. Die Hinweisung auf die Folgen der Unterlassung hat sich auf die nach §. 4—7 zur Zuständigkeit des Gemeinde-Kirchenraths gehöri-

gen disciplinaren Maßnahmen zu beschränken. Auch ein nach §. 3 gefaßter Beschluß, sofern er auf Entziehung kirchlicher Rechte lautet, wird am geeignetesten auf schriftlichem Wege dem Betroffenen mitgetheilt.

Zuständige Organe.

11. Die für solchen Beschluß verfassungsmäßig zuständigen Organe sind der Gemeinde-Kirchenrath (§. 14 der Kirchengem.- u. Syn.-Ordn.) bezw. das Presbyterium (§§. 14. 120 der Rh.-W. Kirchen-Ordn.) und bei eingelegter Berufung die Kreis-Synode oder ihr Vorstand (§§. 53. 55 der Kirchengem.- u. Syn.-Ordn.), bezw. das Moderamen der Kreis-Synode (§. 120 der Rh.-W. Kirchen-Ordn.). Disciplinare Entscheidungen gehören nicht zu den Gemeinde-Angelegenheiten, welche nach §. 33 der Kirchengem.- u. Syn.-Ordn. an die Gemeinde-Vertretung zur Berathung und Beschlußfassung gebracht werden können. Die Entziehung kirchlicher Rechte kann nur von dem Gemeinde-Kirchenrath derjenigen Parochie beschlossen werden, welcher die Betreffenden angehören, also z. B. bei Eingehung einer kirchlich unzulässigen Ehe von dem Gemeinde-Kirchenrath des ersten ehelichen Wohnsitzes (vgl. Nr. 6 Abs. 2).

Disciplinare Maßregeln (§§. 4—8).

12. Besteht die Verletzung der kirchlichen Pflicht in der beharrlichen Verweigerung der Taufe, so ist der Schuldige nach Ablauf der in der Aufforderung gesetzten Frist mit sämmtlichen in §. 4 Abs. 1 vorgeschriebenen Maßnahmen gleichzeitig zu belasten.

13. Derartige Beschlußfassungen des Gemeinde-Kirchenraths, so wie die denselben vorausgehenden Maßnahmen haben sich nach Absatz 3 des §. 4 auf die Ausschließung vom heiligen Abendmahl nicht zu erstrecken; das in dieser Hinsicht Erforderliche ist unter Nr. 20. 21 vorgeschrieben.

14. Bei den §§. 5—7 vorgesehenen Fällen tritt für den Schuldigen unter allen Umständen die Entziehung der Wählbarkeit für ein kirchliches Amt ein und in den Fällen der §§. 5 und 6 auch der Verlust der Fähigkeit, ein kirchliches Amt zu bekleiden. Im Uebrigen kommt es auf die sittliche Beurtheilung des einzelnen Falles an.

10

Die Entscheidung, ob ein Fall von Verschmähung der
Konfirmation oder der Trauung für eine mildere Beurthei=
lung geeignet ist, sowie, ob die Ueberlassung sämmtlicher Kinder
zur religiösen Erziehung in einer nicht evangelischen Religions=
gemeinschaft, oder die Schließung einer Ehe, der die Trauung
aus kirchlichen Gründen nach Maßgabe der Vorschriften der
Trauungs=Ordnung versagt werden muß, hinsichtlich der be=
sonderen Umstände als ein schwerer Fall anzusehen ist, muß
dem gewissenhaften Ermessen des Gemeinde=Kirchenraths unter
Würdigung sowohl der örtlichen als der persönlichen Verhält=
nisse überlassen bleiben.

Bei Unterlassung der Trauung ist zu prüfen, ob die Be=
stimmungen des §. 5 oder des §. 7 zur Anwendung kommen,
je nachdem die Trauung nicht begehrt wird, weil sie wegen
kirchlicher Unzulässigkeit der Eheschließung nicht gewährt werden
kann, oder weil der Segen der Trauung in Verachtung der
kirchlichen Ordnung überhaupt verschmäht wird.

15. Eine von dem zuständigen Gemeinde=Kirchenrath oder
Synodalvorstand auf Grund dieses Gesetzes beschlossene Ent=
ziehung kirchlicher Rechte ist auch für andere Gemeinden der
Landeskirche wirksam, mag der Betroffene in derselben Gemeinde
bleiben oder seinen Wohnsitz verändern.

16. Tritt während des seelsorgerischen Verfahrens, bevor
die §. 3 vorgesehene Beschlußfassung erfolgt ist, durch Todes=
fall oder andere zwingende Umstände die Unmöglichkeit ein, die
versäumte kirchliche Pflicht nachträglich zu erfüllen, so ist das
Disciplinar=Verfahren einzustellen.

17. Auf die Eingehung einer kirchlich unzulässigen Ehe
findet die Bestimmung des §. 8 der Natur der Sache nach
keine Anwendung.

Wiederbeilegung entzogener kirchlicher Rechte (§§. 9—11).

18. Die nachträgliche Erfüllung der verabsäumten
kirchlichen Pflicht setzt nicht von selbst wieder in den Besitz ent=
zogener kirchlicher Rechte. Es bedarf dazu außerdem des An=
trages des Betroffenen und des Beschlusses des Gemeinde=
Kirchenraths (§. 11).

19. Nachträgliche Erfüllung der verletzten kirchlichen Pflicht ist entweder der Natur der Sache nach unmöglich, wie z. B. nach dem Eingehen einer kirchlich unzulässigen Ehe, oder die Unmöglichkeit entsteht aus später eintretenden Thatsachen, wie aus dem Tode ungetauft gebliebener Kinder, dem Entwachsen ungetaufter oder unkonfirmirter Kinder aus der elterlichen Gewalt oder dem Tode des Gatten in ungetraut gebliebener Ehe.

Ob die in solchen Fällen erforderlichen nachhaltigen Beweise kirchlichen Wohlverhaltens vorhanden sind, unterliegt der gewissenhaften Beurtheilung des Gemeinde-Kirchenraths unter Berücksichtigung der besonderen Umstände. Die Wiederbeilegung kann auf Antrag des Betroffenen oder aus eigener Bewegung des Gemeinde-Kirchenraths erfolgen. Wird der Antrag abgelehnt, so muß dem Antragsteller ein schriftlicher Bescheid ertheilt werden, weil die Berufung an den Vorstand der Kreis-Synode zulässig ist. Wenn es sich um die Wiederzulassung zu der Pathenschaft handelt, so ist auch gegenüber einem zustimmenden Beschluß des Gemeinde-Kirchenraths dem Geistlichen der Rekurs an den Synodalvorstand vorbehalten.

Zurückweisung vom heiligen Abendmahl (§. 12).

20. Besondere Sorgfalt und Weisheit erfordert das Verfahren bei Zurückweisung vom heiligen Abendmahle aus Anlaß der im Gesetz vorgesehenen Pflichtverletzungen, um gleicherweise der Schonung der Gewissen und seelsorgerischen Rücksicht, wie dem Erforderniß kirchlicher Zuchtübung Rechnung zu tragen.

Zunächst wird im §. 12 von den nach Vorschrift dieses Gesetzes (§§. 4 bis 7) zulässigen Maßregeln der Kirchenzucht die Zurückweisung vom heiligen Abendmahl bestimmt unterschieden, weil dabei die Würdigung des Herzenszustandes des das Abendmahl Begehrenden darüber entscheidet, ob derselbe als unfähig angesehen werden muß, die Gnadengabe im Segen und ohne Aergerniß der Gemeinde zu empfangen. Die Zurückweisung bedeutet nicht Auferlegung einer Strafe, sondern im evangelischen Sinn Anwendung eines Schutzmittels, wie für die Heilighaltung des Sakraments, so für die Gemeinde und den Betroffenen. Es darf nie außer Acht gelassen werden, daß die Ausschließung von der Gemeinschaft des Leibes und Blutes Christi, des Heilandes

der Sünder, und von der Spendung der den Bußfertigen zum
Trost bestimmten Gabe von der Kirche nicht lediglich auf Grund
thatsächlicher Unterlassungen, sondern immer auf Grund gleich=
zeitiger Würdigung des Herzenszustandes aufzuerlegen ist. Wenn
das Gesetz anweist, daß bei beharrlicher Verabsäumung der Taufe
die Unfähigkeit, die Gnadengabe im Segen und ohne Aergerniß
der Gemeinde zu empfangen, anzunehmen ist, wird damit der
seelsorgerischen Behandlung eine Vorschrift gegeben.

　　21. In derselben Erwägung ist für die östlichen Pro=
vinzen auch bei den hier in Betracht kommenden Pflichtver=
letzungen die Bestimmung des §. 14 der Kirchengemeinde= und
Synodal=Ordnung festgehalten worden, nach welcher der Pfarrer
in Verwaltung der Sakramente vom Gemeinde=Kirchenrath un=
abhängig bleibt und daher die Fernhaltung Unwürdiger vom
heiligen Abendmahl vorerst eine Aufgabe der sorgfältig prüfen=
den und im vertrauten Gespräch mahnenden und warnenden
Seelsorge ist. Erst wenn der abmahnenden Zurückhaltung des
Geistlichen nicht Folge gegeben wird, ist von demselben der An=
trag auf Zurückweisung dem Gemeinde=Kirchenrath und event.
dem Vorstand der Kreis=Synode vorzulegen. Hiernach bleibt
die Zurückweisung vom heiligen Abendmahl, bei welcher dem
Gemeinde=Kirchenrath keine Initiative zusteht, von den Bestim=
mungen der §§. 2. 3. 9. 10. 11 über Entziehung und Wieder=
beilegung kirchlicher Rechte unberührt. Einerseits findet eine
allgemeine, bis auf Weiteres wirksam bleibende Ausschließung
vom heiligen Abendmahl oder eine Ankündigung derselben Sei=
tens des Gemeinde=Kirchenraths nicht statt und ist eine vor=
beugende Mittheilung, daß die Zulassung nicht möglich sei, vor=
erst dem Ermessen des Seelsorgers zu überlassen. Anderer=
seits muß es dem letzteren auch zustehen, wenn er die Ueber=
zeugung von einem bußfertigen Herzenszustand eines früher
Zurückgehaltenen gewonnen hat, denselben nach seelsorgerischem
Ermessen wieder zum Sakrament zuzulassen. Wenn die Zurück=
weisung durch Beschluß des Gemeinde=Kirchenraths ausgesprochen
worden ist, so wird der Geistliche verpflichtet sein, sich bei
Wiederzulassung nach Lage der Umstände mit dem Gemeinde=
Kirchenrath zu verständigen.

　　Für die westlichen Provinzen bleibt es bei der auf
Grund der Kirchenordnung bestehenden Uebung.

Anderweite Folgen der betreffenden Pflicht-verletzungen (§§. 13—15).

22. Sämmtliche in dem Gesetz in Frage kommenden Rechte haben die Zugehörigkeit zu der christlichen Kirche zur Voraussetzung, können also ungetauft Gebliebenen nicht zugestanden werden, bis sie durch die Taufe die Aufnahme in die christliche Kirche erlangt haben. Dabei ist es aber aus Rücksichten der das Verlorene suchenden Liebe nicht verwehrt, auch ungetaufte Kinder, für welche die religiöse Unterweisung begehrt wird, zum kirchlichen Unterricht zuzulassen in der Hoffnung, sie auf diesem Wege für die Kirche zu gewinnen.

23. Kirchenglieder, welche von der Entziehung kirchlicher Rechte betroffen sind, werden damit der Verpflichtung zum Tragen der kirchlichen Lasten nicht enthoben.

Zulässigkeit von Beschwerden.

24. Entscheidungen des Gemeinde-Kirchenraths über die Entziehung kirchlicher Rechte in den durch das Gesetz gezogenen Grenzen kommen, falls der Betroffene sich nicht bei denselben beruhigt, durch die Entscheidung der Kreis-Synode, bezw. ihres Vorstandes zum Abschluß. Eine Berufung an die Kirchenbehörde zu erneuter Prüfung und Entscheidung findet nicht statt.

Mit dem Abschluß disciplinarer Entscheidungen in der Instanz der Kreis-Synode sind aber Beschwerden an die Kirchenbehörden nicht ausgeschlossen, wenn Entscheidungen zuständiger Organe mit bestehenden gesetzlichen Vorschriften in Widerspruch treten sollten. Geeignetenfalls hat die Behörde nach §. 47 der Kirchengemeinde- und Synodal-Ordnung und §. 148 der Rheinisch-Westfälischen Kirchen-Ordnung das zur Aufrechterhaltung des Gesetzes Erforderliche zu veranlassen.

Formelle Vorschriften für die Ausführung disciplinarer Maßregeln.

25. Wenn ein von disciplinaren Maßregeln Betroffener seinen Wohnsitz verändert, ist dem Gemeinde-Kirchenrath der Gemeinde, in welcher er seinen neuen Wohnsitz nimmt, sofern derselbe zum Bereich der Landeskirche gehört, Mittheilung von den verhängten Maßnahmen zu machen.

26. Nach erfolgter Entziehung des kirchlichen Wahl=
rechts ist der betreffende Name sofort in der Wählerliste der
Gemeinde zu streichen.

27. Bekleidet der Betroffene ein kirchliches Amt, aus
welchem der Gemeinde=Kirchenrath zu entlassen nicht befugt ist,
so hat derselbe über den gefaßten Beschluß unter Beifügung
eines beglaubigten Auszuges aus dem Protokollbuch an zustän=
diger Stelle Anzeige zu erstatten. Bei besoldeten, fest ange=
stellten Kirchenbeamten ist dies die vorgesetzte Kirchenbehörde,
bei Aeltesten und Gemeindevertretern der Vorstand der Kreis=
Synode (§. 44 der Kirchengemeinde= und Synodal=Ordnung,
§. 126 der Rh.=W. K.=O.). Bei den unter Vorbehalt der
Kündigung oder auf bestimmte Zeit vom Gemeinde=Kirchenrath
Angestellten erfolgt die Entlassung binnen kürzester Frist.

Ist die Wählbarkeit entzogen ohne die Wahlberechtigung,
so ist bei vorkommenden Wahlen hierauf zu achten, erforder=
lichenfalls ist eine Bekanntmachung der Namen an die zur
Wahl Versammelten gestattet.

28. Bei der Anmeldung von Taufen sind die Namen
der in Aussicht genommenen Pathen anzugeben. Eine Fest=
stellung des Besitzes kirchlicher Vollberechtigung in jedem ein=
zelnen Fall ist nicht angezeigt. Wenn aber der Verlust des
Rechtes der Taufpathenschaft bekannt ist, ist die Versagung
der Zulassung vor der Taufhandlung den Betheiligten mitzu=
theilen, damit einer Störung der heiligen Handlung rechtzeitig
vorgebeugt wird. In zweifelhaften Fällen ist der Thatbestand
in angemessener Weise zu ermitteln.

29. Im Falle förmlicher Zurückweisung vom hei=
ligen Abendmahl durch Beschluß des Gemeinde=Kirchen=
raths genügt die schriftliche Mittheilung an den Betroffenen,
und falls sich derselbe dennoch unter den Kommunikanten ein=
finden sollte, die einfache Uebergehung bei der Austheilung.
Jeder Aufsehen erregenden Störung der heiligen Handlung ist
thunlichst vorzubeugen.

30. In Gemeinden, welche häufigeren Anlaß bieten
zur Anwendung des Gesetzes und deren Größe oder Beweg=
lichkeit der gleichmäßigen Anwendung besondere Schwierigkeiten
entgegenstellen, haben die Gemeinde=Kirchenräthe über die für
die Handhabung des Gesetzes erforderlichen, durch die örtlichen

Verhältnisse gebotenen Vorkehrungen zu berathen und zu beschließen. Es wird hier sowohl bei Feststellung der Thatsachen, wie bei Würdigung der einschlagenden Umstände besondere Sorgfalt und Weisheit zu üben sein.

Weitere Vorschriften bleiben nach Bedürfniß vorbehalten.

Berlin, den 23. August 1880.

Evangelischer Ober Kirchenrath.

13) Kirchengesetz, betreffend die Dienstvergehen der Kirchenbeamten und die unfreiwillige Versetzung der-selben in den Ruhestand. Vom 16. Juli 1886.

Wir, Wilhelm, von Gottes Gnaden König von Preußen 2c., verordnen unter Zustimmung der General-Synode
und nachdem durch die Erklärung unseres Staatsministeriums
festgestellt worden, daß gegen dieses Gesetz von Staatswegen
nichts zu erinnern ist, für die evangelische Landeskirche der
älteren Provinzen, was folgt:

§. 1. Die Vorschriften dieses Gesetzes sind anwendbar
auf alle geistlichen und nichtgeistlichen Kirchenbeamten. Auf
Aelteste (Presbyter), Gemeindevertreter (Repräsentanten) und
Mitglieder synodaler Körperschaften als solche finden dieselben
keine Anwendung.

I. Von den Dienstvergehen und deren Bestrafung.

1. Allgemeines.

§. 2. Jeder Kirchenbeamte ist verpflichtet, das ihm übertragene Amt in Gemäßheit der bestehenden allgemeinen und
besonderen kirchlichen Ordnungen gewissenhaft wahrzunehmen
und sich durch sein Verhalten in und außer dem Amte der
Achtung, des Ansehens und des Vertrauens würdig zu erzeigen,
welche sein Beruf erfordert.

Ein Kirchenbeamter, welcher diese Pflichten verletzt, begeht
ein Dienstvergehen.

Bei geringeren Ordnungswidrigkeiten und Verstößen gegen die
amtliche Pflicht ist der Beamte durch Mahnung seiner Vor-

gesetzten an die letztere zu erinnern, bei erheblichen Dienstver=
gehen hat derselbe Disciplinarbestrafung verwirkt.

§. 3. Ist gegen einen Kirchenbeamten außer dem Dis=
ciplinarverfahren eine gerichtliche Untersuchung eingeleitet oder
einzuleiten, so kann das erstere bis zur Erledigung der letzte=
ren ausgesetzt oder vorläufig eingestellt werden.

§. 4. Die rechtskräftige gerichtliche Verurtheilung zu Zucht=
hausstrafe, Verlust der bürgerlichen Ehrenrechte oder Unfähig=
keit zur Bekleidung öffentlicher Aemter hat den Verlust des
Kirchenamtes mit den Wirkungen der Dienstentlassung (§. 12
Abs. 1) von Rechtswegen zur Folge.

§. 5. Scheidet der Beamte während des Disciplinar=
verfahrens aus dem Kirchendienste, so ist die Disciplinarbe=
hörde befugt, dem Beamten die Kosten des Disciplinarver=
fahrens (§. 38 Abs. 2) zur Last zu legen.

Hat der Beamte Dienstentlassung verwirkt, so ist nach
der Vorschrift des §. 12 Abs. 2 zu verfahren.

§. 6. Ein Kirchenbeamter, welcher sich ohne den vor=
schriftsmäßigen Urlaub von seinem Amte entfernt oder den
ihm ertheilten Urlaub überschreitet, hat, wenn die unerlaubte
Entfernung länger als acht Wochen dauert, Dienstentlassung
verwirkt.

Ist der Beamte dienstlich aufgefordert worden, sein Amt
anzutreten oder zu demselben zurückzukehren, so tritt die Strafe
der Dienstentlassung schon nach fruchtlosem Ablauf von vier
Wochen seit der ergangenen Aufforderung ein.

Die Dienstentlassung kann nur im Wege des förmlichen
Disciplinarverfahrens ausgesprochen werden. Sie wird nicht
verhängt, wenn sich ergiebt, daß der Beamte ohne seine Schuld
von seinem Amte fern gewesen ist.

2. Disciplinarstrafen.

§. 7. Die Disciplinarstrafen bestehen in:
1) Ordnungsstrafen,
2) Entfernung aus dem Kirchenamte.

§. 8. Ordnungsstrafen sind:
1) Warnung,
2) Verweis,
3) Geldstrafe,

bei besoldeten Beamten bis zum Betrage des einmonatlichen Diensteinkommens, bei unbesoldeten bis zum Betrage von 90 Mk.

§. 9. Die Entfernung aus dem Kirchenamte kann bestehen in:

1) Versetzung,
2) Amtsenthebung,
3) Dienstentlassung.

§. 10. Die Versetzung geschieht durch Anstellung des Beamten in einem gleichartigen Kirchenamte eines andern Ortes, welches mit einem geringeren Diensteinkommen verbunden sein kann.

Durch die Entscheidung kann zugleich bestimmt werden, daß der Beamte bis zu deren Vollstreckung von den Amtsgeschäften ganz oder theilweise zu entbinden und während dieser Zeit auf den Bezug bestimmter Theile des bisherigen Diensteinkommens zu beschränken sei.

Erweist sich die Versetzung wegen mangelnder Gelegenheit zur Verwendung des Beamten in einem andern Kirchenamte als unausführbar, so ist dieselbe durch Nachentscheidung der Disciplinarbehörde in Amtsenthebung (§. 11) zu verwandeln.

Die Bewilligung eines Ruhegehaltes ist in diesem Falle unzulässig, wenn der Beamte ein ihm angetragenes, nach dem Urtheil der Disciplinarbehörde angemessenes Kirchenamt ausgeschlagen hat.

§. 11. Die Amtsenthebung bewirkt den Verlust des Kirchenamtes; der Verurtheilte bleibt jedoch anstellungsfähig und behält die Rechte des geistlichen Standes.

Gehört der Angeschuldigte zu den Kirchenbeamten, welche einen Anspruch auf Ruhegehalt haben, so kann die Disciplinarbehörde in ihrer Entscheidung zugleich festsetzen, daß demselben ein Theil des gesetzlichen Ruhegehaltes auf bestimmte Zeit, oder bis zu seiner Wiederanstellung, oder auf Lebensdauer zu belassen sei. Ueber den zulässigen Höchstbetrag dieses Theiles entscheiden die im §. 4 Abs. 3 des Kirchengesetzes vom 26. Januar 1880 (K.-Ges.- und V.-Bl. S. 37) aufgestellten Grundsätze, auch dann, wenn das Ruhegehalt nicht aus dem Pensionsfonds der evangelischen Landeskirche zu gewähren ist.

§. 12. Die Dienstentlassung hat den Verlust aller Rechte

eines Kirchenbeamten, insbesondere des Titels und des Anspruchs auf Ruhegehalt, bei der Entlassung aus einem geistlichen Amte auch derjenigen des geistlichen Standes von Rechtswegen zur Folge.

Ist der Beamte vor Beendigung des Disciplinarverfah= rens aus dem Kirchendienste geschieden, ohne die im vorstehen= den Absatze erwähnten Rechte verloren zu haben, so ist in Fortsetzung des Verfahrens an Stelle der Dienstentlassung auf den Verlust dieser Rechte zu erkennen.

§. 13. Welche der in den §§. 8 und 9 bestimmten Strafen anzuwenden sei, ist nach der größeren oder geringeren Erheblichkeit des Dienstvergehens mit besonderer Rücksicht auf die Eigenthümlichkeit des Falles und die sonstige Führung des Angeschuldigten zu ermessen.

Die Verbindung verschiedener Ordnungsstrafen mit ein= ander ist zulässig.

3. Verfahren in leichten Disciplinarfällen.

§. 14. Ordnungsstrafen können von dem Evangelischen Ober=Kirchenrathe und dem Consistorium verhängt werden.

§. 15. Vor der Festsetzung einer Ordnungsstrafe ist dem Beamten in der Regel Gelegenheit zu geben, sich über die ihm zur Last gelegte Verletzung seiner Amtspflicht zu verantworten. Geldstrafen dürfen nur nach Anhörung des Beschuldigten ver= hängt werden.

Die Festsetzung der Ordnungsstrafe erfolgt unter Angabe der Gründe durch schriftliche Verfügung.

§. 16. Gegen die Verhängung einer Ordnungsstrafe findet nur Beschwerde im Instanzenzuge binnen vier Wochen statt.

4. Förmliches Disciplinarverfahren.

§. 17. Der Entfernung aus dem Kirchenamte muß ein förmliches Disciplinarverfahren vorhergehen.

Dasselbe besteht in Voruntersuchung und Hauptverhandlung.

§. 18. Die Einleitung des förmlichen Disciplinarverfah= rens wird von dem für die Entscheidung zuständigen Provin= zial=Consistorium oder von dem Evangelischen Ober=Kirchenrathe verfügt; sie bleibt jedoch dem letzteren ausschließlich vorbehalten, wenn das Verfahren gegen einen in einem kirchenregimentlichen

Amte stehenden oder unmittelbar vom Könige ernannten Geistlichen eingeleitet, oder wenn ein Kirchenbeamter wegen Irrlehre
in Untersuchung gezogen werden soll.

Die Behörde, welche das förmliche Disciplinarverfahren
einleitet, ernennt für dasselbe einen Untersuchungs-Kommissar
und einen Vertreter der Anklage.

§. 19. Die entscheidenden Disciplinarbehörden erster Instanz sind die Provinzial-Consistorien.

Zuständig ist das Consistorium, dessen Aufsichtskreise der
Beamte zur Zeit der Einleitung des Verfahrens angehört.

Bei Kirchenbeamten, welche zum Aufsichtskreise eines Consistoriums nicht gehören, hat der Evangelische Ober-Kirchenrath
das zuständige Consistorium zu bezeichnen.

Bei emeritirten Geistlichen ist dasjenige Consistorium zuständig, dessen Aufsichtskreise der Geistliche in seiner letzten
amtlichen Stellung angehört hat.

§. 20. Streitigkeiten über die Zuständigkeit der Consistorien werden durch den Evangelischen Ober-Kirchenrath entschieden.

§. 21. Ist das zuständige Consistorium in einem einzelnen Falle an der Ausübung der Disciplinargewalt rechtlich
oder thatsächlich verhindert, so tritt ein anderes durch den
Evangelischen Ober-Kirchenrath benanntes an dessen Stelle.

Dasselbe findet statt, wenn der Evangelische Ober-Kirchenrath auf Antrag des Vertreters der Anklage oder des Angeschuldigten das Vorhandensein von Gründen anerkennt, aus
welchen die Unbefangenheit des zuständigen Consistoriums be-
zweifelt werden kann.

§. 22. Bei den Consistorien werden die Disciplinarsachen
in Plenarsitzungen erledigt, an welchen mindestens drei stimmberechtigte Mitglieder theilnehmen müssen.

In diesen Plenarsitzungen steht allen zu vollem Stimmrecht im Kollegium berechtigten Mitgliedern und Hülfsarbeitern
das Stimmrecht zu.

Eine Theilnahme des Provinzial-Synodalvorstandes an der
Erledigung der Disciplinarsachen durch die Consistorien erfolgt
in Gemäßheit der Vorschriften des §. 68 Nr. 6 der Kirchen-
gemeinde- und Synodal-Ordnung vom 10. September 1873
(Ges.-S. S. 417) mit der Maßgabe, daß der Provinzial-

Synodalvorstand auch bei Beschlußfassung über den Antrag
auf Einleitung des Verfahrens gegen einen Kirchenbeamten
wegen Irrlehre zugezogen werden muß.

Die Mitglieder des Provinzial-Synodalvorstandes treten
den im ersten Absatze dieses Paragraphen erwähnten Mitgliedern des Consistoriums hinzu.

Mitglieder, welche bei dem Beschlusse wegen Einleitung
der Untersuchung mitgewirkt haben, sowie der Untersuchungs-
kommissar sind von der Theilnahme an der Hauptverhandlung
nicht ausgeschlossen.

§. 23. In der Voruntersuchung wird der Angeschuldigte
unter Mittheilung der Anschuldigungspunkte vorgeladen und,
wenn er erscheint, gehört.

Die Zeugen werden vernommen und die zur Aufklärung
der Sache dienenden sonstigen Beweise erhoben.

Die Zeugen sind zu beeidigen, wenn ihre Aussagen für
die Beurtheilung der Sache erheblich erscheinen und ihre Be-
eidigung nicht aus besonderen Gründen unzulässig ist. Die Be-
eidigung der Zeugen erfolgt nach ihrer Vernehmung.

Ueber jede Untersuchungshandlung ist unter Zuziehung
eines vereideten Protokollführers ein Protokoll aufzunehmen.

§. 24. Der Vertreter der Anklage kann stets, ohne daß
jedoch das Verfahren dadurch aufgehalten werden darf, von
dem Stande der Voruntersuchung durch Einsicht der Akten
Kenntniß nehmen und die ihm geeignet erscheinenden Anträge
stellen.

Erachtet der Untersuchungs-Kommissar den Zweck der Voruntersuchung für erreicht, so übersendet er die Akten dem Consistorium, welches dieselben, wenn es die Untersuchung für abgeschlossen erachtet, dem Vertreter der Anklage zur Stellung seiner
Anträge vorlegt.

§. 25. Nach Beendigung der Voruntersuchung hat der
Vertreter der Anklage bei dem Consistorium entweder die Einstellung des Verfahrens oder die Verhängung einer Ordnungsstrafe oder die Anberaumung einer Sitzung zur Hauptverhandlung zu beantragen, auch im letzteren Falle die Anklageschrift
einzureichen.

Erachtet das Consistorium die Einstellung des Verfahrens
oder die Verhängung einer Ordnungsstrafe für geboten, so hat

es die Verhandlungen dem Evangelischen Ober-Kirchenrathe zur Beschlußfassung vorzulegen.

§. 26. Der Evangelische Ober-Kirchenrath kann mit Rücksicht auf den Ausfall der Voruntersuchung das Verfahren einstellen und geeigneten Falls eine Ordnungsstrafe verhängen.

Der Angeschuldigte erhält in beiden Fällen Ausfertigung des mit Gründen zu unterstützenden Beschlusses.

Das eingestellte Disciplinarverfahren kann wegen der nämlichen Anschuldigungspunkte nur auf Grund neuer Thatsachen oder Beweismittel wieder aufgenommen werden.

Ist eine Ordnungsstrafe verhängt, so findet eine Wiederaufnahme des Disciplinarverfahrens nicht statt.

§. 27. Wird das Verfahren nicht in Gemäßheit des §. 26 Abs. 1 erledigt, so wird der Angeschuldigte unter abschriftlicher Mittheilung der Anklageschrift zu einer von dem Vorsitzenden des Consistoriums anzuberaumenden Sitzung zur Hauptverhandlung vorgeladen.

Der Angeschuldigte kann sich dabei des Beistandes eines Rechtsanwalts als Vertheidigers bedienen.

Dem letzteren ist Einsicht der Untersuchungsakten zu gestatten.

§. 28. Die Hauptverhandlung ist nicht öffentlich.

In derselben giebt zuerst ein vom Vorsitzenden der Behörde aus der Zahl ihrer Mitglieder ernannter Berichterstatter eine Darstellung der Sache, wie sie aus den bisherigen Verhandlungen hervorgeht.

Hierauf erfolgt die Vernehmung des Angeschuldigten, sowie die Vernehmung derjenigen Zeugen und Sachverständigen, deren Ladung zur Hauptverhandlung vom Consistorium für erforderlich erachtet ist.

Zum Schlusse werden der Vertreter der Anklage sowie der Angeschuldigte und sein Vertheidiger mit ihren Ausführungen und Anträgen gehört.

Dem Angeschuldigten gebührt das letzte Wort.

§. 29. Das Consistorium kann auf Antrag oder von Amtswegen die Vernehmung von Zeugen, sei es durch einen Commissar oder vor der Behörde selbst, sowie die Herbeischaffung anderer Beweismittel anordnen.

Es beschließt über die Aussetzung der Hauptverhandlung,

wenn es eine solche behufs weiterer Aufklärung der Sache oder beim Hervortreten erschwerender neuer Thatumstände oder recht= licher Gesichtspunkte für angemessen erachtet.

§. 30. Die Hauptverhandlung findet statt, auch wenn der Angeschuldigte nicht erschienen ist.

Derselbe kann sich durch einen Rechtsanwalt vertreten lassen.

Dem Consistorium steht es jedoch jeder Zeit zu, das per= sönliche Erscheinen des Angeschuldigten unter der Warnung anzuordnen, daß bei seinem Ausbleiben ein Vertreter nicht werde zugelassen werden.

§. 31. Bei der Entscheidung hat das Consistorium nach seiner freien, aus dem Inbegriff der Verhandlungen geschöpften Ueberzeugung zu beurtheilen, in wie weit die Anschuldigung für begründet zu erachten ist.

Ist die Anschuldigung nicht begründet, so wird der An= geschuldigte freigesprochen.

Ist die Anschuldigung begründet, so kann die Entscheidung auch auf eine bloße Ordnungsstrafe lauten.

Die Entscheidung wird am Schlusse der Hauptverhandlung verkündet.

Eine Ausfertigung der mit Gründen versehenen Entschei= dung ist dem Angeschuldigten von Amtswegen zuzustellen.

§. 32. Ueber die Hauptverhandlung ist ein Protokoll aufzunehmen und von dem Vorsitzenden und dem Protokoll= führer zu unterschreiben.

Dasselbe muß die Namen der Anwesenden und die we= sentlichen Momente der Hauptverhandlung enthalten.

§. 33. Gegen die Entscheidung des Consistoriums steht die Berufung an den Evangelischen Ober=Kirchenrath sowohl dem Vertreter der Anklage als dem Angeschuldigten offen.

§. 34. Eine Theilnahme des General=Synodalvorstandes an der Erledigung der Disciplinarsachen durch den Evange= lischen Ober=Kirchenrath erfolgt in Gemäßheit der Vorschriften des §. 36 der General=Synodal-Ordnung vom 20. Januar 1876 (Ges.=S. S. 7) mit der Maßgabe, daß sie auch bei der Be= schlußfassung über Einleitung des Verfahrens gegen einen Kirchen= beamten wegen Irrlehre insbesondere über einen bezüglichen An= trag eines Consistoriums erfolgen muß.

In besonders dringenden Fällen ist der Evangelische Ober=

Kirchenrath befugt, auch ohne Zuziehung des General=Synodal= vorstandes die Einleitung des Verfahrens zu verfügen.

Die Vorschriften der §§. 22 u. 31 finden bei Erledigung der Disciplinarsachen durch den Evangelischen Ober=Kirchenrath entsprechende Anwendung.

Ein Mitglied, welches bei der angefochtenen Entscheidung mitgewirkt hat, ist von der Theilnahme an der Verhandlung und der Entscheidung in der Berufungsinstanz ausgeschlossen.

§. 35. Die Berufung muß bei dem Consistorium, welches die anzugreifende Entscheidung erlassen hat, zu Protokoll oder schriftlich eingelegt werden. Von Seiten des Angeschuldigten kann dies durch einen Bevollmächtigten geschehen.

Die Einlegungsfrist ist eine vierwöchige. Sie beginnt für beide Theile mit dem Ablaufe des Tages, an welchem dem Angeschuldigten die Ausfertigung der Entscheidung zugestellt worden ist.

§. 36. Zur schriftlichen Rechtfertigung der Berufung steht demjenigen, welcher sie rechtzeitig eingelegt, eine vom Ablaufe der Einlegungsfrist zu berechnende 14tägige Frist offen.

Die Schriftstücke über die Einlegung und die etwa erfolgte Rechtfertigung der Berufung sind, wenn der Vertreter der An= klage die Berufung erhoben hat, dem Angeschuldigten in Ab= schrift zuzustellen, oder, falls die Berufung Seitens des letzteren erhoben ist, dem Vertreter der Anklage in Urschrift vorzulegen.

Innerhalb 14 Tagen nach erfolgter Zustellung kann der Gegner eine Beantwortungsschrift einreichen.

Die Fristen zur Rechtfertigung und Beantwortung der Berufung können vom Consistorium auf Antrag verlängert werden.

Neue Thatsachen, welche die Grundlage einer andern Be= schuldigung bilden, dürfen in der Berufungsinstanz nicht vor= gebracht werden.

§. 37. Nach Ablauf der in den §§. 35 und 36 be= stimmten Fristen werden die Akten an den Evangelischen Ober= Kirchenrath eingesandt.

Der Evangelische Ober=Kirchenrath beschließt auf den Vor= trag eines von dem Vorsitzenden ernannten Berichterstatters.

Er kann die zur Aufklärung der Sache etwa erforderlichen Verfügungen erlassen.

Er kann auch eine mündliche Verhandlung anordnen, zu welcher der Angeschuldigte zu laden und ein Vertreter der Anklage zuzuziehen ist.

Der letztere wird in diesem Falle von dem Vorsitzenden des Evangelischen Ober-Kirchenrathes ernannt.

Lautet die Entscheidung des Consistoriums auf Freisprechung des Angeschuldigten oder nur auf Warnung oder Verweis, so kann der Evangelische Ober-Kirchenrath, wenn er den Angeschuldigten strafbar findet, nicht auf Dienstentlassung, sondern nur auf eine Ordnungsstrafe oder auf Versetzung oder Amtsenthebung (§. 9 Nr. 1 und 2) erkennen.

5. Kosten des Disciplinarverfahrens.

§. 38. Für das Disciplinarverfahren werden keine Gebühren, sondern nur baare Auslagen in Ansatz gebracht.

Insoweit im förmlichen Disciplinarverfahren der Angeschuldigte verurtheilt wird, hat er die vom Consistorium festzusetzenden baaren Auslagen des Verfahrens einschließlich des Ermittelungsverfahrens ganz oder theilweise zu erstatten.

Ueber die Erstattungspflicht ist von der Disciplinarbehörde mit zu entscheiden.

II. Von der vorläufigen Dienstenthebung.

§. 39. Die vorläufige Dienstenthebung eines Kirchenbeamten (Suspension vom Amte) tritt kraft des Gesetzes ein:

1) wenn in einem gerichtlichen Strafverfahren seine Verhaftung beschlossen, oder gegen ihn ein noch nicht rechtskräftig gewordenes Urtheil erlassen ist, welches den Verlust des Amtes kraft des Gesetzes nach sich zieht;

2) wenn im Disciplinarverfahren eine noch nicht rechtskräftige Entscheidung ergangen ist, welche auf Dienstentlassung lautet.

§. 40. Im Falle des §. 39 Nr. 1 dauert die Suspension bis zum Ablauf des zehnten Tages nach Wiederaufhebung des Verhaftungsbeschlusses oder nach eingetretener Rechtskraft desjenigen Urtheils höherer Instanz, durch welches der angeschuldigte Beamte zu einer andern Strafe als der bezeichneten verurtheilt wird.

Lautet das rechtskräftige Urtheil auf Freiheitsstrafe, so dauert die Suspension, bis das Urtheil vollstreckt ist. Wird die Vollstreckung des Urtheils, ohne Schuld des Verurtheilten, aufgehalten oder unterbrochen, so tritt für die Zeit der Verzögerung oder der Unterbrechung eine Gehaltsverkürzung (§. 42) nicht ein. Dasselbe gilt für die im ersten Absatze dieses Paragraphen erwähnte Zeit von zehn Tagen, wenn nicht vor Ablauf derselben die Suspension vom Amte im Wege des Disciplinarverfahrens beschlossen wird.

Im Falle des §. 39 Nr. 2 dauert die Suspension bis zu dem Zeitpunkte, in welchem die ergangene Disciplinarentscheidung in der Berufungsinstanz zu Gunsten des Angeschuldigten abgeändert wird, oder in welchem dieselbe die Rechtskraft erlangt.

§. 41. Die zur Einleitung der Disciplinaruntersuchung ermächtigte Behörde kann die Suspension, sobald gegen den Beamten ein gerichtliches Strafverfahren eingeleitet oder die Einleitung einer Disciplinaruntersuchung verfügt wird, oder auch demnächst im ganzen Laufe des Verfahrens bis zur rechtskräftigen Entscheidung verfügen.

§. 42. Der suspendirte Beamte behält während der Suspension die Hälfte seines Diensteinkommens.

Auf die für Dienstunkosten besonders angesetzten Beträge ist bei Berechnung des Diensteinkommens keine Rücksicht zu nehmen.

Der innebehaltene Theil des Diensteinkommens ist zu den Kosten, welche durch die Stellvertretung des Angeschuldigten verursacht werden, der etwaige Rest auf die Untersuchungskosten (§. 38) zu verwenden.

Einen weiteren Beitrag zu den Stellvertretungskosten zu leisten, ist der Beamte nicht verpflichtet.

§. 43. Der zu den Kosten (§. 42) nicht verwendete Theil des Einkommens wird dem Beamten nicht nachgezahlt, wenn das Verfahren die Entfernung aus dem Amte zur Folge hat.

Erinnerungen über die Verwendung des Einkommens stehen dem Beamten nicht zu, wohl aber ist ihm auf Verlangen eine Nachweisung über diese Verwendung zu ertheilen.

§. 44. Wird das Verfahren eingestellt (§. 26) oder wird der Beamte freigesprochen, so muß ihm der innebehaltene Theil des Diensteinkommens vollständig nachgezahlt werden.

Wird der Beamte nur mit einer Ordnungsstrafe belegt,

so ist ihm der innebehaltene Theil, ohne Abzug der Stellvertretungskosten, nachzuzahlen, soweit derselbe nicht zur Deckung
der Untersuchungskosten und der Ordnungsstrafe erforderlich ist.

§. 45. Wenn Gefahr im Verzuge ist, kann einem Beamten auch von solchen Vorgesetzten, die seine Suspension zu
verfügen nicht ermächtigt sind, die Ausübung der Amtsverrichtungen vorläufig untersagt werden; es ist darüber aber sofort
an die höhere Behörde zu berichten.

Diese Untersagung hat eine Kürzung des Diensteinkommens
nicht zur Folge.

III. Von der Entziehung der Rechte des geistlichen Standes.

§. 46. Einem ordinirten Geistlichen, welcher kein Kirchenamt bekleidet, sind die Rechte des geistlichen Standes zu entziehen, wenn er sich durch sein Verhalten der Achtung, des
Ansehens oder des Vertrauens unwürdig zeigt, welche der geistliche Beruf erfordert.

Auf das Verfahren finden die Vorschriften der §§. 17
bis 38 entsprechende Anwendung.

§. 47. Mit dem Verluste oder der Entziehung der Rechte
des geistlichen Standes (§. 5. 12. 46) verliert der davon Betroffene auch alle äußeren Rechte eines Geistlichen, sowie den
Anspruch auf Ruhegehalt.

IV. Beamte auf Probe, Kündigung oder Widerruf.

§. 48. Die Entlassung der auf Probe, auf Kündigung
oder sonst auf Widerruf angestellten Kirchenbeamten erfolgt
durch Verfügung der denselben vorgesetzten kirchlichen Behörde.

Die Genehmigung des Consistoriums ist dazu erforderlich,
wenn dasselbe die Anstellung genehmigt oder bestätigt hat.

Dem auf Grund der Kündigung entlassenen Beamten ist
bis zum Ablaufe der Kündigungsfrist sein volles Diensteinkommen zu gewähren. Derselbe kann jedoch schon vorher von
der Ausübung seiner Dienstgeschäfte durch die vorgesetzte kirchliche Behörde entbunden werden.

V. Wiederanstellung aus dem Dienste geschiedener Kirchenbeamten.

§. 49. Zur Wiederanstellung von Kirchenbeamten, welche aus dem Kirchendienste unfreiwillig ausgeschieden sind, bedarf es der Genehmigung des Consistoriums.

Die Wiederbeilegung der Rechte des geistlichen Standes an Geistliche, welche dieselben verwirkt oder freiwillig aufgegeben haben, bleibt der obersten Kirchenbehörde vorbehalten.

VI. Predigtamtskandidaten.

§. 50. Die Disciplinarvorschriften für die Kandidaten werden durch dieses Gesetz nicht berührt.

VII. Von der Versetzung in den Ruhestand.

§. 51. Ein Kirchenbeamter, welcher in Folge eines körperlichen Gebrechens oder wegen Schwäche seiner körperlichen oder geistigen Kräfte zu der Erfüllung seiner Amtspflichten dauernd unfähig ist, soll in den Ruhestand versetzt werden.

Der Anspruch auf Ruhegehalt richtet sich nach den darüber erlassenen besonderen Vorschriften.

§. 52. Sucht der Beamte im Falle des §. 51 seine Versetzung in den Ruhestand nicht nach, so wird ihm von dem vorgesetzten Consistorium unter Angabe des ihm zu gewährenden Ruhegehalts und der Gründe der Emeritirung eröffnet, daß der Fall seiner Versetzung in den Ruhestand vorliege.

Wenn der Beamte gegen diese Eröffnung innerhalb sechs Wochen keine Einwendung erhoben hat, so wird gegen ihn in derselben Weise verfügt, als wenn er selbst um seine Versetzung in den Ruhestand nachgesucht hätte.

§. 53. Werden von dem Beamten gegen die Versetzung in den Ruhestand innerhalb der im §. 52 Abs. 2 erwähnten Frist Einwendungen erhoben, so ist darüber vom Consistorium zu entscheiden.

Zur Erörterung streitiger Thatsachen, welche für die Entscheidung erheblich sind, hat das Consistorium einen Untersuchungs-Kommissar zu bestellen.

Auf das Verfahren vor dem letzteren finden die Vor-

schriften der §§. 23 Abs. 2 bis 4 und 27 Abs. 2 und 3 ent=
sprechende Anwendung.

Ausfertigung der Entscheidung des Consistoriums, welche
mit Gründen versehen sein muß, ist dem Betheiligten zuzustellen.

§. 54. Gegen die Entscheidung des Consistoriums steht
dem Beamten innerhalb einer Frist von vier Wochen nach Zu=
stellung der Entscheidung die Berufung an den Evangelischen
Ober=Kirchenrath zu.

Der Evangelische Ober=Kirchenrath entscheidet, geeigneten=
falls nach Anordnung weiterer thatsächlicher Ermittelungen,
endgültig.

Des Berufungsrechtes ungeachtet kann dem Beamten von
dem Consistorium sofort die Ausübung der Amtsverrichtungen
vorläufig untersagt werden.

§. 55. Die baaren Auslagen für die durch unbegründeten
Widerspruch des Beamten veranlaßten Ermittelungen sind dem=
selben zur Last zu legen.

Der Anspruch auf das bisherige volle Amtseinkommen
währt bis zum Ablauf des Kalendervierteljahres, welches auf
dasjenige folgt, in welchem dem Beamten die Verfügung (§. 52
Abs. 2) beziehungsweise die Entscheidung (§. 53) des Con=
sistoriums zugestellt worden ist.

VIII. Von der Beiordnung eines Amtsgehülfen.

§. 56. Einem Kirchenbeamten kann ein Amtsgehülfe bei=
geordnet werden, wenn er aus einem der im §. 51 angeführten
Gründe nicht mehr im Stande ist, seinem Amte vollständig
vorzustehen, ohne gleichwohl zur Erfüllung seiner Amtspflichten
dauernd völlig unfähig zu sein.

Die Vertheilung der Geschäfte zwischen dem Beamten und
seinem Gehülfen hat das Consistorium zu bestimmen.

Das dem Amtsgehülfen aus den Einkünften des Amts
zu gewährende Gehalt ist von dem Consistorium nach Anhörung
des betheiligten Beamten, des Patronats, und des Gemeinde=
Kirchenrathes (Presbyteriums) in einem gewissen Betrage an
Geld oder Naturalien festzustellen.

Auf das Verfahren finden die Bestimmungen der §§. 52
bis 55 entsprechende Anwendung.

Soll dem Amtsgehülfen die Nachfolge in das Amt zugesichert werden, so bedarf es daneben der Beobachtung der für die Verleihung des Amtes selbst maßgebenden Vorschriften.

IX. Allgemeine und Uebergangs-Bestimmungen.

§. 57. Die nach den Bestimmungen dieses Gesetzes erfolgenden Aufforderungen, Mittheilungen, Zustellungen und Vorladungen sind gültig und bewirken den Lauf der Fristen, wenn sie unter Beobachtung der für gerichtliche Zustellungen in Strafsachen vorgeschriebenen Formen Demjenigen, an den sie ergehen, zugestellt sind.

Die vereideten Verwaltungs-Beamten haben dabei den Glauben der Gerichtsvollzieher.

Hat der Angeschuldigte seinen dienstlichen Wohnsitz ohne Genehmigung der vorgesetzten Behörde verlassen, so kann die Zustellung auch in seiner letzten Wohnung an dem dienstlichen Wohnorte erfolgen.

Die Vorschriften der Strafgesetze sind auch für die Berechnung des Fristenlaufes maßgebend.

§. 58. Alle diesem Gesetze entgegenstehenden kirchlichen Vorschriften werden aufgehoben.

Dagegen wird durch dasselbe die Befugniß der Aufsichtsbehörden, im Aufsichtswege Beschwerden Abhülfe zu schaffen oder Beamte zur Erfüllung ihrer Pflichten in einzelnen Sachen anzuhalten und dabei Alles zu thun, wozu sie nach den bestehenden Gesetzen ermächtigt sind, nicht geändert.

Die zur Ausführung von §. 128 Zusatz 38 der Rheinisch-Westfälischen Kirchen-Ordnung von 1835 erlassenen Regulative für Westfalen vom 14. April 1855 und für die Rheinprovinz vom 30. Juni 1857 bleiben in Geltung.

Den Gräflich Stolberg'schen Consistorien bleiben die Rechte der Provinzial-Consistorien in Disciplinarsachen unter den in dem Erlaß vom 30. Dezember 1874 (Ges.-S. 1875 S. 2) getroffenen Beschränkungen gewahrt.

§. 59. Die Vorschriften der Rheinisch-Westfälischen Kirchen-Ordnung von 1835 über die Zulässigkeit von Suspension als Disciplinarstrafe und über die Befugniß des Moderamens der Kreis-Synode zur Ertheilung von Verweisen bleiben bis auf Weiteres in Geltung.

Die Aufhebung derselben erfolgt, sobald solche von beiden Provinzial-Synoden für Rheinland und Westfalen oder von einer derselben beschlossen wird, durch landesherrliche Verordnung, welche in der dem §. 6 der General-Synodal-Ordnung entsprechenden Form zu verkünden ist.

Urkundlich 2c.

14) Bestimmungen über die Beaufsichtigung der Candidaten des evangelischen Predigtamtes in der Rheinprovinz.

§. 1. Jeder evangelische Studiosus theologiae tritt nach Vollendung seiner akademischen Studien unter kirchliche Aufsicht (Kirchenordnung §. 37b, §. 38, 2). Er hat sich daher binnen vier Wochen bei seinem Ortspfarrer und bei dem Superintendenten seiner Synode persönlich zu melden und unter Einreichung

1) seines Lebenslaufes in lateinischer Sprache, welcher über alle wesentlichen Punkte, namentlich auch über seine Eltern, deren Stand und Wohnort, Auskunft zu geben hat, und der erforderlichen Zeugnisse — nämlich

2) seines Taufscheines,

3) seines Confirmationsscheines,

4) seines Abiturientenzeugnisses,

5) der akademischen Abgangszeugnisse, aus denen hervorgehen muß, daß der Betreffende drei Jahre auf einer deutschen, und hiervon 1½ Jahre auf einer preußischen Universität Theologie studirt hat,

6) des Militär-Attestes (des Berechtigungsscheines zum einjährigen Dienste, resp. des Ersatzreservepasses, des Landsturms- oder des Ausmusterungs-Scheines und, wenn der einjährige Militärdienst bereits zurückgelegt ist, des militärischen Führungs-Attestes) und

7) des Kirchenzeugnisses aus der Zeit der akademischen Studien, sowie

8) seiner Erklärung über den Beitritt zur Union der evangelischen Kirchen —

durch den Superintendenten bei dem Consistorium auf seine Prüfung pro licentia concionandi in dem nächsten nach sechs Monaten eintretenden Prüfungstermine anzutragen.

Von den Zeugnissen unter 2 bis 6 sind gleichzeitig Abschriften einzureichen, deren Uebereinstimmung mit dem Originale der Superintendent in seinem Begleitberichte bescheinigen, und die Originale dem Interessenten zurückgeben wolle.

Wer seine Prüfung länger ausgesetzt zu sehen wünscht, hat die Gründe für diesen Wunsch dem Superintendenten anzugeben, damit auf den Bericht desselben von uns darüber entschieden werde.

§. 2. Nach bestandener Prüfung pro licentia ist jeder Candidat der besonderen Aufsicht seines Superintendenten unterworfen und demselben hinsichtlich seiner Studien, seiner praktisch-kirchlichen Thätigkeit und seines Wandels Rechenschaft schuldig. Er hat sich daher in persönlicher Verbindung mit ihm zu erhalten, dessen Belehrungen und Ermahnungen zu beachten, den von ihm ergehenden Einladungen und Aufforderungen zum Predigen und Katechisiren sowohl bei Vacanzen als auch in anderen Fällen Folge zu leisten, sich an den etwa eingerichteten Candidaten-Conferenzen nach Möglichkeit zu betheiligen, und, wenn ihm dieses gestattet wird, den Verhandlungen seiner Kreis-Synode beizuwohnen. (Kirchenordnung § 55a, § 56a, b, c, §. 59, 1, 2). Auch mit seinem Ortspfarrer hat sich der Candidat in das gebührende Verhältniß zu setzen und denselben nach Kräften im Dienste der Gemeinde zu unterstützen.

§. 3. Jeder Candidat ist verpflichtet, von jeder Veränderung seines Wohnorts seinem Superintendenten unverzüglich Anzeige zu machen. Nimmt er seinen Wohnsitz in einem andern Synodalkreise, so hat er dieses alsbald auch demjenigen Superintendenten, unter dessen Aufsicht er damit tritt, unter Vorlegung seiner Zeugnisse anzuzeigen. Er darf von den durch diese Zeugnisse ihm verliehenen Rechten erst dann Gebrauch machen, wenn er diesen Bestimmungen genügt hat. Von dem Ausscheiden eines Candidaten aus seinem Synodal-Kreise hat jeder Superintendent uns alsbald in Kenntniß zu setzen. (cfr. Verf. v. 15. Dezb. 1876, Kirchl. Amtsblatt 1876 Nr. 24.)

Diejenigen Candidaten der Rheinprovinz, welche sich zeitweise außerhalb des Verwaltungsgebietes des Evangelischen

Ober-Kirchenrathes aufhalten, bleiben unter der Aufsicht ihres bisherigen Superintendenten.

§. 4. Wenn Candidaten aus anderen, zum Verwaltungs-gebiete des Evangelischen Ober-Kirchenrathes gehörigen Provin-zen sich in der Rheinprovinz niederlassen, so haben sie dem Superintendenten ihres neuen Wohnortes ihre Zeugnisse und einen Lebenslauf einzureichen und, wenn irgend möglich, sich ihm persönlich vorzustellen.

Candidaten, die aus einer nicht zum Gebiete des Evan-gelischen Ober-Kirchenrathes gehörigen Provinz oder aus einem andern deutschen Staate in die Rheinprovinz kommen und innerhalb derselben kirchliche Funktionen irgend welcher Art ausüben wollen, müssen sich zuvor gleichfalls bei dem bezüg-lichen Superintendenten unter Vorlegung eines Lebenslaufes und ihrer Zeugnisse, wenn irgend möglich, persönlich melden und durch denselben die erforderliche Erlaubniß bei uns nachsuchen.

Die Candidaten beider Kategorien treten, wenn sie zu kirchlichen Funktionen zugelassen sind, in dieselben Verpflich-tungen, wie die Candidaten der Rheinprovinz.

§. 5. Jeder Candidat hat zwischen der Prüfung pro licentia und der pro ministerio einen sechswöchentlichen Kursus an einem Preußischen evangelischen Schullehrerseminar zu absolviren. Die Bestimmungen hierüber sind im Kirchl. Amtsblatte de 1889 Seite 58 veröffent-licht und werden außerdem den Zeugnissen über die bestandene Prüfung pro licentia jedesmal bei-gefügt.

Sind Candidaten von dieser Verpflichtung gemäß §. 1 der gedachten Vorschriften dispensirt, so haben sie dies durch Vorlegung der betreffenden Atteste nachzuweisen.

§. 6. Die Meldung zur Prüfung pro ministerio hat 12 Monate nach Absolvirung der Prüfung pro licentia zu geschehen. Zu derselben ist erforderlich:

1) Das Zeugniß über die bestandene Prüfung pro licen-tia, wenn diese nicht vor der diesseitigen Kommission abge-legt worden,

2) eine Darstellung des Lebens- und Studienganges seit Ab-legung der Prüfung pro licentia in deutscher Sprache,

3) ein von dem Pfarrer des Wohnortes des Candidaten

auszustellendes und von dem Superintendenten mit seiner
Aeußerung zu versehendes Kirchen= und Führungszeugniß,

4) der Nachweis über die Militär=Verhältnisse des Can=
didaten (cfr. §. 1, 6), eventuell die ausdrückliche Erklä=
rung, daß seit der Meldung zu der vor der diesseitigen
Commission abgelegten Prüfung pro licentia eine
Aenderung in denselben nicht eingetreten ist.

Von Candidaten aus anderen Provinzen sind außer dem
ad 1 genannten Zeugnisse auch noch die übrigen für die Prü=
fung pro licentia erforderlichen, hier nicht aufgeführten Zeug=
nisse (cfr. §. 1) in Abschrift einzureichen, deren Uebereinstim=
mung mit dem Originale der Superintendent im Begleitbe=
richte zu bescheinigen hat.

§. 7. Jeder pro licentia oder auch pro ministerio
geprüfte Candidat ist gehalten:

1) einmal jährlich vor seinem Superintendenten oder vor
einem von demselben hierfür beauftragten Pfarrer zu
predigen und zu katechisiren und demselben auf Ver=
langen die gehaltene Predigt einzureichen,

2) jährlich eine theologische Abhandlung in deutscher oder
lateinischer Sprache anzufertigen über einen Gegenstand,
über dessen Wahl der Candidat in der ersten Hälfte des
Jahres mit seinem Superintendenten sich zu verständigen
hat, und dieselbe bis Mitte Dezember diesem einzu=
reichen,

3) gleichzeitig demselben Bericht zu erstatten über den Gang
seiner Studien und seiner praktisch=kirchlichen Thätigkeit
während des betreffenden Jahres,

4) ein Zeugniß seines Ortspfarrers vorzulegen.

§. 8. Der Superintendent ist ermächtigt, die in §. 7, 2
bezeichnete theologische Abhandlung solchen Candidaten zu er=
lassen, welche in dem betreffenden Jahre eine theologische oder
eine andere wissenschaftliche Prüfung oder die dazu erforder=
lichen schriftlichen Arbeiten machen.

Sollte der Superintendent noch aus anderen Gründen
die ausnahmsweise Erlassung der theologischen Abhandlung
für zweckmäßig halten, so hat er bis zum Schlusse des ersten
Halbjahres bei dem Consistorium darauf anzutragen.

Die Bestimmungen der §§. 7 und 8 finden auf Candi=

daten, die sich in anderweitigen festen amtlichen Stellungen befinden, keine Anwendung.

§. 9. Jeder Superintendent wird jährlich im Monate
Januar über die Beaufsichtigung der Candidaten seiner Synode
im verflossenen Jahre an das Consistorium als Anlage des
Verwaltungsberichtes einen Bericht einsenden, in welchem er
sich über die wissenschaftliche und praktische Tüchtigkeit, über
den Studiengang und den Inhalt und Werth der Leistungen
eines jeden einzelnen, seiner Aufsicht unterstellten Candidaten
ausspricht, sowie die praktisch-kirchliche Beschäftigung desselben kurz
angiebt. Hat er einem Candidaten die theologische Abhandlung des Jahres erlassen, so sind die Gründe, aus welchen
das geschehen, mitzutheilen.

Diesem Berichte, welcher auch in Form der bisher üblichen tabellarischen Uebersicht erstattet werden kann, sind sämmtliche theologischen Abhandlungen der wahlfähigen Candidaten
und der etwa während des letzten Jahres zuerst unter unsere
Aufsicht getretenen fremden Candidaten (§. 4) beizufügen. In
Bezug auf letztere ist auch des Candidaten Name, Geburtstag,
Geburtsort, Beschäftigung und Aufenthaltsort, sowie Datum
und Resultat seiner Prüfungszeugnisse anzugeben.

§. 10. Sollten die im §. 7 angegebenen Obliegenheiten
nicht vorschriftsmäßig erfüllt werden oder der Inhalt der an-
gefertigten Arbeiten oder des Zeugnisses über Tüchtigkeit und
Wandel eines Candidaten nicht befriedigen, so behält sich das
Consistorium vor, eventuell einen solchen zu einem Colloquium
zu berufen, von dessen Ausfall die Fortdauer der Prediger-
laubniß, beziehungsweise der Wahlfähigkeit abhängig sein wird.

§. 11. Was die militärische Dienstpflicht der Theologen
betrifft, so machen wir darauf aufmerksam, daß die frühere
relative Befreiung von derselben durch das Reichs-Militär-Ge-
setz vom 2. Mai 1874 aufgehört hat, da nach §. 22 die Zu-
rückstellung oder Befreiung ganzer Berufsklassen unzulässig ist.
Die Theologen sind daher gleich allen übrigen Staatsange-
hörigen der militärischen Dienstpflicht unterworfen und haben
die dahin gehörigen Bestimmungen, namentlich auch in Betreff der Meldung zum einjährig-freiwilligen Militärdienst,
sorgfältig zu beachten. Die Ordination kann ihnen erst ertheilt
und ein Predigtamt definitiv übertragen werden, wenn sie nach-

gewiesen haben, daß sie ihrer activen Militärpflicht Genüge geleistet, beziehungsweise von derselben entbunden worden sind.

Mit der definitiven Uebertragung eines geistlichen Amtes hört jedoch ihre Heranziehung zum Dienst mit der Waffe auf, im Falle des Bedarfs werden sie im Dienst der Kranken= pflege und Seelsorge verwendet. Die einschlägigen Bestim= mungen über die Militärdienstpflicht finden sich in einem Aus= zuge zusammengestellt in unserm Kirchlichen Amtsblatte von 1889, Seite 48 ff.

§. 12. Es ist noch in Erinnerung zu bringen, daß geeigneten Predigtamts-Candidaten Gelegenheit zu weiterer wissenschaftlicher und praktischer Ausbildung geboten wird durch das Prediger= Seminar zu Wittenberg und das Domcandidaten=Stift zu Ber= lin. Wegen der Aufnahme=Bedingungen haben sich die Bewer= ber zunächst an ihre Superintendenten zu wenden.

Außerdem machen wir auf das für die praktische Vorbil= dung der Candidaten zum geistlichen Amte eingerichtete Vica= riat aufmerksam. (cfr. unsere Verfügungen vom 7. Juni 1888, Kirchl. Amtsblatt S. 61 und vom 3. Mai 1890, Kirchl. Amtsblatt S. 54.)

§. 13. Schließlich sprechen wir unter Hinweis auf unsere Verfügung vom 21. October 1882 C. Nr. 9042 (Kirchl. Amtsblatt 1882 S. 87) die Erwartung aus, daß kein Stu= diosus oder Candidat der Theologie Verpflichtungen, welche ihn auf längere Zeit dem Dienste der Kirche entziehen, eingehen wird, ohne uns vorher davon Mittheilung gemacht zu haben. Wir hoffen, daß die Candidaten in richtiger Würdigung der vorliegenden großen Aufgaben, welche die Mitwirkung aller vorhandenen geeigneten Kräfte erheischen, sich an den Arbeiten der inneren Mission (z. B. Jünglings=Vereine, Sonntagsschulen, Gemeindebibliotheken, Lesezirkel u. s. w.), so weit ihre Lebens= verhältnisse es ihnen gestatten, gern betheiligen werden, theils um dadurch für eine künftige pastorale Wirksamkeit desto tüch= tiger zu werden, theils um schon während ihres Candidaten standes in freiwilliger Weise nach Kräften der Förderung des Reiches Gottes zu dienen.

Coblenz, den 10. Juni 1890.

Königliches Consistorium.

III. Kirchenvermögen.

15) Reglement für den rheinischen Emeritenfonds, bestätigt durch A.K.O. vom 6. März 1865.

Mit den von der XVI. Rhein. Synode beschlossenen Aenderungen
der §§. 3. 4. 5. 6. 10. 11.

Um den evangelischen Geistlichen der Rheinprovinz bei
ihrem Rücktritte aus dem Dienste der Kirche die Gewährung
eines angemessenen Zuschusses zu dem gesetzlichen Ruhegehalt
zu vermitteln, wird auf den Antrag des Königlichen Provinzial=
Consistoriums zu Coblenz und im Einverständniß mit dem
Evangelischen Ober=Kirchenrath vom 1. Juli 1865 ab ein be=
sonderer Fonds (mit dem Rechte einer juristischen Person
zu Coblenz) unter nachstehenden Maßnahmen gebildet.

§. 1. Der gedachte Fonds hat den Zweck, sämmtlichen
Geistlichen der in §. 2 bezeichneten Kategorie bei ihrer ehren=
vollen Emeritirung, wenn sie nach tabelloser Amtsführung Alters=,
Krankheits= oder Schwachheitshalber mit hinreichendem, von der
Oberaufsichtsbehörde anerkanntem Grunde in den Ruhestand ver=
setzt worden sind, einen lebenslänglich zu beziehenden Zuschuß
zu dem ihnen gesetzlich aus dem Einkommen ihrer Pfarrstelle
zustehenden Emeritengehalte zu gewähren.

In allen übrigen Fällen der Niederlegung des Amtes oder
der Entziehung desselben tritt das Anrecht an den Unterstützungs=
fonds nicht ein, abgesehen davon, ob solche Geistliche die Hälfte
oder einen sonstigen Theil von ihrem ehemaligen Pfarreinkommen
behalten oder nicht.

§. 2. Zur Theilnahme an dem Unterstützungsfonds sind
alle in der Rheinprovinz in der pfarramtlichen Seelsorge un=
widerruflich, wenn auch als Pfarrverweser oder Gehülfen des
eigentlichen Pfarrers zur Zeit angestellten ordinirten Geistlichen
der evangelischen Landeskirche berechtigt, alle von jetzt ab anzu=

stellenden ordinirten Geistlichen der gedachten Kategorie dagegen verpflichtet, beides jedoch nur, sofern mit ihrer geistlichen Stelle, sie mag ein Haupt= oder Nebenamt sein, ein festes Einkommen verknüpft ist und sie das Recht haben, bei ihrer Emeritirung einen Antheil von dem Einkommen ihrer Stelle zu erhalten.

Ist mit dem geistlichen Amte ein Schulamt verbunden, oder bekleidet ein Militärgeistlicher zugleich ein Civil=Pfarramt, so findet die Verpflichtung zum Beitritt eben so statt, wie in den Fällen, wo das geistliche Amt nicht mit einem Schulamte verbunden ist, und die laufenden Beiträge werden nach Maß= gabe des Gesammteinkommens aus beiden combinirten Stellen entrichtet.

Diejenigen zum Beitritt berechtigten Geistlichen, welche später als 1 Jahr nach erlassener Aufforderung resp. nach Con= stituirung des Instituts demselben beitreten, haben sämmtliche Beiträge nebst acht Procent Retardatzinsen nachzuzahlen und erwerben auch dadurch kein früheres Anrecht.

Nicht berechtigt und nicht verpflichtet zur Theilnahme an dem Fonds sind:

a) alle Pfarrgehülfen und Hülfsgeistlichen, welche nur wider= ruflich oder ohne festes Einkommen angestellt oder nicht ordinirt sind,

b) alle Divisions= und selbständige Garnisonsprediger, sofern dieselben nicht gleichzeitig ein Civil=Pfarramt bekleiden; desgleichen *) diejenigen Geistlichen in Gefangenen=, Kranken= und Strafanstalten ꝛc., welche nicht in den Organismus der Provinzialkirche aufgenommen sind.

§. 3. Der Betrag des von dem Unterstützungsfonds zu gewährenden Zuschusses ist für alle empfangsberechtigten Emeriten gleich **). Er wird mit den im §. 4 et seq. enthaltenen Mo= dalitäten vom 1. Januar 1878 ab auf jährlich 500 Mark festgestellt (cfr. §. 16).

§. 4. Die Bestimmungen des §. 4 des Reglements vom 1. März 1865 treten außer Anwendung und erhalten vom 1. Januar 1878 ab auch die vor vollendetem fünften Jahre

---

*) Durch Synod. rhen. XVIII. Beschl. 59 Abänderung be= antragt.

**) Durch Synod. rhen. XVIII. Beschl. 60 Abänderung be= antragt.

nach Errichtung des Fonds emeritirten Geistlichen den vollen Zuschuß von 500 Mark.

§. 5. Sollten in einem Jahre mehr als 24 emeritirte Geistliche vorhanden sein, so behalten zwar die zuerst emeritirten 24 Geistlichen den vollen Zuschuß von jährlich 500 Mark, die zu dieser Zahl später hinzugekommenen haben aber hierauf keinen Anspruch, sondern nur auf einen solchen Zuschuß, welchen der Fonds nach dem Ermessen des Königlichen Consistoriums zu tragen vermögend ist. Sie rücken aber der Reihe nach, und zwar in der Zeitfolge ihrer Emeritirung in die vacant gewordenen Stellen ein und erhalten auch eine Entschädigung, wenn bei ihrem Leben die Zahl der vollen Zuschußzahlungen wieder unter 24 sinkt. Den Betrag dieser Entschädigungen bestimmt das Königliche Consistorium.

§. 6. Die Zahlung des Zuschusses erfolgt vierteljährlich pränumerando nach den Kalenderquartalen. Geschieht die Emeritirung im Laufe eines Quartals, so wird der Zuschuß vom Tage des Eintritts in den Ruhestand ab gewährt. Stirbt ein Emeritus während des Quartals, so verbleibt der bereits empfangene Betrag den Erben desselben.

§. 7. Der Verlust des Emeritengehaltes zieht den Verlust des Zuschusses nach sich. Sollte ein Emeritus in einem öffentlichen Amte wieder angestellt werden, so verbleibt ihm der Zuschuß nur insoweit, als das Einkommen der neuen Stelle mit dem Emeritengehalte und den Zuschüssen zusammengenommen sein früheres, bei der Emeritirung zum Grunde gelegtes Diensteinkommen nicht übersteigt.

§. 8. Wenn ein Emeritus seinen Aufenthaltsort im Auslande wählt, so muß die Genehmigung zur Verabfolgung des Zuschusses dorthin bei dem Königlichen Consistorium nachgesucht werden.

§. 9. Die Einnahmen des Fonds sind:

a) die Beiträge der Geistlichen;

b) die Zinsen aus dem Reservefonds, der aus den Ueberschüssen gebildet wird;

c) der Ertrag der von der Rheinischen Provinzial=Synode dem Fonds zugewendeten fortlaufenden Beisteuer, einschließlich des bisher daraus gebildeten Kapitals; ferner Erbschaften, Schenkungen, Vermächtnisse und sonstige Zuwendungen in den gesetzlichen Schranken;

d) Zuschüsse aus Staatsfonds, deren Zurückziehung bei fort=
fallendem Bedürfniß vorbehalten ist.

§. 10. Die laufenden jährlichen Beiträge bestehen in einem
Procent des Diensteinkommens.

Zum Diensteinkommen werden in dieser Beziehung außer
dem eigentlichen Stelleneinkommen auch die persönlichen, dauernd
oder auf mehrere Jahre bewilligten Zulagen gerechnet, dagegen
bleiben Remunerationen für nicht dauernd übertragene Neben=
ämter außer Ansatz. Ist eine Amtswohnung nicht vorhanden
und wird auch eine Miethsentschädigung nicht gewährt, so
werden 15 Procent des Einkommens als Wohnungs=Aequivalent
angesehen und uneingeschätzt gelassen.

Beiträge des Diensteinkommens unter 100 Mk. werden nicht
gerechnet. Demnach ist z. B. der Beitrag von einem Dienst=
einkommen von 2000 bis incl. 2099 Mk. 99 Pf. 20 Mk.,
von 2100 bis incl. 2199 Mk. 99 Pf. – 21 Mk.

Die laufenden Beiträge werden vierteljährlich pränume=
rando am 2. Januar, 1. April, 1. Juli und 1. October ge=
zahlt. Die Festsetzung des Betrages erfolgt durch das Königliche
Consistorium.

§. 11. Die Beiträge werden bei Pfarrvacanzen ohne ein
Gnadenjahr nach dem Stelleneinkommen berechnet und aus den
Revenüen der Pfarre fortgezahlt, fallen aber bei Vacanzen mit
einem Gnadenjahre weg. Desgleichen zahlt sie der Substitut
oder Adjunct von seinem Diensteinkommen, insofern derselbe
überhaupt berechtigt und verpflichtet ist, dem Emeritenfonds
beizutreten.

Beiträge der Emeriten von ihrem Emeritengehalte werden
vom 1. Januar 1878 ab nicht mehr erhoben.

§. 12. Geistliche, welche nach §. 1 ihres Amtes entlassen
werden (Strafemeritirung), oder, ohne ehrenvoll emeritirt zu
werden, ihr Amt aufgeben, können die Erstattung ihrer bis
dahin geleisteten Beiträge nicht fordern.

§. 13. Eine Nachzahlung von Beiträgen von früher in
anderen Provinzen und Verhältnissen (§. 2) angestellten Geist=
lichen, welche durch ihre neue Anstellung zum Unterstützungs=
fonds berechtigt und verpflichtet werden, findet nicht statt.

§. 14. Das Königliche Consistorium der Provinz führt
die Direction und Verwaltung des Fonds und vertritt die An=

ftalt nach Außen, namentlich bei dem Erwerbe, der Verwaltung und Veräußerung von Grundstücken. Dasselbe ist aber verpflichtet, in jeder Versammlung der Provinzial=Synode von dem Stande des Instituts eine vollständige Uebersicht zu geben.

§. 15. Gegen die Verfügungen des Königlichen Consistoriums steht den Betheiligten die Beschwerde bei dem unterzeichneten Minister der geistlichen, Unterrichts= und Medicinal=Angelegenheiten offen.

§. 16. Der Direction des Fonds bleibt vorbehalten, die Rechnungsunterlagen des gegenwärtigen Reglements von Zeit zu Zeit einer Prüfung von Sachverständigen zu unterwerfen und nach deren Ergebniß bei allen demnächst eintretenden Emeritirungen den Betrag des zu gewährenden Pensionszuschusses insoweit zu ermäßigen oder zu erhöhen, als es nach dem Urtheile der Sachverständigen zur Erhaltung der Leistungsfähigkeit des Fonds erforderlich resp. zulässig ist.

§. 17. Abänderungen dieses Statutes bedürfen der Zustimmung der Provinzial=Synode.

--- --- ---

16) Reglement für den westfälischen Emeritenfonds, bestätigt durch A.K.O. vom 8. Juli 1865.

Um den evangelischen Geistlichen der Provinz Westfalen bei ihrem Rücktritte aus dem Dienste der Kirche die Gewährung eines angemessenen Zuschusses zu dem gesetzlichen Ruhegehalt zu vermitteln, wird nach vorgängiger Verhandlung mit der Westfälischen Provinzial=Synode, auf den Antrag des Consistoriums zu Münster und im Einverständnisse mit dem Evangelischen Ober=Kirchenrath vom 1. October 1865 ab ein besonderer Fonds unter nachstehenden Maßnahmen gebildet.

§. 1. Der Fonds hat den Zweck, sämmtlichen Geistlichen der im §. 2 bezeichneten Kategorie bei ehrenvoller Emeritirung, wenn sie nach tadelloser Amtsführung Alters=, Krankheits= oder Schwachheitshalber mit hinreichendem, von der Ober=Aufsichtsbehörde anerkanntem Grunde in den Ruhestand versetzt worden sind, einen lebenslänglich zu beziehenden Zuschuß zu dem ihnen gesetzlich aus dem Einkommen ihrer Pfarrstelle zustehenden Emeritengehalt zu gewähren.

Wird ein Geistlicher nur theilweise emeritirt, und ihm ein Substitut oder Adjunct mit dem Rechte der Nachfolge beigeordnet, so kann, namentlich wenn er einem solchen wenigstens die Hälfte seines Diensteinkommens abzugeben hat, durch Beschluß des Königlichen Consistoriums ihm der völlige oder theilweise Genuß des Emeritenzuschusses aus dem Fonds gleichermaßen bewilligt werden.

In allen übrigen Fällen der Niederlegung des Amtes oder der Entziehung desselben tritt das Anrecht an den Unterstützungsfonds nicht ein, ohne Unterschied, ob solche Geistliche die Hälfte oder einen sonstigen Theil von ihrem ehemaligen Pfarreinkommen behalten oder nicht.

§. 2. Zur Theilnahme an dem Unterstützungsfonds sind alle diejenigen ordinirten Geistlichen der evangelischen Landeskirche verpflichtet, welche nach Publication dieses Reglements innerhalb der Provinz Westfalen in der pfarramtlichen Seelsorge unwiderruflich, wenn auch als Pfarrverweser oder als Gehülfen der Pfarrer angestellt werden, sofern mit ihrer geistlichen Stelle, sie mag ein Haupt= oder Nebenamt sein, ein festes Einkommen verknüpft ist und sie das Recht haben, bei ihrer Emeritirung einen Antheil von dem Einkommen ihrer Stelle zu erheben; desgleichen diejenigen, welche durch Versetzung innerhalb der Provinz oder aus anderen Provinzen in eine solche Stelle neu eintreten; endlich alle schon früher angestellten Geistlichen derselben Kategorie, welchen bei ihrer Anstellung die Verpflichtung zum Beitritte zu dem Emeriten=Unterstützungsfonds vocationsmäßig auferlegt worden ist.

Berechtigt, jedoch nicht verpflichtet zum Beitritt sind alle diejenigen Geistlichen, welche schon zur Zeit des Erlasses dieses Reglements und ohne vocationsmäßige Verpflichtung zum Beitritt fest angestellt sind, so lange sie in dieser Stelle verbleiben. Diejenigen zum Beitritte berechtigten Geistlichen, welche später als ein Jahr nach erfolgter Einrichtung des Fonds demselben beitreten, haben sämmtliche Beiträge nebst fünf Prozent Zinsen nachzuzahlen.

Nicht berechtigt und nicht verpflichtet zur Theilnahme an dem Fonds sind:

a) alle Pfarrgehülfen und Hülfsgeistlichen, welche nur wider=
ruflich oder ohne festes Einkommen angestellt oder nicht
ordinirt sind;

b) alle Divisions= und selbständige Garnisonsprediger, des=
gleichen diejenigen Geistlichen an Gefangenen=, Kranken=
und Strafanstalten ꝛc., welche im Fall einer ehrenvollen
Emeritirung aus anderen Fonds die ihnen zustehenden
Pensionen beziehen.

§. 3. Der Betrag des von dem Unterstützungsfonds zu
gewährenden Zuschusses ist für alle empfangsberechtigten Emeri=
tirten gleich. Er wird einstweilen mit den im §. 4 seq. auf=
gestellten Modalitäten auf jährlich 100 Thlr. festgestellt.

Für den Fall, daß der Fonds künftig als zu höheren
Zahlungen im Stande sich erweisen sollte, wird eine angemessene
Erhöhung dieses Zuschusses vorbehalten.

§. 4. Der volle Betrag dieses Zuschusses kann erst solchen
Geistlichen gewährt werden, welche im Laufe des sechsten Jahres
nach Errichtung des Fonds und später emeritirt werden. Die
den früher emeritirten Geistlichen gebührenden Beträge werden
nach Fünfteln abgestuft. Erfolgt die Emeritirung vor Vollen=
dung des ersten Beitrittsjahres, so erhalten sie nichts.

Dagegen erhalten sie:

nach Vollendung ihres ersten Beitrittsjahres ein Fünftel,
nämlich . . . . 20 Thlr.
nach Vollendung des zweiten Beitrittsjahres zwei Fünftel,
nämlich . . . . 40 „
nach Vollendung des dritten Beitrittsjahres drei Fünftel,
nämlich . . . . 60 „
nach Vollendung des vierten Beitrittsjahres vier Fünftel,
nämlich . . . . 80 „
nach Vollendung des fünften Beitrittsjahres fünf Fünftel,
nämlich . . . . 100 „
jährlich auf Lebenszeit, unter Vorbehalt derjenigen Verringerung
dieser Sätze, welche aus der im §. 5 enthaltenen Bestimmung
hervorgehen kann.

§. 5. Sollten in einem Jahre so viele Emeriten vorhanden
sein, daß die zur Bestreitung der Zuschußzahlungen disponiblen
Summen dazu nicht ausreichen, so sollen sämmtliche Emeriten
sich an dem ihnen zustehenden Zuschuß (§. 3) einen nach der

Höhe des letzteren ratirlich zu berechnenden gleichmäßigen Abzug
gefallen lassen müssen, wofür ihnen natürlich eine Entschädigung
zu Theil werden soll, wenn bei ihren Lebzeiten die Verhältnisse
der Anstalt derartig werden, daß nach Befriedigung der sämmt=
lichen Emeriten ein Ueberschuß bleibt.

Den Betrag dieser Entschädigung bestimmt das Königliche
Consistorium.

§. 6. Die Zahlung des Zuschusses erfolgt vierteljährlich
pränumerando nach den Kalenderquartalen.

§. 7. Der Verlust des Emeritengehaltes zieht den Verlust
des Zuschusses nach sich.

Sollte ein Emeritus in einem öffentlichen Amte wieder
angestellt werden, so verbleibt ihm der Zuschuß nur insoweit,
als das Einkommen der neuen Stelle mit dem Emeritengehalte
und dem Zuschusse zusammengenommen sein früheres bei der
Emeritirung zu Grunde gelegtes Diensteinkommen nicht über=
steigt.

§. 8. Wenn ein Emeritus seinen Aufenthalt im Auslande
wählt, so muß die Genehmigung zur Verabfolgung des Zu=
schusses dorthin bei dem Königlichen Consistorium nachgesucht
werden.

§. 9. Die Einnahmen des Fonds sind:

a) die Beiträge der Geistlichen,

b) die Zinsen aus dem Reservefonds, der aus den Ueber=
schüssen gebildet wird,

c) der Ertrag von Erbschaften, Schenkungen, Vermächtnissen
und sonstigen Zuwendungen in den gesetzlichen Schranken.

§. 10. Die laufenden jährlichen Beiträge bestehen in Einem
Prozent des Diensteinkommens. Hierbei werden Beträge des Dienst=
einkommens unter 50 Thlr. nicht gerechnet. Demnach ist z. B.
der Beitrag von einem Diensteinkommen von 350 Thlr. bis
399 Thlr. = 3½ Thlr., von 400 bis 449 Thlr. = 4 Thlr.
Die laufenden Beiträge werden vierteljährlich pränumerando am
1. Januar, 1. April, 1. Juli und 1. Oktober gezahlt. Die Fest=
setzung des Beitrages erfolgt durch das Königliche Consistorium.

Das Rechnungswesen der Anstalt wird durch eine besondere
Instruction geregelt.

§. 11. Die Verpflichtung zur Zahlung der Beiträge von
einer Stelle während der bei derselben eingetretenen Vacanz, sowie

während der Gnadenzeit kann zwar nicht mit zwangsweiser Wir=
kung festgesetzt werden, doch hat in solchen Fällen das betreffende
Presbyterium auf geeignetem Wege dafür zu sorgen, daß die
Beiträge auch während der Erledigung der Stelle pünktlich ent=
richtet werden. Der Substitut oder Adjunct zahlt sie von seinem
Diensteinkommen und der Emeritus von seinem Emeritengehalt,
insoweit diese nach §. 2 an dem Fonds Theil haben.

§. 12. Geistliche, welche nach §. 1 ihres Amtes entlassen
werden (Strafemeritirung) oder, ohne ehrenvoll emeritirt zu
werden, ihr Amt aufgeben, können die Erstattung ihrer bis
dahin geleisteten Beiträge nicht fordern.

§. 13. Eine Nachzahlung von Beiträgen von früher ,in
anderen Provinzen oder Verhältnissen (§. 2 sub a und b) an=
gestellten Geistlichen, welche durch ihre neue Anstellung zum
Unterstützungsfonds verpflichtet werden, findet nicht statt.

§. 14. Das Königliche Consistorium der Provinz führt
die Direction und Verwaltung des Fonds und vertritt die An=
stalt nach Außen, namentlich bei dem Erwerbe, der Verwaltung
und Veräußerung von Grundstücken. Dasselbe legt der Pro=
vinzial=Synode bei ihrem jedesmaligen Zusammentritt die de=
chargirten Rechnungen der drei letzten Jahre zur Ansicht vor.

§. 15. Gegen die Verfügung des Königlichen Consistoriums
steht den Betheiligten die Beschwerde bei dem Minister der geist=
lichen, Unterrichts= und Medicinal=Angelegenheiten offen.

---

17) **Staatsgesetz vom 14. März 1880, betreffend die
Bestreitung der Kosten für die Bedürfnisse der Kirchen=
gemeinden in den Landestheilen des linken
Rheinufers.**

Wir, Wilhelm, von Gottes Gnaden König von Preußen ꝛc.
verordnen, mit Zustimmung beider Häuser des Landtages, für
die Landestheile des linken Rheinufers, was folgt:

§. 1. Die bürgerlichen Gemeinden sind, soweit dieses Ge=
setz nicht ein Anderes bestimmt, zur Aufbringung von Kosten
für die Bedürfnisse der Kirchengemeinden, insbesondere zur Be=
schaffung und Unterhaltung der Pfarrhäuser, nicht ferner ver=

pflichtet. Die bezüglichen, zur Zeit bestehenden Verpflichtungen der bürgerlichen Gemeinden gehen auf die Kirchengemeinden über.

Zuwendungen für die Bedürfnisse der Kirchengemeinden sind den bürgerlichen Gemeinden nur mit Genehmigung des Regierungspräsidenten gestattet.

Unberührt von den Bestimmungen dieses Gesetzes bleiben die aus privatrechtlichen Titeln entspringenden Rechte und Verpflichtungen der bürgerlichen Gemeinden.

§. 2. In das Eigenthum der betreffenden Kirchengemeinden gehen über:

a) alle bei Verkündung dieses Gesetzes den bürgerlichen Gemeinden gehörenden, ausschließlich als Pfarrwohnung dienenden Gebäude nebst den dazu gehörenden Hofräumen und Hausgärten;

b) alle bei Verkündung dieses Gesetzes den bürgerlichen Gemeinden gehörenden, kirchlichen Zwecken gewidmeten Gebäude, zu deren Beschaffung oder Unterhaltung zur Zeit nach gesetzlicher Vorschrift die bürgerlichen Gemeinden Beiträge aus ihrem Vermögen zu leisten verpflichtet sind.

§. 3. Unberührt von den Bestimmungen dieses Gesetzes bleiben die Rechtsverhältnisse in Betreff der die Kirchengebäude umgebenden freien Plätze und der Begräbnißplätze.

§. 4. Den bürgerlichen Gemeindebehörden steht die Benutzung der Kirchenglocken bei feierlichen oder festlichen Gelegenheiten, bei Unglücksfällen, oder ähnlichen Veranlassungen zu, ingleichen die Fortbenutzung der in den kirchlichen Gebäuden befindlichen, feuerpolizeilichen Zwecken dienenden Lokale.

Zur Sicherstellung und Regelung dieser Befugnisse trifft der Oberpräsident die erforderlichen Anordnungen und setzt diejenigen feierlichen und festlichen Gelegenheiten nicht kirchlichen Charakters fest, bei welchen die Kirchenglocken zu benutzen sind *).

§. 5. Die bürgerlichen Gemeinden sind zur Fortleistung derjenigen, bei Verkündung dieses Gesetzes auf ihrem Haushalt-Etat stehenden Beträge verpflichtet, welche den Kirchengemeinden bisher behufs eigener Beschaffung und Unterhaltung einer Pfarrwohnung gewährt worden sind.

Bürgerliche Gemeinden, welche die Pfarrwohnung bisher unmittelbar, aber nicht durch Hergabe eines ihnen gehörigen

---

*) S. folgenden Anhang.

und diesem Zwecke ausschließlich dienenden Gebäudes gewährt haben, bleiben zur Fortgewährung einer gleichartigen Pfarr= wohnung verpflichtet.

§. 6. Es bewendet bei den Bestimmungen im §. 1 des Gesetzes vom 14. März 1845 (Ges.S. S. 163).

Den Kirchengemeinden verbleiben alle nach den Bestim= mungen im §. 5 des Gesetzes vom 14. März 1845 ihnen zustehenden und bei Verkündung des gegenwärtigen Gesetzes bereits festgestellten Ansprüche.

§. 7. Die bürgerlichen Gemeinden sind befugt, nach vorher= gegangener sechsmonatlicher Kündigung,

1) die im §. 5 dieses Gesetzes erwähnten Leistungen,
2) die im §. 1 des Gesetzes vom 14. März 1845 erwähn= ten Leistungen, soweit sie in Zuschüssen zu den Kosten für ordentliche (jährlich wiederkehrende) kirchliche Bedürf= nisse der Kirchengemeinden bestehen,

durch Baarzahlung zum fünfundzwanzigfachen Betrage des jähr= lichen Geldwerthes der Leistung abzulösen.

§. 8. Die Kirchengemeinden sind befugt, nach vorherge= gangener sechsmonatlicher Kündigung die Ablösung der im §. 5 dieses Gesetzes erwähnten Leistungen zu verlangen. Die Ab= lösung erfolgt in diesem Falle durch Baarzahlung zum zwei= undzwanzig zweineuntelfachen Betrage des jährlichen Geldwerthes der Leistung.

§. 9. Der jährliche Geldwerth (§§. 7. 8) ist erforder= lichenfalls nach sachverständigem Ermessen festzustellen.

§. 10. Die bürgerlichen Gemeinden sind befugt, das Ab= lösungskapital (§§. 7 bis 9) in vier unmittelbar aufeinander= folgenden einjährigen Terminen zu gleichen Theilen abzutragen. Die berechtigte Kirchengemeinde ist gleichwohl nur solche Theil= zahlungen anzunehmen verbunden, welche mindestens dreihundert Mark betragen. Der jedesmalige Rückstand ist mit vier Prozent jährlich zu verzinsen.

§. 11. Geht der Antrag auf Ablösung von der Kirchen= gemeinde aus, so sind die bürgerlichen Gemeinden befugt, soweit ihre Haushaltsverhältnisse es erforderlich machen, eine Ver= längerung der im §. 10 bestimmten Zahlungstermine, sowie eine Herabsetzung der von den Kirchengemeinden anzunehmenden Mindestbeträge zu verlangen.

§. 12.   Streitigkeiten

1) über die in §§. 7 bis 11 dieses Gesetzes geregelten Rechte und Pflichten,

2) über die Frage, ob einer der im §. 1 des Gesetzes vom 14. März 1845 erwähnten Zuschüsse durch veränderte Umstände entbehrlich geworden sei,

sind, soweit nicht in den Fällen unter Ziffer 1 über die Leistungspflicht überhaupt gestritten wird, im Verwaltungsstreitverfahren zum Austrage zu bringen.

Zuständig in erster Instanz ist das Bezirksverwaltungsgericht. Bis zur Einsetzung von Bezirksverwaltungsgerichten in der Rheinprovinz sind die Verrichtungen derselben von der Rheinischen Deputation für das Heimathwesen unter der Bezeichnung „Rheinisches Verwaltungsgericht" wahrzunehmen.

§. 13.   Die Verpflichtung zu Kostenbeiträgen für kirchliche Bedürfnisse, welche in den §§. 2 und 6 des Gesetzes vom 14. März 1845 den Grundbesitzern des Pfarrbezirks, die nicht zu den Einwohnern, aber zur Konfession der betreffenden Pfarrgemeinde gehören, auferlegt ist, wird aufgehoben.

§. 14.   Die Minister des Innern und der geistlichen Angelegenheiten sind mit der Ausführung dieses Gesetzes beauftragt.

Urkundlich :c.

---

18) Verordnung des Königlich Preußi'schen Ober-Präsidenten der Rheinprovinz vom 4. Juli 1881, betreffend die Benutzung der Kirchenglocken durch die bürgerlichen Gemeindebehörden im linksrheinischen Theile der Provinz.

Auf Grund und in Ausführung des §. 4 des Gesetzes vom 14. März 1880, betreffend die Bestreitung der Kosten für die Bedürfnisse der Kirchengemeinden in den Landestheilen des linken Rheinufers, erläßt der unterzeichnete Ober-Präsident der Rheinprovinz für den linksrheinischen Theil dieser Provinz nachstehende Verordnung.

§. 1.   Als feierliche und festliche Gelegenheiten nicht kirchlichen Charakters, bei welchen den bürgerlichen Gemeindebehör

den die Benutzung der Kirchenglocken zusteht, werden — vorbehaltlich jederzeitiger Ergänzung dieser Bestimmungen — folgende festgestellt:

1) der Geburtstag Seiner Majestät des Kaisers und Königs und der Vorabend dieses Tages,

2) der feierliche Einzug Seiner Majestät des Kaisers und
Königs oder Ihrer Majestät der Kaiserin und Königin
in eine Gemeinde,

3) der zweite September als nationaler Gedenktag der
glorreichen Ereignisse der Jahre 1870/71 und der
Wiedererrichtung des Deutschen Reiches.

§. 2. Zeit, Dauer und Art des Läutens in den Fällen
des §. 1 bestimmt die bürgerliche Gemeindebehörde (der Bürgermeister oder in dessen Auftrag der Gemeindevorsteher). Es ist
darauf zu achten, daß der Gottesdienst nicht gestört wird.

§. 3. Die bürgerliche Gemeindebehörde hat von der Absicht, die Kirchenglocken zu benutzen (§. 1 und 2) der betreffenden örtlichen Kirchenbehörde (Presbyterium, Kirchenvorstand)
so zeitig als möglich Kenntniß zu geben. Erklärt letztere,
daß sie das Läuten nach Maßgabe der von der bürgerlichen
Behörde getroffenen Bestimmungen (§. 2) ausführen werde,
so unterbleibt das Geläute seitens der bürgerlichen Behörde.

§. 4. Die örtliche Kirchenbehörde ist, wenn sie nicht selbst
das Läuten übernimmt (§. 3) auf Anzeige von der Absicht der
bürgerlichen Behörde, die Kirchenglocken zu benutzen, und auf
das Verlangen dieser Behörde verpflichtet, den Beauftragten derselben den Zugang zu dem Kirchthurme, beziehungsweise Glockenhause rechtzeitig zu eröffnen.

Im Unterlassungsfalle ist die bürgerliche Behörde berechtigt, alle zur Erreichung ihres Zweckes erforderlichen Zwangs-
maßregeln ins Werk zu setzen.

§. 5. Bei Unglücksfällen, wie Feuersbrunst, Ueberschwem-
mung oder bei ähnlichen Veranlassungen, welche eine Benutzung
der Kirchenglocken angemessen erscheinen lassen, um vor einer
drohenden Gefahr zu warnen oder um Hülfe herbeizuschaffen,
haben die bürgerlichen Gemeindebehörden oder deren Beauftragte das Recht, den sofortigen Zutritt zu dem Kirchthurme
beziehungsweise Glockenhause zu verlangen, und erforderlichenfalls zu erzwingen. (§. 4.)

§. 6. Der bürgerlichen Gemeindebehörde bleibt auch über=
lassen, geeignetenfalls einen Schlüssel zu der Thüre des Kirch=
thurms beziehungsweise des Glockenhauses anfertigen zu lassen
und in Benutzung zu nehmen.

Dieser Schlüssel ist in dem Geschäftslokale des Bürger=
meisters oder bei dem Gemeindevorsteher unter sicherem Ver=
schluß aufzubewahren.

§. 7. Das Läuten der Kirchenglocken läßt die bürgerliche
Gemeindebehörde durch ihre Unterbeamten oder unter deren
Aufsicht ausführen. Die entstehenden Kosten trägt die bürger=
liche Gemeinde. Sie bleibt für allen Schaden, welcher bei
dieser Gelegenheit durch ein Versehen ihrer Beauftragten ange=
richtet wird, verantwortlich.

§. 8. Inwieweit außer den in §. 1 bereits ein für alle=
mal bezeichneten oder noch zu bezeichnenden Fällen bei einzel=
nen außerordentlichen feierlichen und festlichen Gelegenheiten
nicht kirchlichen Charakters die Kirchenglocken seitens der bür=
gerlichen Gemeindebehörden zu benutzen sind, bleibt eintreten=
denfalls besonderer Anordnung vorbehalten.

Soweit hierbei nicht abweichende Vorschriften erlassen
werden, finden auch in Fällen solcher Art die vorstehenden
§§. 2—4 und 7 Anwendung.

§. 9. Die in kirchlichen Gebäuden befindlichen feuerpoli=
zeilichen Zwecken dienenden Lokale sind seitens der bürgerlichen
Gemeindebehörde in bisheriger Art fortzubenutzen.

Behufs Sicherung dieser den bürgerlichen Gemeinden zu=
stehenden Befugnisse finden die §§. 5 und 6 der gegenwärtigen
Verordnung sinnentsprechende Anwendung.

---

19) Kirchengesetz, betr. das Dienstalter der Geistlichen. Vom 17. April 1886.

Wir, Wilhelm, von Gottes Gnaden König von Preu=
ßen ꝛc., verordnen unter Zustimmung der General=Synode
und nachdem durch die Erklärung Unseres Staatsministeriums
festgestellt worden, daß gegen dieses Gesetz von Staatswegen
nichts zu erinnern ist, für die evangelische Landeskirche der
älteren Provinzen, was folgt:

§. 1. Das Dienstalter eines Geistlichen bestimmt sich durch die Dauer der Zeit, in welcher derselbe

1) nach empfangener Ordination durch Berufung, oder unter Bestätigung oder ausdrücklicher Zustimmung der zuständigen landeskirchlichen Behörde

a. im geistlichen Amte einer der preußischen Landeskirche angehörigen oder einer ihr angeschlossenen ausländischen evangelischen Kirchengemeinde, einer Militärgemeinde oder Anstaltsgemeinde oder im Lehramte einer theologischen Lehranstalt der Landeskirche angestellt gewesen ist;

b. in einem der zu a genannten Aemter als Vertreter (Vikar, Hülfsprediger, Hülfslehrer) verwendet worden ist;

c. im Dienste von evangelischen Vereinen oder Anstalten für innere oder äußere Mission oder für sonstige Zwecke christlicher Liebesthätigkeit gestanden hat;

2) vor oder nach der Ordination vom vollendeten 25. Lebensjahre ab innerhalb Preußens

a. in einem kirchenregimentlichen Amte oder in einem öffentlichen Schulamte fest angestellt war;

b. als Lehrer an einer evangelisch-theologischen Lehranstalt des Staates thätig gewesen ist, mit der Maßgabe, daß auf die Stellung als Privatdocent nicht mehr als fünf Jahre angerechnet werden dürfen.

Für die, zur Zeit des Erscheinens dieses Gesetzes, in der Landeskirche angestellten Geistlichen wird die Zeit, während welcher sie in einer andern deutschen evangelischen Kirchengemeinschaft als Geistliche angestellt gewesen sind, ihrer Dienstzeit zugerechnet, soweit sie nicht auf die Anrechnung ausdrücklich verzichtet haben.

§. 2. Die Zeit, während welcher ein ordinirter Geistlicher zum Militärdienst eingezogen wird, kommt bei Feststellung des kirchlichen Dienstalters mit in Anrechnung.

§. 3. Die Zeit, welche ein Geistlicher im Auftrage des Evangelischen Ober-Kirchenrathes im kirchlichen Dienste bei einer evangelischen Gemeinde außerhalb Deutschlands zugebracht hat, kann, soweit es sich um Gewährung eines bestimmten Dienst-

einkommens handelt, nach dem Ermessen dieser Behörde bis
zum doppelten Betrage in Anrechnung gebracht werden, wenn
die betreffende Thätigkeit eine besonders anstrengende oder ge=
sundheitsgefährdende gewesen ist.

In Betreff der Frage, in wie weit die Dienstzeit von
Militärgeistlichen bei Anstellung im Civil=Pfarramt doppelt zu
berechnen ist, verbleibt es bei den bestehenden Bestimmungen.

§. 4. Dem Evangelischen Ober=Kirchenrath wird vorbe=
halten, Bestimmung zu treffen, ob und in wie weit einem
Geistlichen auch diejenige Zeit auf sein Dienstalter in Anrech=
nung zu bringen ist, welche derselbe früher zugebracht hat

1) in einer der zu §. 1 bezeichneten Stellungen vor seiner
   Ordination, oder ohne vorgängige ausdrückliche Geneh=
   migung der zuständigen kirchlichen Aufsichtsbehörde;

2) im Dienste des Staats, des Königlichen Hauses oder
   einer inländischen öffentlichen Korporation;

3) in einem Amte des Reichs, eines andern Staates oder
   einer andern Kirchengemeinschaft.

§. 5. Alle diesem Kirchengesetz entgegenstehenden Bestim=
mungen treten außer Kraft.

Urkundlich 2c.

---

20) Ordnung für die Verwaltung des Vermögens der evangelischen Kirchengemeinden in der Rheinprovinz.

I. Abschnitt.

Verwaltungs=Organe.

Vermögens=Verwaltung der Einzelgemeinde.

§. 1. Das kirchliche Vermögen der einzelnen Gemeinden,
es mag zu kirchlichen, Schul=, Armen= oder sonstigen Zwecken
bestimmt sein, wird verwaltet durch das Presbyterium und
zwar in den in §. 18 b, c und d der Kirchenordnung fest=
gesetzten Fällen mit Zuziehung der größeren Repräsentation
bezw. der stimmfähigen Gemeindeglieder in Gemeinden von
200 und weniger Seelen (§. 19 Abs. 2 a. a. O.).

Das Presbyterium hat die Eigenschaft einer öffentlichen Behörde und führt diese Verwaltung unter Aufsicht der Kreis= Synode (§. 37 litr. d. a. a. O.) sowie unter der Aufsicht der kirchenregimentlichen Behörden nach Maßgabe der gesetzlichen Bestimmungen.

Presbyterium, Kirchmeister und Rendanten.

§. 2. Das Presbyterium verwaltet das Vermögen der Ortsgemeinde durch den Kirchmeister (die Kirchmeister) bezw. den Diakon oder durch ein anderes Mitglied des Presbyteriums, welche ihre Dienstleistungen unentgeltlich resp. gegen Erstattung der entstehenden Auslagen, für welche vom Presbyterium auch ein Pauschquantum angenommen werden kann, verrichten (Kirchenordnung, §§. 16. 17. 130), — oder unter Genehmigung des Superintendenten durch einen Rendanten gegen Gewährung einer Remuneration.

Der besoldete Rendant hat vor Antritt seines Amtes eine Kaution als Unterpfand zu stellen, deren Höhe sich nach dem Geschäfts=Umfange der Kasse richtet und auf den Vorschlag des Presbyteriums resp. der Repräsentation durch die Synodal=Rechnungs=Kommission festgesetzt wird. — Unbesoldete rechnungsführende Glieder des Presbyteriums stellen keine Kaution.

Auf die Geschäftsführung besoldeter Rendanten sind die für Einnehmer öffentlicher Gelder gegebenen Vorschriften anwendbar. Dieselben haben sich kontraktlich für den Fall grober Vernachlässigung ihres Amtes einer durch das Presbyterium festzusetzenden Conventionalstrafe bis zum Betrage von 15 Mark zu unterwerfen, vorbehaltlich der höheren Entscheidung der Synodal=Rechnungs=Kommission.

Die Kaution dient dem Presbyterium nur zur eigenen Sicherung, überhebt dasselbe aber keineswegs seiner Verantwortlichkeit in Betreff des Kirchenvermögens. Die Kaution wird nicht in baarem Gelde, sondern in den in §. 14 näher bezeichneten Werthpapieren, in einer hypothekarischen Aktiv=Forderung, durch Verpfändung von Immobilien oder durch Deposition von Sparkassenbüchern geleistet. Die Sparkassenbücher und die Werthpapiere sind, außer Kurs gesetzt, nebst

Talons bei den übrigen Werthpapieren des Fonds aufzube=
wahren, die Zins-Coupons für einen 4 Jahre nicht überstei=
genden Zeitraum aber den Kautions-Bestellern zu belassen.

Soll die Kaution durch eine Hypothekar-Aktiv-Forderung
oder durch Verpfändung von Immobilien geleistet werden,
so ist hierzu, unter Beachtung der für die hypothekarische
Ausleihung von Kapitalien gegebenen Vorschriften, die Geneh=
migung des Consistoriums einzuholen.

Von der Annahme eines besoldeten Rendanten ist dem
Consistorium Anzeige zu machen.

Kreis=Synode.

§. 3. Die Kreis=Synode führt die Aufsicht über die
Vermögens-Verwaltung der Presbyterien des Synodal-Kreises
durch die Synodal-Rechnungs-Kommission.

Die letztere besteht aus dem Superintendenten, einem
Pfarrer und einem oder zwei gegenwärtigen oder früheren
Presbytern. Den Vorsitz führt der Superintendent, bei dessen
Verhinderung ein von ihm bezeichnetes Mitglied der Kommission.
Sollte der Superintendent wegen des Umfangs seiner übrigen
Geschäfte den fortlaufenden Vorsitz zu übernehmen nicht im
Stande sein, so hat der Assessor resp. der stellvertretende Assessor
und im Falle der Behinderung derselben auf seinen Antrag
und auf Beschluß der Kreis=Synode ein anderer Pfarrer der
Synode seine Stelle zu vertreten.

Die Kreis=Synode wählt die Glieder der Kommission so=
wie die Stellvertreter mit absoluter Majorität und zwar auf
6 Jahre. Die Abgehenden sind wieder wählbar.

Die Kreis=Synode hat das Recht, den Gliedern dieser
Kommission eine nach Verhältniß ihrer Mühewaltung fest=
zustellende Entschädigung zu bewilligen. — Dieser Kommission
wird erforderlichen Falls ein von der Kreis=Synode erwählter,
besoldeter und vereideter Kalkulator zugegeben, der das Rech=
nungswesen nach den Grundsätzen der Verwaltungs-Ordnung
bearbeitet und dem Superintendenten eventuell dessen Stellver=
treter untergeordnet ist. Ueber die Nothwendigkeit der Anstel=
lung eines Kalkulators entscheidet die Kreis=Synode auf An=
trag der Rechnungs-Kommission.

II. Abschnitt.

Die Verwaltung der Substanz des Vermögens.

Erhaltung und Vermehrung des Vermögens.

§. 4. Die Substanz des Vermögens darf nicht zer=
splittert und vermindert oder zu fremdartigen Zwecken verwen=
det werden.

Eine Verwendung des kirchlichen Vermögens zu andern
als den bestimmungsmäßigen Zwecken bedarf der durch das
Consistorium einzuholenden Genehmigung des Evangelischen
Ober=Kirchenrathes und des Ministers der geistlichen Ange=
legenheiten bezw. auch der landesherrlichen Genehmigung. (Ar=
tikel 24 Nr. 8 des Gesetzes vom 3. Juni 1876 — Ges.S.
S. 125; Kirchl. Amtsbl. S. 54 — und Erlaß des Evange=
lischen Ober=Kirchenrathes vom 9. September 1878 — Kirchl.
Gesetz= und Verordn.=Blatt, S. 141 —).

Die gleiche Genehmigung ist erforderlich bei der Veräuße=
rung von Gegenständen, welche einen geschichtlichen*), wissen=
schaftlichen oder Kunstwerth haben. (Artikel 24 Nr. 2 des
Gesetzes vom 3. Juni 1876.)

Die Verwalter und Aufseher des Kirchenvermögens müssen
auf die Erhaltung, Verbesserung und Vermehrung aller Ver=
mögenstheile sorgfältig bedacht sein und von denselben einen
möglichst hohen, sichern Ertrag zu erlangen suchen.

Die Presbyterien haben mit besonderer Aufmerksamkeit
die Rechte der kirchlichen Institute wahrzunehmen und gegen
Verdunkelungen zu schützen, auch, wo erforderlich, unter ge=
nauer Darlegung des Sachverhalts den Beistand der vorge=
setzten Behörde anzurufen.

Dieselben haben ferner darüber zu wachen, daß die zu
dem Vermögen der Kirchengemeinden gehörenden Grundstücke
nicht verschlechtert und mit Dienstbarkeiten belastet, die Grenzen
derselben nicht verrückt oder verdunkelt werden, sondern durch
Grenzsteine gehörig bezeichnet bleiben.

---

*) Wegen Erhaltung der historisch werthvollen Ueberreste
der Vorzeit und der Kunstdenkmäler cfr. Erlaß des Evangelischen
Ober=Kirchenrathes v. 21. März 1887 (Kirchl. Amtsbl. S. 33) und
resp. v. 14. Nov. 1887 (Kirchl. Amtsbl. S. 98).

Schenkungen.

§. 5. Jede Vermehrung des kirchlichen Vermögens durch Schenkungen oder letztwillige Verfügungen*) muß spätestens in dem nächsten Jahresberichte zur Kenntniß des Consistoriums gebracht werden. — Zur Annahme von Geschenken und Vermächtnissen, deren Werth 3000 Mark übersteigt, wobei fortlaufende Leistungen mit fünf vom Hundert zu Kapital berechnet werden, ist die Allerhöchste Genehmigung durch Vermittelung des Consistoriums nachzusuchen. (Gesetz vom 23. Februar 1870 — Ges.S., S. 118; Kirchl. Amtsblatt, S. 27).

In den betreffenden Berichten sind auch folgende Punkte zu erörtern:

1) ob nicht das Vermögen der bedachten Gemeinde oder Anstalt durch die Zuwendung zum Nachtheile des öffentlichen Verkehrs oder über das durch ihre Bestimmung begrenzte Bedürfniß hinaus vermehrt wird;

2) ob nicht durch Zuwendung die Rechte Dritter, insbesondere pflichttheilberechtigter Personen, sowie

3) etwaige Verpflichtungen gegen hülfsbedürftige Angehörige verletzt werden.

Zu 2 und 3 ist abgesehen von dem Falle unzweifelhafter Notorietät eine Bescheinigung der Ortsbehörde darüber beizubringen, welche und in welcher Gradesnähe stehende Verwandte der Erblasser hinterlassen hat (resp. der Geschenkgeber besitzt) und ob dieselben als hülfsbedürftig anzusehen sind.

Zu der Annahme solcher Geschenke oder Vermächtnisse, welche mit Gegenleistungen verbunden sind, und die Gemeinden dauernd oder für eine Reihe von Jahren belasten, ist unabhängig von der Höhe des Objektes die Genehmigung des Consistoriums erforderlich.

Erwerb, Veräußerung und dingliche Belastung von Grundeigenthum.

§. 6. Bei dem Erwerbe, der Veräußerung oder der ding=

*) Hinsichtlich der Erbschaftssteuer wird auf den Erlaß des Evangelischen Ober=Kirchenraths v. 18. Juni 1887 und die Bekanntmachung des Consistoriums v. 28. Juni 1887 Nr. 5966 — Kirchl. Amtsbl. de 1887, S. 57. 58 — verwiesen.

lichen Belastung von Grundeigenthum ist außer der Genehmigung der kirchlichen Aufsichtsbehörde (Consistorium bezw.
Evangelischer Ober-Kirchenrath) die Genehmigung der Staatsbehörde erforderlich (Gesetz vom 3. Juni 1876, Artikel 24
Nr. 1) und zwar des Ministers der geistlichen Angelegenheiten
bei einem Werthe von mehr als 10000 Mark, sonst des Regierungs-Präsidenten (Königl. Verordnung vom 9. September
1876, Artikel I, 2 und III, 4).

Veräußerung von Immobilien.

§. 7. Kirchliche Grundstücke dürfen nicht ohne dringende
Veranlassung veräußert werden, als welche in der Regel nur
der Fall der Nothwendigkeit und der Fall eines Nutzens nur
dann anzusehen ist, wenn der durch die Veräußerung zu er-
zielende Vortheil sich als ein erheblicher erweist, außerdem auch
die Verhältnisse der betreffenden Gemeinde die Wahrnehmung
dieses Vortheils wünschenswerth machen.

Die Veräußerung von Immobilien erfolgt öffentlich und
meistbietend nach vorgängiger öffentlicher Bekanntmachung. Der
betreffende Beschluß des Presbyteriums und der Repräsentation
bedarf der Genehmigung des Consistoriums, welches auch unter
besonderen Umständen ausnahmsweise eine Veräußerung aus
freier Hand gestatten kann, und des Regierungs-Präsidenten,
bezw. des Evangelischen Ober-Kirchenraths und des Ministers
der geistlichen Angelegenheiten. (cfr. §. 6.)

Bei dem Antrage*) auf Genehmigung zur Veräußerung
von Häusern, Grundstücken ꝛc. sind eine Taxe des zu veräußernden Objektes — welche, falls es sich um Waldungen
handelt, vorher den competenten Forstbehörden zur Revision
vorzulegen ist, — ein Auszug aus der Mutterrolle, eine
Nachweisung des bisherigen Ertrages, die Verkaufsbedingungen
und der betreffende Beschluß der Gemeindevertretung zu denselben
als Anlagen dem Gesuche an das Consistorium beizufügen.

Bei der Abfassung der Beschlüsse des Presbyteriums und

---

*) Wegen der Form der Veräußerungsverträge für den
Geltungsbereich des Rheinischen Rechts vgl. Art. I §. 1 des Gesetzes
v. 20. Mai 1885 (Ges.-S. S. 139 u. Kirchl. Amtsbl. S. 52) und
Art. I §. 14 des Gesetzes v. 24. Mai 1887 (Ges.-S. S. 161 u.
Kirchl. Amtsbl. S. 53).

der Repräsentation über die Veräußerung von Grundeigenthum ist die größte Sorgfalt anzuwenden. Dieselben müssen enthalten außer der Feststellung der Beschlußfähigkeit der Versammlung (§. 25, 1 a), die genaue Bezeichnung des zu veräußernden Grundstücks nach dem Kataster, — sofern es sich um Stücke von Parzellen handelt, unter Beifügung einer Vermessungskarte —, die Größe des Grundstücks nach den jetzigen Flächenmaßen, den Namen des Käufers und die Höhe des Kaufpreises. — Die Abschrift der bezüglichen Beschlüsse ist unter Beifügung des Kirchensiegels in Schwarzdruck als richtig zu bescheinigen und im Allgemeinen so einzurichten, daß sie mit dem Vermerke der staatlichen und der kirchenaufsichtlichen Genehmigung versehen werden kann.

Erwerb von Immobilien durch Kauf und Tausch.

§. 8. Beim Ankaufe von Immobilien sind dem Consistorium neben den betreffenden Beschlüssen des Presbyteriums und der Repräsentation eine Taxe des zu erwerbenden Grundstücks, ein Auszug aus der Mutterrolle, die Kaufbedingungen sowie diejenigen Belagstücke einzureichen, aus welchen sich das Eigenthumsrecht der Verkäufer und das Nichtvorhandensein von besonderen Lasten und von Hypotheken, im Gebiete des Französischen Rechts auch von Privilegien und gesetzlichen Hypotheken ergiebt. (cfr. §. 14 Nr. 4.)

Beim Erwerbe von Grundeigenthum durch Tausch finden diese Bestimmungen analoge Anwendung*).

Auch gelten, was die Abfassung der bezüglichen Beschlüsse des Presbyteriums und der Repräsentation anbelangt, die Bestimmungen im §. 7 Alinea 4.

Begräbnißplätze.

§. 9. Zu der Anlegung oder veränderten Benutzung von

---

*) Wegen der Form der Kauf- und Tauschverträge vgl. Anm. zu §. 7. Die Zahlung des Kaufpreises für ein im Geltungsbereiche des Rheinischen Rechts erworbenes Grundstück darf mit Rücksicht auf die Bestimmung im zweiten Absatze des §. 15 des Gesetzes v. 24. Mai 1887 erst 14 Tage nach Abschluß des Vertrages und gegen den Nachweis erfolgen, daß innerhalb dieser Frist Hypotheken gegen den Verkäufer nicht eingeschrieben worden sind.

13

Begräbnißplätzen ist die Genehmigung des Evangelischen Ober-Kirchenraths und des Ministers der geistlichen Angelegenheiten erforderlich (Artikel 24 Nr. 6 des Gesetzes vom 3. Juni 1876), welche bei dem Consistorium nachzusuchen ist.

Dem betreffenden Antrage muß außer den auf den Erwerb des zum Begräbnißplatze bestimmten Grundstücks bezüglichen Schriftstücken (§. 8) die gutachtliche Aeußerung des Kreisphysikus — in sanitätspolizeilicher Hinsicht — beigefügt werden.

Feuerversicherung.

§. 10. Alle einer Kirchengemeinde gehörenden Gebäude sind nach ihrem vollen Werthe gegen Feuerschaden zu versichern (Provinzial-Feuer-Societät, Aachen-Münchener Feuer-Versicherungs-Gesellschaft).

Reparaturen und Bauten.

§. 11. Um die Gebäude in einem guten baulichen Zustande zu erhalten, empfiehlt es sich, daß der Kirchmeister, welchem nach §. 16, 3 der Kirchenordnung die Aufsicht über dieselben obliegt, alljährlich vor Aufstellung des Etats, unter Hinzuziehung von Bauverständigen, eine Revision vornimmt, die auszuführenden Reparaturen feststellt und demnächst in der Sitzung des Presbyteriums die entsprechenden Anträge stellt.

Kleinere Reparaturen, soweit solche nicht vom Nutznießer auf seine Kosten auszuführen sind, läßt der Kirchmeister nach der ihm Seitens des Presbyteriums eingeräumten Befugniß vornehmen und macht in der nächsten Versammlung dem Presbyterium Anzeige. — Bei größeren Bauausführungen ist stets eine Baukommission zu ernennen, welche den Bau zu überwachen sowie die technische Bauleitung einem Bauverständigen zu übertragen hat.

Zu Reparaturen, durch welche das Innere des Gebäudes wesentlich geändert wird, sowie zu allen Neubauten haben die Presbyterien vor Beginn derselben, unter Beifügung einer Abschrift des bezüglichen Repräsentations-Beschlusses sowie event. auch des Kostenanschlags und der Bauzeichnungen, die Genehmigung des Consistoriums einzuholen und in dem Begleitberichte darzuthun, auf welche Weise die Baukosten bestritten

werden sollen. Bei der Errichtung neuer, für den Gottesdienst, die Geistlichen oder andere Kirchendiener bestimmter
Gebäude, welche nicht an die Stelle bereits vorhandener Gebäude treten, wird die erforderliche Genehmigung des Evangelischen Ober-Kirchenraths und des Ministers der geistlichen
Angelegenheiten resp. des Regierungs-Präsidenten vom Consistorium nachgesucht (Artikel 24 Nr. 5 des Gesetzes vom
3. Juni 1876).

Es bleibt der pflichtmäßigen Beurtheilung des Presbyteriums überlassen, ob es einen Bau nach öffentlicher Ausschreibung oder freihändig verdingen will. Das Presbyterium hat
in jedem Falle die sorgfältigste Aufsicht über den Bau zu führen
und darauf zu halten, daß derselbe solide und sachgemäß aus-
geführt werde. — Zum freihändigen Verding von Bauausführungen über 1000 Mark ist die Genehmigung des Consistoriums erforderlich*).

Bei Streitigkeiten in Bausachen wird die vorläufige Entscheidung über die Nothwendigkeit des Baues und die Art der
Bauausführung durch die zuständige Behörde getroffen. Be-
zügliche Anträge sind bei dem Consistorium zu stellen.

Verpachtungen und Vermiethungen.

§. 12. Verpachtungen geschehen in der Regel öffentlich
und meistbietend unter Aufnahme einer schriftlichen Verhandlung
resp. unter Abschluß eines schriftlichen Vertrages, wobei auf
Verwendung des Kontrakt-Stempels Bedacht zu nehmen ist.

Die Presbyterien können ohne Genehmigung des Consistoriums aus freier Hand verpachten, wenn der jährliche Pacht-
betrag 300 Mark nicht übersteigt.

Zu Verpachtungen und Vermiethungen Seitens der Pfarrer
und Kirchenbeamten, welche für den betr. Amtsnachfolger
bindend sein sollen, ist überall die Zustimmung des Presbyteriums
herbeizuführen, sowie im Bezirke des Allgemeinen Landrechts
die Genehmigung des Consistoriums.

Diese Genehmigung ist auch einzuholen im Gebiete des

---

*) Wegen der Kirchenbauten s. Regulativ v. 10. Jan. 1862
— Kirchl. Amtsbl. de 1862, S. 56 — und hinsichtlich einer event.
Heranziehung der Staatsbaubeamten cfr. M.E. v. 20. Jan. 1881
— Kirchl. Ges.- u. Verordn.-Bl. S. 7.

Gemeinen und des Französischen Rechts bei allen Verpachtungen
und Vermiethungen über 9 Jahre; im Gebiete des Allgemeinen
Landrechts bei Verpachtungen oder Vermiethungen über 6 Jahre
oder bei einem Pacht- oder Mieths-Betrage über 150 Mark.

Waldungen.

§. 13. Ueber die im Besitze der Kirchengemeinden, kirch=
lichen Institute und Fonds befindlichen Waldungen führen die
Königlichen Regierungen hinsichtlich der regelmäßigen Bewirth=
schaftung und der Handhabung des Forstschutzes nach Vorschrift
der Allerhöchsten Cabinetsordre vom 24. Dezember 1816 (Gesetz=
Sammlung de 1817, S. 57) die Oberaufsicht. Es unterliegen
deshalb die Wirthschaftspläne, die für größere Waldcomplexe
nach vorheriger Berathung zwischen den Presbyterien und den
Forstbeamten alljährlich aufzustellenden Holzfällungs= und Kultur=
pläne, sowie alle außerordentlichen Holzschläge und die Rodungen
der Genehmigung derselben, und ist solche entweder durch den
verwaltenden Forstbeamten direkt oder durch Vermittelung des
Consistoriums nachzusuchen.

Besteht mit Rücksicht auf die geringe Gesammtfläche des
Waldbesitzes und die Einfachheit der Betriebsverhältnisse kein
förmlicher Wirthschaftsplan, so muß doch zur Vornahme eines
jeden Holzschlags die Genehmigung, unter Darlegung der Stand=
orts= und Betriebsverhältnisse und mit Angabe des Zeitpunktes
des Abtriebes und der Art der Wieder=Kultur, nachgesucht werden.

Die Presbyterien sind verpflichtet, für den Schutz und die
Bewirthschaftung der Waldungen durch genügend befähigte Per=
sonen ausreichende Fürsorge zu treffen.

Steht einem Kirchenbeamten das Recht auf Benutzung von
Holzungen zu, so hat das Presbyterium darauf zu sehen, daß
solche unter Beachtung der vorangeführten Vorschriften nach
forstmäßigen Prinzipien innerhalb der Grenzen der Nachhaltig=
keit sich bewege und insbesondere die Erhaltung der standorts=
mäßigen Holz= und Betriebsarten nicht durch Nebennutzungen
gefährdet werde.

Anlage von Kapitalien.

§. 14. Alle Kirchen=, Pfarr= und sonstigen kirchlichen
Stiftungs=Kapitalien sind nach Maßgabe der Bestimmungen im

§. 39 der Vormundschafts-Ordnung vom 5. Juli 1875 (Gesetz-Sammlung S. 431) zinstragend anzulegen und ist eine Ausleihung gegen Schuldschein unter Bürgschaft ausgeschlossen.

1. Die Kapitalien können angelegt werden:

   a) in Schuldverschreibungen, welche von dem deutschen Reiche oder von einem deutschen Bundesstaate mit gesetzlicher Ermächtigung ausgestellt worden sind*);

   b) in Schuldverschreibungen, deren Verzinsung von dem deutschen Reiche oder von einem deutschen Bundesstaate gesetzlich garantirt worden ist;

   c) in Rentenbriefen der zur Vermittelung der Ablösung von Renten in Preußen bestehenden Rentenbanken;

   d) in Schuldverschreibungen, welche von deutschen communalen Corporationen (Provinzen, Kreisen, Gemeinden) oder von deren Credit Anstalten ausgestellt und entweder seitens der Inhaber kündbar sind oder einer regelmäßigen Amortisation unterliegen, oder

   e) auf sichere Hypotheken oder Grundschulden.

2. Gelder, welche in der vorbezeichneten Weise nach den obwaltenden Umständen nicht angelegt werden können, sind bei öffentlichen, obrigkeitlich bestätigten Sparkassen, wie solche unter Garantie der Kommunen resp. der Kreise vielfach bestehen, zinsbar zu belegen**).

   Zurückgezahlte Kapitalien, eingegangene Kaufgelder und andere disponible Gelder dürfen höchstens 3 Monate zinslos gelassen werden.

3. Eine Hypothek oder Grundschuld ist für sicher zu erachten, wenn sie bei ländlichen Grundstücken innerhalb der ersten zwei Drittheile, bei städtischen Grundstücken innerhalb der ersten Hälfte des durch eine Taxe ermittelten Werthes, oder wenn sie innerhalb des 15 fachen Be-

---

*) Bezüglich der Benutzung des preußischen Staatsschuldbuches sind die Gesetze v. 20. Juli 1883 (Ges.S. S. 120) u. v. 12. April 1886 (Ges.S. S. 121), sowie die Bekanntmachungen des Consistoriums v. 25. Oct. 1884 (Kirchl. Amtsbl. S. 90 u. v. 21. Juni 1886 (Kirchl. Amtsbl. S. 62) zu vergleichen.

**) Es wird hierbei hingewiesen auf die Königliche See-handlung — Kirchl. Amtsbl. de 1882, S. 48 — sowie auf die Rheinische Provinzial-Hülfskasse.

trages des Grundsteuer-Reinertrages der Liegenschaft zu stehen kommt. Sicheren Hypotheken stehen im Sinne dieser Vorschriften die mit staatlicher Genehmigung aus= gegebenen Pfandbriefe und gleichartigen Schuldverschrei= bungen solcher Credit=Institute gleich, welche durch Ver= einigung von Grundbesitzern gebildet, mit Corporations= rechten versehen worden sind und nach ihren Statuten die Beleihung von Grundstücken auf die vorangegebenen Theile des Werthes zu beschränken haben.

4. Zu allen hypothekarischen Ausleihnungen ist jedesmal vor= her die Genehmigung des Consistoriums einzuholen und sind dem Gesuche außer der Abschrift des betreffen= den Presbyterial=Beschlusses beizufügen:

I. Im Gebiete des Französischen Rechtes:

a) ein beglaubigter Auszug aus dem Grundsteuer= Kataster, in welchem die zu verpfändenden Grund= stücke verzeichnet sind. Gehören Baulichkeiten zu den letzteren, so ist auch ein Auszug aus dem Gebäude= steuer=Kataster beizufügen;

b) die Besitz=Dokumente (Kaufakt, Testament, Theilungs= akt, Erbeslegitimations=Attest, event. eine Bescheini= gung der Ortsbehörde über den 10-jährigen ruhigen Besitzstand);

c) eine Taxe der Grundstücke und Gebäude (cfr. oben Nr. 3), für die letzteren auch der Nachweis, daß und für welchen Betrag dieselben gegen Feuersgefahr versichert worden sind;

d) der Nachweis der vollständigen Befriedigung des Vor= besitzers wegen etwaiger Kaufgelder=Rückstände (cfr. auch Artikel 2103 Nr. 2 ff. und 2106 ff. des bürg. Gesetzbuches) *);

e) Auszüge aus den Hypotheken=Registern gegen den jetzigen Besitzer und gegen die Vorbesitzer aus den letzten 10 Jahren, welche bescheinigen, daß auf den

---

*) Des Nachweises zu d bedarf es nicht, wenn mehr als 60 Tage seit dem Abschlusse des Kaufvertrages verflossen sind — §§. 4 ff. des Gesetzes v. 20. Mai 1885, Ges.S. S. 139 u. Kirchl. Amtsbl. S. 52.

zu verpfändenden Grundstücken keine, resp. welche Hypotheken haften;

f) auch muß, falls der Darlehnssucher verheirathet ist, seine Ehefrau bereit sein, die Schuldverschreibung mit zu vollziehen.

Die Nachweisungen resp. Erklärungen ad d und e können auch erst bei Vorlegung der Schuldurkunde (cfr. unten Nr. 5) eingereicht werden. Die ad d—f erwähnten Punkte sind indeß schon bei Abfassung des Presbyterial-Beschlusses zu erörtern und ist alsdann in dem Gesuche an das Consistorium anzuführen, daß sich bezüglich derselben ein Anstand nicht ergeben habe.

II. Im Gebiete des Allgemeinen Landrechtes: die sub I a und c bezeichneten Schriftstücke, ein Auszug aus dem Grundbuche zum Nachweise der erfolgten Eintragung des Eigenthums des Darlehns- suchers an den zu verpfändenden Grundstücken, so- wie zum Nachweise, ob resp. wie weit die gedachten Grundstücke mit Hypotheken oder außergewöhnlichen Lasten behaftet sind. Der letztere Nachweis kann auch später (cfr. Nr. 5) geführt werden.

III. Im Gebiete des Gemeinen Rechtes:

a) wo das Grundbuch bereits angelegt worden ist, die Schriftstücke ad II sowie ad I f;

b) wo das Grundbuch noch nicht angelegt worden ist, bedarf es eines Attestes des Feldgerichts resp. des Schultheißen und der Schöffen, in welchem, unter Ver- haftung derselben, die Grundstücke mit Angabe des Werthes genau verzeichnet sind und über Eigenthum, Dispositions-Befugnisse, Lasten und Hypotheken Aus- kunft gegeben wird, sowie der Erklärung unter I f.

5. Nach Genehmigung des Ausleihungs-Beschlusses ist die aufzunehmende Schuldurkunde (Hypotheken-Instrument) zur Prüfung und zur Beifügung des Genehmigungs- Vermerks dem Consistorium besonders vorzulegen.

6. Es ist dafür Sorge zu tragen, daß die Schuld in die Hypotheken- (Grund-) Bücher und bei Gebäuden auch in das Brandkataster der betreffenden Versicherungs-Gesell-

schaft eingetragen und, daß dies geschehen, auf der Ur=
kunde vermerkt wird.

Hierbei wird auf das Gesetz vom 17. Mai 1884,
betreffend die Haftung der Versicherungsgelder für die
Ansprüche der Inhaber von Privilegien und Hypotheken
im Bezirke des ehemaligen Appellationsgerichtshofes zu
Köln — Kirchliches Amtsblatt de 1884, S. 45 — ver=
wiesen, insbesondere auch auf die rechtzeitige Anmeldung
der Hypotheken-Ansprüche bei stattgehabtem Brandschaden
und die Geltendmachung derselben im Falle des Collo=
cations= oder des Subhastations Verfahrens aufmerksam
gemacht. (§. 3 Abf. 2. 3; §. 5 a. a. O.)*)

7. Im Gebiete des Französischen Rechts können auszulei=
hende Kapitalien den Darlehensfuchern mit Sicherheit
erst 14 Tage nach erfolgter Inscription der Hypothekar=
Forderung gegen den Nachweis gezahlt werden, daß
in der gedachten 14tägigen Frist Eigenthums-Veründe=
rungen bezüglich der verpfändeten Grundstücke in die
Transscriptions-Register nicht eingetragen, auch ältere
Privilegien oder Hypotheken nicht zur Eintragung ge=
kommen sind. (cfr. §. 15 des Gesetzes vom 24. Mai
1887 — Kirchl. Amtsblatt de 1887, S. 53).

Ebendaselbst ist außerdem die Erneuerung der hypo=
thekarischen Inscriptionen**) bei dem zuständigen Hypo=
thekenamte vor Ablauf der gesetzlichen Frist von 10
Jahren zu beantragen und zugleich eine Bescheinigung
darüber zu extrahiren, ob und welche Veräußerungen
bezüglich der verpfändeten Immobilien inzwischen etwa
eingetreten sind. Ebenso ist nach 28 Jahren seit der
Ausstellung des Titels die Ausstellung eines neuen
Titels resp. eine neue Schuldverschreibung zu veranlassen,
event. noch vor Ablauf von 30 Jahren die Hypothek
zu kündigen (Art. 2263 Bürg. Ges. Buches).

*) Außerdem wird auf das Gesetz vom 18. April 1887 (Ges. S.
S. 117), über das Verfahren bei Vertheilung von Immobiliar=
preisen im Geltungsbereiche des Rheinischen Rechtes unter die
Inhaber von Hypotheken und Privilegien, aufmerksam gemacht.
**) D. h. nur noch der vor dem 1. Juli 1885 erfolgten In=
scriptionen und Erneuerungen — §. 9 des Gesetzes v. 20. Mai 1885,
Ges.S. S. 139.

Ferner wird auf das im Kirchlichen Amtsblatte de 1885 Nr. 11, S. 52 ff. abgedruckte Gesetz über die Veräußerung und hypothekarische Belastung im Geltungs-bereiche des Rheinischen Rechtes vom 20. Mai 1885*) verwiesen, insbesondere auf die §§. 4. 5. 7. 10ᵃ. 12 u. a. O., nach welchen das Hypothekenrecht bei den nach dem 1. Juli 1885 neu eingetragenen resp. erneuerten Hypotheken auf die in der Einschreibung resp. Erneue-rung einzeln nach dem Kataster bezeichneten Grundstücke beschränkt ist und das Recht des Verkäufers auf Auf-lösung des Vertrages wegen Nichtzahlung des Kauf-preises eingetragen werden muß, um erhalten zu werden.

8. Wo im Gebiete des Gemeinen Rechts die Grundbücher noch nicht angelegt worden sind, ist bei Aufnahme der Schuldverschreibung darauf zu achten, und durch Er-klärung des Feld- resp. Schöffengerichts festzustellen, daß seit Ausstellung des Attestes sub III b andere Hypotheken nicht bestellt worden sind.

9. Mit Rücksicht auf die Vorschrift im §. 702 der deut-schen Civilprozeßordnung ist allgemein darauf zu halten, daß sich der Darlehnssucher in der aufzunehmenden Schuldverschreibung für den Fall der Nichtzahlung der Zinsen der sofortigen Zwangsvollstreckung ausdrücklich unterwirft.

10. Dem Presbyterium wird die größte Sorgfalt bei der Ausleihung von Hypotheken zur Pflicht gemacht.

Renten.

§. 15. Es ist ebenso wie bei den Kapitalien dafür Sorge zu tragen, daß die hypothekarische Eintragung der Renten und anderer Realberechtigungen bewirkt und rechtzeitig erneuert werde.

Auf die unter Vermittelung der Rentenbanken zu bewir-kenden Ablösungen von Realberechtigungen, welche den Kirchen, Pfarreien, Küstereien, geistlichen Instituten und kirchlichen Be-amten zustehen, finden die Gesetze vom 27. April 1872, 15. März 1879 und 17. Januar 1881 (Gesetzsammlung

*) Ergänzt durch das Gesetz v. 24. Mai 1887 (Ges. S. S. 161 u. Kirchl. Amtsbl. S. 53).

de 1872, S. 417; de 1879, S. 123 und de 1881, S. 5 resp. Kirchl. Amtsblatt de 1872, S. 36; de 1879, S. 27 und de 1881, S. 18) Anwendung. Nach denselben können die Berechtigten seit dem 1. Januar 1884 nur noch bei einer Zerstückelung von Grundstücken fordern, daß ihre Geld= und Roggen=Renten, welche nach der Vertheilung unter 12 Mark bezw. zwei Neuscheffel Roggen betragen, durch Erlegung des fünfundzwanzigfachen Baarbetrages abgelöst werden.

Eine Ablösung derartiger Berechtigungen im Wege des Privatabkommens ist jedoch dadurch auch in Zukunft nicht aus= geschlossen.

Jede Ablösung von Renten und Berechtigungen bedarf der Genehmigung des Consistoriums.

Handelt es sich um nicht ablösbare, rein persönliche Ab= gaben, welche von den Gliedern einer Kirchengemeinde als solchen zu tragen und an Pfarrer oder Kirchenbeamte zu leisten sind, so kann unter Zustimmung der Bezugsberechtigten durch Beschluß der größern Gemeindevertretung der Geldwerth mit Genehmigung des Consistoriums auf die Kirchenkasse über= nommen werden.

Löschungen.

§. 16. Zur Löschung zurückgezahlter Kapitalien oder abgelöster Renten ist vom Presbyterium ein Löschungs=Consens, in wel= chem die geschehene Abtragung bescheinigt wird, anzufertigen.

Bei Veränderungen in der hypothekarischen Sicherheit ist die Genehmigung des Consistoriums nachzusuchen.

Werthpapiere.

a. Außerkurs= und Wiederinkurssetzung derselben.

§. 17. Alle den kirchlichen Fonds gehörenden, auf den Inhaber ausgefertigten Werthpapiere müssen außer Kurs ge= setzt werden. — Bezüglich der Außerkurs= resp. Wiederinkurs= setzungs=Vermerke sind die folgenden, in dem Erlasse des Evan= gelischen Ober=Kirchenraths vom 11. Dezember 1880 (Kirchl. Gesetz= und Verordn.=Bl. S. 187) und der Bekanntmachung des Consistoriums vom 20. Dezbr. 1880 (Kirchl. Amtsblatt von 1880, S. 103) enthaltenen Vorschriften genau zu befolgen, zumal von der Beobachtung der vorgeschriebenen Formen die Gültigkeit der Vermerke abhängig ist:

1) Die Presbyterien sind zur Außer- und Wiederinkurs=
setzung nur solcher Inhaberpapiere befugt, welche den
von ihnen vertretenen Kassen, Fonds oder Anstalten
gehören.

2. Die Außerkurssetzung erfolgt am zweckmäßigsten durch
den Vermerk:

„Außer Kurs gesetzt.

. . . . ., den   ten . . . 18 .

Das Presbyterium der ev. Gemeinde." *)

Einer Unterschrift und der Beidrückung des Kirchen=
siegels bedarf der Außerkurssetzungs-Vermerk nicht.

3. Ist die Außerkurssetzung von einer dem Presbyterium
vorgesetzten Behörde (Superintendent 2c.) erfolgt, so kann
auch die Wiederinkurssetzung nur durch die letztere stattfinden.

4. Die Wiederinkurssetzung darf keine andere Fassung
erhalten als die nachstehende:

„Wieder in Kurs gesetzt.

. . . ., den   ten . . . 18 .

Das Presbyterium der ev. Gemeinde." *)

und diesem Vermerke muß das Kirchensiegel in schwarzer
Farbe**) und zwar in deutlichem Abdrucke, sowie
die eigenhändige Unterschrift des Vorsitzenden und noch
zweier Mitglieder des Presbyteriums beigefügt sein.

5. Sowohl bei dem Außer= als bei dem Wiederinkurs=
setzungs-Vermerke ist auf die größte Raumerspar=
niß Bedacht zu nehmen.

b) Nachweisung, Kündigung und Ausloosung der Werthpapiere.

Ueber die geldwerthen Inhaber=Papiere, welche in den
Etats nur mit dem Gesammtbetrage der einzelnen Arten
erscheinen, ist eine Nachweisung in duplo zu führen und das
eine Exemplar bei den Papieren selbst, das Duplikat vom Kirch=
meister (Rendanten) aufzubewahren. (Laufende Nummer, Be=
zeichnung der Effekten mit Littera, Nummer, Nominalbetrag,
Zinsfuß, Zinszahlungstag, Zinsbetrag.) — Der praeses pres-

*) Befinden sich mehrere evangelische Gemeinden an dem
selben Orte, so ist die Gemeinde näher zu bezeichnen.

**) Der Abdruck des Siegels in Siegellack, Oblate oder
Ruß ist nicht gestattet.

byterii und der Kirchmeister (Rendant) haben genau darauf
zu achten, daß ausgelooste oder gekündigte Papiere rechtzeitig
zur Zahlung präsentirt werden, sowie zu veranlassen, daß wegen
der Wiederanlegung von dem Presbyterium Beschluß gefaßt
werde *).

Anleihen und sonstige Belastungen der Gemeinden.

§. 18. Die Aufnahme von Anleihen **), soweit sie nicht
blos zu vorübergehender Aushülfe dienen und aus der laufenden
Einnahme derselben Etatsperiode zurückerstattet werden können,
unterliegt der Beschlußfassung der größeren Gemeindevertretung
sowie der Genehmigung des Consistoriums und des Regierungs-
präsidenten. (Gesetz vom 3. Juni 1876, Art. 24 Nr. 3.) —
In dem betreffenden Beschlusse ist zugleich die Amortisation
genau festzusetzen.

Die vorübergehende Verwendung von kirchlichen Kapitalien
mit der Bedingung der Refundirung innerhalb eines bestimmten
Zeitraums ist nur unter Zustimmung der Repräsentation und
mit Genehmigung des Consistoriums zulässig.

Alle sich auf mehrere Jahre erstreckenden oder dauernden
Belastungen der Gemeinden, z. B. durch freiwilligen Beitritt
zu Verbänden von Grundeigenthümern behufs Ausführung von
Meliorationen ꝛc., Bewilligung von Gehältern oder Zulagen ꝛc.,
bedürfen der Genehmigung des Consistoriums.

------

*) Es wird hierbei darauf aufmerksam gemacht, daß die
Werthpapiere und Dokumente bei der Reichshauptbank in Berlin
in Verwahrung gegeben werden können. Die Bank übernimmt
für die sichere Aufbewahrung volle Gewähr und außerdem die
Verpflichtung, die Coupons einzuziehen und die Zinsen zu zahlen,
sowie die Verloosungslisten ꝛc. nachzusehen. Die näheren Bestimmungen können bei jeder Reichsbankstelle eingesehen resp. in
gedruckten Exemplaren in Empfang genommen oder auch von
dem Comptoir der Reichshauptbank für Werthpapiere in Berlin,
Jägerstraße 34 36, bezogen werden. — Die Schuldverschreibungen
der 4 prozentigen und der 3½ prozentigen konsolidirten Preußischen
Staatsanleihen können auch in das Staatsschuldbuch eingetragen
werden, cfr. Anm. zu §. 14 Nr. 1 a.

**) Die Rheinische Provinzial-Hülfskasse in Düsseldorf ge-
währt Darlehen entweder unter Vorbehalt einer beiden Theilen
freistehenden Kündigung oder unter Bewilligung der Abtragung
in Terminalzahlungen.

Prozesse und Vergleiche.

§. 19. Zur Anstellung von Prozessen oder zu Vergleichen, welche sich nicht auf die Einziehung von Zinsen und fortlaufenden Geldern, sondern auf die Substanz des kirchlichen Vermögens beziehen, wozu auch die Erwerbung oder Abtretung von Real-Berechtigungen zu rechnen ist, bedarf eines Beschlusses des Presbyteriums und der Gemeindevertreter, sowie der Genehmigung des Consistoriums.

Im Geltungsgebiete des Französischen Rechtes werden die Kirchengemeinden in allen Prozessen durch die Kirchmeister vertreten, ohne daß es der Ausstellung einer besonderen Vollmacht Seitens der Presbyterien bedarf (Allerhöchste Kabinetsordre vom 4. Mai 1868 — Gesetz-Sammlung S. 450).

Zur Führung von Prozessen bedürfen die kirchlichen Organe keiner Ermächtigung von Seiten der Staatsbehörde (Gesetz vom 3. Juni 1876, Art. 26), zum Abschlusse von Vergleichen jedoch dann, wenn durch dieselben eine Erwerbung, Veräußerung oder dingliche Belastung von Grund-Eigenthum herbeigeführt werden soll (ebendaselbst Art. 24, 1).

Bei Ausstellung von Prozeßvollmachten ist in der Regel die Ermächtigung zu Vergleichen, zur Verzichtleistung auf den Streitgegenstand und zur Anerkennung des vom Gegner geltend gemachten Anspruchs ausdrücklich auszuschließen (Erlaß des Evangelischen Ober-Kirchenraths vom 22. September 1881 — Kirchl. Amtsbl. S. 75).

In denjenigen Fällen, in welchen nachweislich die Einnahmen des betreffenden Fonds die etatsmäßigen Ausgaben einschließlich der Besoldung oder des statt dieser überlassenen Nießbrauchs nicht übersteigen, sind die Kirchengemeinden und kirchlichen Institute von der Zahlung der Gerichtskosten, ausschließlich der baaren Auslagen, befreit. Der Antrag wegen Ertheilung des hierauf bezüglichen, dem Prozeßrichter vorzulegenden Attestes ist durch Vermittelung des Consistoriums bei der Königlichen Regierung zu stellen und event. dem Antrage auf Ertheilung der Prozeßgenehmigung beizufügen (Gesetz vom 3. Juni 1876, Art. 23 Nr. 5 und Bekanntmachung des Consistoriums vom 4. April 1882 — Kirchl. Amtsbl. S. 32) *).

---

*) Wegen der Vertheilung von Immobiliarpreisen im Gel-

Stolgebühren.

§. 20. Zur Neueinführung, Abänderung oder Aufhebung der Stolgebühren ist ein Beschluß der Repräsentation, sowie die Genehmigung der staatlichen und der kirchlichen Centralbehörde erforderlich.

Den auf die Abänderung bestehender Stoltaxen gerichteten, an das Consistorium einzureichenden Anträgen ist nach dem Erlasse des Evangelischen Ober-Kirchenraths vom 15. October 1877 — Kirchl. Amtsblatt de 1878, S. 32 — ein Schriftstück in separato beizufügen, welches enthält:

I. eine genaue und übersichtliche Zusammenstellung sämmtlicher bisher erhobenen Gebühren, sorgfältig geordnet, etwa nach den Rubriken:

1) Taufen a) in der Kirche, b) im Hause;
2) Proklamation a) mit, b) ohne Lossschein;
3) Trauung ꝛc.;
4) Beerdigung ꝛc.;
5) Confirmation ꝛc.;
6) kirchliche Atteste.

II. eine gleiche Zusammenstellung sämmtlicher Gebühren, wie sie fortan zur Erhebung kommen sollen, nach denselben Rubriken geordnet und mit ausdrücklicher Angabe der etwa von Gebühren zu befreienden Akte, und darunter den beglaubigten Auszug des betreffenden Beschlusses der Gemeindeorgane (Presbyterium und Repräsentation mit Angabe über deren Beschlußfähigkeit), in welchem zugleich über die etwaige Entschädigung der Berechtigten das Nöthige gesagt und deren Zustimmung zu einer beabsichtigten Veränderung bekundet wird.

Das Ganze (I und II) muß in einem Schriftstücke enthalten sein, da es eine mit dem Genehmigungs-Vermerke der staatlichen und der kirchlichen Centralbehörde zu versehende Urkunde bilden soll.

Kirchenuhr, Glocken und Orgel.

§. 21. Das Presbyterium hat die Kirchenuhr, die Glocken

___

tungsbereiche des Rheinischen Rechts unter die Inhaber von Hypotheken und Privilegien vgl. das Gesetz vom 18. April 1887 (Ges.S. S. 117).

und die Orgel in fortgesetzter Aufsicht zu halten. — Bei dem Bedürfnisse einer neuen Orgel ist die Disposition des anzuschaffenden Werkes unter Bezeichnung der Dimensionen der Kirche, sowie eine Zeichnung des Orgelgehäuses und der Kostenanschlag dem Consistorium zur Genehmigung vorzulegen. In dem mit dem Orgelbauer abzuschließenden Vertrage ist die Prüfung des vollendeten Werkes durch unbetheiligte Sachverständige vor der Bezahlung der Akkordsumme vorzusehen. (cfr. Ministerial-Instruction vom 3. Oktober 1876 — Kirchl. Gesetz- und Verordn.-Bl. S. 156 ff.)

Sonstige kirchliche Fonds und Anstalten.

§. 22. Auf die kirchlichen Fonds und Anstalten, welche selbständige juristische Persönlichkeit haben und der synodalen Aufsicht nicht unterliegen, finden, soweit nicht ihre Statuten Anderes festsetzen, die Vorschriften dieses und der folgenden Abschnitte analoge Anwendung.

III. Abschnitt.
Verwaltung der Einkünfte.
A. Etats- und Umlagewesen.
Etats.

§. 23. Das Presbyterium hat für die Kirchenkasse, sowie für etwa vorhandene Schul-, Armen- oder Waisen-Fonds der Gemeinde im Anfange des Kalenderjahres für die mit dem ersten April beginnende Verwaltungs-Periode einen Etat aufzustellen. — Ueber die Pfarrer Wittwen- und Waisenkassen der Gemeinden sind keine Etats anzufertigen; über die Pfarr-, Organisten- und Küster-Fonds nur dann, und zwar als Theil des Kirchenkassen-Etats, wenn die Einkünfte derselben zur Kirchenkasse fließen und die betreffenden Beamten aus letzterer ihre feste Besoldung empfangen.

Ueber welche anderen Fonds Etats aufzustellen sind, hat die Synodal-Rechnungs-Kommission festzusetzen. — Werden zur Vereinfachung des Rechnungswesens mit Genehmigung der Synodal-Rechnungs-Kommission mehrere Fonds (z. B. Kirchen- und Pfarr-Fonds, oder Almosen-Fonds resp. kirchliche Stiftungen)

in einen Etat zusammengefaßt, so müssen doch die Vermögenstheile sowie die Einnahmen und Ausgaben der einzelnen Fonds
in besonderen Titeln von einander getrennt gehalten werden.
Eine Vermischung ist schon mit Rücksicht auf die verschiedenen
Zwecke, denen die Fonds dienen, und den Willen der Stifter
nicht zulässig.

Sind an einem ausgeliehenen Kapitale mehrere Fonds
betheiligt, so ist die Urkunde bei jedem Fonds mit dem bezüglichen Theilbetrage des Kapitales aufzuführen.

Die Etats sind in der Regel für ein Jahr aufzustellen,
doch kann, bei ziemlich gleichmäßigen Verhältnissen, die Synodal-
Rechnungs-Kommission gestatten, daß dieselben einen längeren
Zeitraum umfassen.

Die Etats erstrecken sich auf alle Einnahmen, welche in
der Zeit vom 1. April bis zum 31. März fällig, und auf alle
Ausgaben, welche innerhalb desselben Zeitraumes zu bestreiten
sind. — Auf die Anfertigung der Etats, welche die Grundlage
für das Rechnungswesen bilden, ist die größte Sorgfalt zu
verwenden. Dieselben müssen so vollständig sein, daß die Kirchmeister resp. Rendanten auf Grund derselben im Stande sind,
alle feststehenden Einnahme- und Ausgabebeträge selbständig
einzuziehen resp. zu zahlen, und nur zu den vom Etat abweichenden oder in demselben nicht speziell angegebenen Beträgen
besonderer Anweisung bedürfen.

Die Etats sind in dreifacher Ausfertigung (für das
Consistorium, den Superintendenten und das Presbyterium)
aufzustellen.

§. 24. Sind Grundstücke neu verpachtet worden, so ist,
unter Angabe des Datums der Verpachtung und der Dauer
der Pachtzeit, die Richtigkeit der angesetzten Pachtsumme von
dem Presbyterium zu bescheinigen.

Sind Kapitalien gegen hypothekarische Sicherung neu aus-
geliehen worden, so ist auf die ertheilte Genehmigung unter
Angabe des Datums und der Journal-Nummer derselben
hinzuweisen.

Die Erlöse aus verkauften Grundstücken, die Ablösungs-
Kapitalien für Renten, sowie die Entschädigungen für aufge-
hobene Berechtigungen fließen dem Kapitalvermögen des bezüglichen Fonds zu und werden daher in die Etats als anzu-

legende Kapitalien aufgenommen. Erfolgt die Zahlung in dem betreffenden Etatsjahre nicht zum vollen Betrage, so ist die ganze Summe vor der Linie nachrichtlich zu vermerken und nur der wirklich zur Zahlung kommende Betrag als Einnahme vorzusehen.

Umlagen.

§. 25. 1. Die Presbyterien haben bei Aufstellung der Kirchenkassen-Etats darauf hinzuwirken, daß größere Schwankungen in der Höhe der kirchlichen Umlage, welche sich lediglich nach dem im Etat nachgewiesenen Bedürfnisse richtet, möglichst vermieden werden. — Enthält der Etat eine kirchliche Umlage, so muß derselbe vor der Vorlage an die Synodal-Rechnungs-Kommission von der größeren Gemeinde-Vertretung (Repräsentation) genehmigt worden sein und aus dem Beschlusse derselben hervorgehen:

a) die Zahl der Mitglieder des Presbyteriums und der Repräsentation*), sowie die Zahl der Anwesenden behufs Feststellung der Beschlußfähigkeit der Versammlung. (§. 32 der Kirchen-Ordnung.) — In einer Gemeinde von 200 und weniger Seelen werden alle stimmfähigen Gemeindeglieder schriftlich unter Mittheilung des zu berathenden Gegenstandes berufen, und es ist in dem betreffenden Protokolle ausdrücklich anzugeben, daß dies geschehen sei. Die Zahl der Erschienenen hat keinen Einfluß auf die Beschlußfähigkeit. Im Bezirke des Allgemeinen Landrechts kann die Berufung solcher Gemeinden auch in der durch Verordnung vom 23. Januar 1846 (Gesetzsammlung, Seite 23) vorgeschriebenen Weise erfolgen;

b) die stattgefundene Berathung des Etats und dessen Genehmigung mit der zu inserirenden Gesammtsumme der Einnahmen und der Ausgaben;

c) die Bewilligung der kirchlichen Umlage in dem anzugebenden Brutto-Betrage, also einschließlich der für Ausfälle in Abzug gebrachten Summe;

_____

*) D. h. diejenige Zahl, welche vorhanden sein soll ohne Rücksicht auf etwaige Abgänge durch Tod, Verziehen, Amtsniederlegung 2c.

14

d) die Bestimmung, nach welchen Steuern die Umlage vertheilt werden soll (§. 18 d der K.-O.);

e) die Festsetzung der Fälligkeitstermine.

2. Die kirchliche Umlage kann in Gemäßheit der Vorschriften in §. 18 d und §. 131 der K.-O. repartirt werden:

a) nach den gesammten direkten Staatssteuern (excl. Hausir-
gewerbesteuer), also nach Klassen-, Einkommen-, Grund-,
Gebäude- und Gewerbesteuer, oder

b) nach dem vollen Betrage der Klassen- und Einkommensteuer unter gleichzeitiger Heranziehung der übrigen Staatssteuern mit einem Theilbetrage oder unter gänzlicher Freilassung einzelner Steuern, z. B. der Gewerbesteuer;

c) nur nach der Klassen- und Einkommensteuer, oder

d) nach der Klassen- und Einkommensteuer, unter gänzlicher
oder theilweiser Freilassung einer oder mehrerer der unteren Klassensteuerstufen;

e) nach der Kommunalsteuer, vorausgesetzt, daß die Kirchengemeinde sich nur über eine bürgerliche Gemeinde erstreckt, oder doch die sämmtlichen zur Kirchengemeinde
gehörenden Civilgemeinden ihre Kommunal-Umlage auf dieselben Staatssteuern in einem gleich hohen Prozentsatz repartiren, oder endlich

f) nach der Kommunalsteuer unter Freilassung einer oder
mehrerer der unteren Steuerstufen, wie ad d.

3. In dem Etat ist bei dem Titel: „Kirchliche Umlage" vor
der Linie der Brutto-Betrag, wie er von der Repräsentation
zu genehmigen ist und später in der Heberolle erscheint, zu
vermerken. Darunter sind die voraussichtlichen, in der Regel
nach dem Prozentsatze eines dreijährigen Durchschnittes zu be-
messenden Ausfälle anzugeben und in die betreffende Kolonne
des Etats der Reinertrag aufzunehmen, z. B.:

Kirchliche Umlage	M. 1000	Betrag des letzten	Vorge-
ab für etwaige Ausfälle	„ 30	Etatsjahres	schlagen 2c.
bleibt Reinertrag	M. 970	900 M.	970 M.

Die Kosten, welche durch die Aufstellung der Heberollen
und die Einziehung der Umlagen entstehen, sind als Ausgaben
unter dem Titel: „Verwaltungskosten" besonders nachzuweisen.

4. Zur Unterstützung der Armen kann eine Umlage nicht erhoben werden; die Armen- (Diakonie-) Kasse ist vielmehr auf ihre eigenen Mittel, den Ertrag der Kollekten und auf sonstige Zuwendungen beschränkt.

Betriebsfonds.

§. 26. Damit der Kirchmeister (Rendant) in den ersten Monaten eines jeden Rechnungsjahres in der Lage ist, die vorkommenden Ausgaben zu bestreiten, wird empfohlen, auf allmähliche Ansammlung eines den Kassenverhältnissen der Gemeinde entsprechenden Betriebsfonds Bedacht zu nehmen und zu diesem Zwecke alljährlich, bis der Betriebsfonds vollständig gesammelt sein wird, in dem Etat einen Betrag vorzusehen.

Abschluß des Etats.

§. 27. Jeder Etat muß in Einnahme und Ausgabe balanciren, und es ist nicht zulässig, mit einem Ueberschusse oder Deficit abzuschließen. Ist der sich ergebende Ueberschuß gering, so wird der Titel: „Insgemein" der Ausgabe um eben soviel erhöht, ein größerer Betrag dagegen als anzulegendes Kapital aufgenommen, und die Beseitigung eines Deficits durch Ermäßigung der Ausgaben oder durch Erhöhung der Umlage bewirkt.

Es empfiehlt sich, die Schluß-Summen des Etats durch Erhöhung oder Reducirung des Titels: „Insgemein" angemessen abzurunden.

Stellen sich nach Festsetzung des Etats noch besondere Ausgaben als nothwendig heraus, so sind dieselben in einen Nachtrags-Etat aufzunehmen, bezüglich dessen in derselben Weise wie mit dem Haupt-Etat zu verfahren ist.

Zwangsweise Aufnahme von Beträgen in den Etat.

§. 28. Verweigert das Presbyterium seine Mitwirkung zur Anfertigung des Etats, so hat der praeses presbyterii allein denselben aufzustellen (jedoch in diesem Falle nur für ein Jahr) und der Repräsentation zur Genehmigung vorzulegen. Lehnt diese die Beschlußfassung über den Etat, die Aufnahme von Beträgen für die der Kirchengemeinde gesetzlich obliegenden Leistungen oder die Genehmigung der zur Bestrei-

tung der kirchlichen Bedürfnisse nothwendigen Umlage ab, so
ist der Etat in drei Exemplaren, unter Beifügung einer beglaubigten Abschrift des betreffenden Protokolls, der Synodal-Rechnungs-Kommission vorzulegen, von derselben zu prüfen und zu
begutachten — nicht aber festzustellen — und mit den Anlagen
dem Consistorium einzureichen.

Die Feststellung wird in einem solchen Falle vom Consistorium im Einverständnisse mit dem Regierungs-Präsidenten
erfolgen. (Artikel 27 des Gesetzes vom 3. Juni 1876.)

Vorlage der Etats an die Synodal-Rechnungs-Kommission.

§. 29. Die Presbyterien haben die Etats in dreifacher
Ausfertigung, nöthigenfalls mit einem erläuternden Berichte,
spätestens bis Ende Februar der Synodal-Rechnungs-Kommission
einzureichen und, falls eine Umlage nothwendig ist, die im
§. 31, 2. 3 bezeichneten Schriftstücke gleichzeitig vorzulegen.
Die Synodal-Rechnungs-Kommission stellt die Etats endgültig
fest, jedoch, falls dieselben kirchliche Umlagen enthalten, mit
dem Zusatze: „vorbehaltlich der Genehmigung der Umlage“.

Sieht sich derselbe veranlaßt, im Etat eine Aenderung
vorzunehmen, welche einen Einfluß auf die Höhe der kirchlichen Umlage hat, so ist wegen der Aufbringung der letzteren
eine weitere Beschlußfassung der Repräsentation nothwendig.

Vorlage der Etats an das Consistorium.

§. 30. Nachdem die Etats seitens der Synodal-Rechnungs-
Kommission revidirt und festgestellt worden sind, haben die
Superintendenten die dritten Exemplare für die ganze Synode bis spätestens zum 1. Juni in einer Sendung dem Consistorium einzureichen.

Genehmigung der Umlage.

§. 31. Bezüglich der Ausführung der Umlagebeschlüsse
ist der im Einverständnisse mit dem Evangelischen Ober-Kirchenrathe ergangene Ministerial-Erlaß vom 15. Januar 1881
(Kirchl. Gesetz- u. Verordn.-Bl. S. 10 ff. und Kirchl. Amtsbl.
S. 12) maßgebend.

Zur Ausführung dieser Beschlüsse darf das Presbyterium

erst schreiten, nachdem zu denselben die kirchenaufsichtliche Be=
stätigung des Consistoriums und die Genehmigung der Staats=
behörde ertheilt worden ist.

Zu diesem Zwecke ist in jedem einzelnen Falle so=
fort nach erfolgter Feststellung des Etats der ent=
sprechende Antrag beim Consistorium zu stellen und sind dem=
selben beizufügen:

1. Der festgestellte Etat in einem Exemplare.
2. Eine beglaubigte Abschrift des bezüglichen Repräsenta=
   tions-Beschlusses (§. 25 Nr. 1).
3. Eine kurze statistische Zusammenstellung, in welcher an=
   zugeben ist:
   a) Die Seelenzahl der Kirchengemeinde, wenigstens an=
      nähernd nach der zuletzt stattgefundenen Ermittelung,
      unter event. Benutzung der Seitens der Polizeibe=
      hörden den Pfarrern zur Ausübung ihres Seelsor=
      geramtes auf Erfordern zu machenden Mittheilungen
      über An= und Abzug von Gemeindegliedern (Verfügung
      vom 9. Oktober 1877, cfr. Kirchl. Amtsbl. S. 78);
   b) die annähernde Zahl der steuerzahlenden Gemeinde=
      glieder nach dem Vorjahre;
   c) die Gesammt=Beträge der von den Mitgliedern
      der Kirchengemeinde nach der vorjährigen Hebe=
      rolle entrichteten direkten Staatssteuern, soweit
      solche der kirchlichen Umlage zu Grunde
      gelegen haben (getrennt nach den Steuer=Arten:
      Klassen= und Einkommensteuer, Grundsteuer, Gebäude=
      steuer und Gewerbesteuer), und falls eine Umlage
      nach dem Maßstabe der Kommunalsteuer erfolgt,
      die Beträge der letzteren nach dem Vorjahre, sowie
      der Prozentsatz, mit welchem die Kommunalsteuer
      von der Staatssteuer erhoben wird.

Hebe-Rollen.

§. 32. Jeder Einziehung von Umlagebeträgen muß die
ordnungsmäßige Aufstellung und öffentliche Auslegung einer
Heberolle (vgl. §§. 33. 34) vorausgehen.

Mit der Aufstellung derselben ist seitens des Presbyteriums
sofort nach erfolgter Genehmigung der Umlage vorzugehen.

Die Heberolle hat den Umlageantheil und den der Berechnung desselben zu Grunde liegenden Staats- oder Kommunal-
steuer-Betrag jedes einzelnen Verpflichteten deutlich ersicht-
lich zu machen.

Wenn nicht die Staatsbehörde einen bestimmten Prozentsatz der zu Grunde gelegten Staats- oder Kommunalsteuer
genehmigt hat, so darf nur diejenige Summe umgelegt werden,
welche in den Etat aufgenommen und genehmigt worden ist,
und es ist unstatthaft, zu diesem Betrage noch Ausfälle oder
Kosten irgend welcher Art hinzuzurechnen (cfr. §. 25 Nr. 1 c
und 3). Bei der Repartition der Umlage auf die Steuerzahler
können jedoch auch nur ganze Prozente zur Anwendung gebracht
werden. — Die Heberollen sind zweckmäßiger Weise so einzurichten, daß sie zugleich als Contobücher dienen können und
demzufolge bei einer aufgeschlagenen Rolle die linke Seite zur
Angabe der Steuerzahler, der zu Grunde gelegten Staats- resp.
Kommunalsteuer und der zu zahlenden kirchlichen Umlage, die
rechte Seite dagegen zum Eintragen der geleisteten Zahlungen
mit Datum resp. laufender Nummer des Kassenbuches und
Geldbetrag, sowie des verbleibenden Restes benutzt werde. Sofern die Vereinnahmung der Umlage durch Königliche Rent-
meister oder durch Gemeinde-Empfänger erfolgt, ist das für die
Kommunalsteuer-Rollen vorgeschriebene Formular mit der durch
den Umlage-Modus sich ergebenden Modifikation anzuwenden.

Bescheinigung der Heberolle.

§. 33. Nachdem die Heberolle aufgestellt worden ist, hat
das Presbyterium

a) dieselbe dem betreffenden Bürgermeister oder Steuer-Em-
   pfänger vorzulegen, um die richtige Eintragung der der
   Umlage zu Grunde gelegten Steuern zu bescheinigen,
   demnächst

b) auf dem Titelblatte die Gesammtbeträge der zu Grunde
   gelegten Staats- oder Kommunalsteuern, sowie der kirchlichen Umlage und den Prozentsatz, nach welchem die
   letztere berechnet wurde, anzugeben, sowie die Rolle einer
   Prüfung auch in kalkulatorischer Hinsicht zu unterziehen
   und demnächst zu vollziehen;

c) dieselbe sodann an einem geeigneten Orte 14 Tage lang

offen zu legen und hiervon der Gemeinde entweder durch zweimalige Bekanntmachung von der Kanzel oder durch einmalige Bekanntmachung sowie Insertion in diejenige Zeitung, welche von der Lokalbehörde zu amtlichen Mit= theilungen benutzt wird (Kreisblatt) resp. durch sonstige ortsübliche Veröffentlichung Kenntniß zu geben;

d) nach Ablauf dieser Frist unter der Heberolle zu be= scheinigen:

„Die Heberolle ist geprüft, wird als richtig auch pro calculo anerkannt und zum Gesammtbetrag von   Mk. festgestellt; gleichzeitig wird bescheinigt, daß dieselbe nach vorschriftsmäßiger Bekanntmachung 14 Tage lang offen gelegen hat.“

Für besonders einfache und eilige Fälle kann das Con= sistorium ausnahmsweise eine kürzere Dauer der Offenlegung gestatten. Die ertheilte Genehmigung ist in der Bekanntmachung zu erwähnen.

Verweigert das Presbyterium bei einer zwangsweise in den Etat eingetragenen Umlage auch die Mitwirkung zur Auf= stellung der Heberolle, so ist die Bescheinigung derselben von dem praeses presbyterii allein auszufertigen.

Zugangs=Hebelisten und Abgangslisten.

§. 34. Ueber die kirchliche Umlage der im Laufe des Jahres zugezogenen oder zur Staats= resp. Kommunalsteuer neu ver= anlagten Gemeindeglieder sind unter Zugrundelegung desselben Prozentsatzes, welcher bei der Heberolle zur Anwendung ge= kommen ist, und nach Maßgabe der für die Heberollen gegebenen Vorschriften Zugangs=Hebelisten aufzustellen. In denselben ist außerdem bei jedem Steuerzahler der Zeitraum, für wel= chen die Umlage berechnet worden ist, anzugeben.

Die Offenlegung dieser Listen kann durch besondere Benach= richtigung der Verpflichteten von der Höhe des zu errichtenden Umlagebetrages ersetzt werden, und es ist in diesen Fällen vom Presbyterium unter diesen Listen zu bescheinigen, daß dies ge= schehen sei. (cfr. §. 37 Nr. 2.)

Die Gemeinde kann auf die Einziehung unerheblicher Zu= gänge verzichten. —

Auch über die Abgänge wird eine Liste aufgestellt,

welche von dem Presbyterium zu prüfen und als richtig zu bescheinigen ist. Dasselbe bringt die als begründet gefundenen Posten (z. B. durch Tod, Verziehen, Herabsetzung in der Steuer, Unpfändbarkeit) in Abgang und überweist die übrigen als Reste zur Vereinnahmung. — (Vgl. die §§. 1. 6. 14 des Gesetzes vom 18. Juni 1840, Ges.S. S. 140.)

Spezielle Bestimmungen über die Aufstellung der Heberollen.

§. 35. Bei der Aufstellung der Heberollen und der Zugangslisten ist zu beachten:

1. Bei gemischten Ehen, ohne Rücksicht darauf, ob der Mann oder die Frau evangelisch ist, kommt die nach dem Steuerfuße zu berechnende Umlage, der bestehenden Praxis gemäß, in der Regel zur Hälfte in Ansatz.

2. Die aus der evangelischen Kirche durch Erklärung vor dem Richter ausgetretenen Personen entrichten noch bis zum Ablaufe des auf die Austrittserklärung folgenden Kalenderjahres die Umlage. Auch dauert die Beitragspflicht derselben zu außerordentlichen kirchlichen Bauten bis zum Ablaufe des zweiten auf die Austrittserklärung folgenden Kalenderjahres fort, sofern die Nothwendigkeit des Baues vor dem Kalenderjahre der Austrittserklärung festgestellt worden war (Gesetz vom 14. Mai 1873, Ges.S. S. 207 und Kirchl. Amtsbl. S. 52).

3. Erfolgt die Aufbringung der kirchlichen Umlage unter Heranziehung der unteren Stufen der Klassensteuer, so können in Ermangelung sonstiger Befreiungsgründe auch diejenigen Personen mit herangezogen werden, welche bei einem jährlichen Einkommen von weniger als 420 Mark nicht im Wege der öffentlichen Armenpflege eine fortlaufende Unterstützung erhalten. Die Veranlagung dieser Steuerpflichtigen erfolgt nach einem für Haushaltungen wie für Einzelsteuernde geltenden fingirten Klassensteuersatze von Mk. 1,50 jährlich (§. 9 a des Gesetzes vom 25. Mai 1873, Ges.S. S. 213).

4. a) Die Civilbeamten der Militärverwaltung (ausschließlich der Lazarethbeamten) in offenen Orten;

   b) alle ohne Pension oder Wartegeld entlassenen Offiziere,

sowie diejenigen mit Pension verabschiedeten Offiziere, welche den Militärgerichtsstand nicht behalten haben;

c) die mit Inaktivitätsgehalt, Wartegeld oder Pension verabschiedeten Offiziere, welche den Militärgerichts= stand behalten haben, wenn an ihrem Aufenthaltsorte ein Militärprediger oder ein mit der Seelsorge für das Militär ausdrücklich beauftragter Civilgeistlicher sich nicht befindet;

d) sämmtliche verabschiedete Beamten der Militärver= waltung und die mit oder ohne Pension entlassenen Militärpersonen aus dem Stande der Unteroffiziere und Gemeinen;

e) auf unbestimmte Zeit beurlaubte Mannschaften und die nicht im aktiven Dienste befindlichen Offiziere, Aerzte, Beamten und Mannschaften der Reserve, Landwehr und Seewehr;

f) die Witwen und Kinder verstorbener Militärpersonen, sowie

g) Dienstboten der Offiziere und Militärbeamten während des Friedens resp. solange sie ihrer Herrschaft nicht ins Feld gefolgt sind,

gehören den Civilkirchengemeinden an (Militär= Kirchenordnung vom 12. Februar 1832, §§. 34—37) und sind deshalb in demselben Maße wie die übrigen Gemeindeglieder zu besteuern.

5. Pfarrer und Kirchenbeamte können von ihrem dienst= lichen Einkommen zur Umlage nicht herangezogen werden.

6. Hinsichtlich der Staats= und Kommunalbeamten, sowie der Lehrer wird auf die Entscheidungen des Herrn Mi= nisters der geistlichen ꝛc. Angelegenheiten vom 22. August 1878 (Kirchl. Amtsbl. S. 80), 13. August 1880 (Kirchl. Amtsbl. S. 69) und 8. November 1884 (Kirchl. Gesetz= und Verordn.-Bl. S. 68) verwiesen.

7. Die kirchliche Besteuerung der Personen mit mehrfachem Wohnsitze erfolgt nach Maßgabe des Ministerial-Erlasses vom 5. Februar 1886 — Kirchl. Amtsbl. S. 16.

Vorlage der Heberollen.

§. 36. Eine Zwangsvollstreckung von Umlagen kann nur

auf Grund vorheriger, durch die Staatsbehörde ertheilter Voll=
streckbarkeits=Erklärung der Heberollen vollzogen werden.
Behufs Erwirkung derselben sind die Heberollen, vorschriftsmäßig
bescheinigt (cfr. §§. 33 und 34, Abs. 2), dem Consistorium
seitens des betreffenden Superintendenten, und zwar für jede
Pfarrgemeinde besonders, bis spätestens zum 1. August einzu=
reichen.

Einziehung der Umlage und Beitreibung der Reste.

§. 37. 1. Falls die Einziehung der Umlage nicht durch
den Kirchmeister (Rendanten) geschieht, ist möglichst das ge=
sammte Einziehungsgeschäft mit Genehmigung der Bezirks=
regierung einem Staats= oder Kommunal=Steuer=Empfänger zu
übertragen. Demselben sind in der Regel nicht mehr als
4 Prozent der Ist=Einnahmen als Tantieme zuzubilligen.

2. Bei der Einziehung der Umlage (einschließlich der in
Zugang gestellten Beträge) ist zu beachten, daß die Umlage=
Zettel den Pflichtigen vor Ablauf des betreffenden Etatsjahres
behändigt sein müssen (Gesetz vom 18. Juni 1840). Auf den
Umlagezetteln sind auch die Fälligkeitstermine anzugeben.

3. Die Zwangsvollstreckung ist durch die vom Staate
zur Anordnung und Leitung des Zwangsverfahrens ermächtigten
Vollstreckungsbehörden (Art. 23 Nr. 3 des Gesetzes vom 3. Juni
1876 — Ges.S. S. 125 — und §. 3 Abs. 1 und 3 der
Verordnung vom 7. September 1879 — Ges.S. S. 591)
zu bewirken, und zwar:

a) falls das gesammte Einziehungsgeschäft mit Genehmigung
der Bezirksregierung einem Königlichen oder Kommunal=
Steuererheber übertragen worden ist, ohne weiteren An=
trag durch diesen;

b) andernfalls durch die auf rechtzeitigen Antrag des Pres=
byteriums von der Bezirksregierung für jede Kirchen=
gemeinde ein für allemal zu bestimmende Vollstreckungs=
behörde (§. 3 Absatz 3 a. a. O.) auf den Antrag des
Kirchmeisters (Rendanten) der Kirchengemeinde.

Zu diesem Zwecke hat derselbe unter Berücksichtigung der
Fälligkeitstermine der Umlage — jedenfalls noch vor Jahres=
schluß — behufs Beitreibung der Reste ein als richtig beschei=
nigtes Verzeichniß derselben (Lfd. Nummer der Heberolle

resp. Zugangsliste, Name und Wohnort des Restanten, Rest=
betrag) nebst der exekutorisch erklärten Heberolle resp. Zu=
gangsliste der Vollstreckungsbehörde direkt vorzulegen.

4. Die Zwangsvollstreckung erfolgt unbeschadet des
Reklamationsverfahrens.

5. Sofern nicht bei der Uebertragung des gesammten
Einziehungsgeschäftes eine Remuneration für die Gesammt=
erhebung besonders vereinbart worden ist (Nr. 1), haben

die Vollstreckungsbehörden auf die ihnen nach Maßgabe
der Bestimmung im Artikel 3 Absatz 2 der Aus=
führungsanweisung vom 15. September 1879 zu der
Verordnung vom 7. September 1879 zu gewährende
Remuneration und

die Vollziehungsbeamten auf die in dem Tarife zu der
Verordnung vom 7. September 1879 festgesetzten
Gebühren

Anspruch).

Reklamationen.

§. 38. Reklamationen sind binnen einer dreimonatlichen
Ausschlußfrist, vom Tage der Offenlegung der Heberolle bezw.
der besonderen Benachrichtigung der Verpflichteten (§. 34 Ab=
satz 2) an, zulässig (cfr. die §§. 1 und 14 des Gesetzes vom
18. Juni 1840, Ges.S. S. 140). — Ueber dieselben ent=
scheidet das Presbyterium. Gegen dessen ablehnenden Bescheid
steht den Betheiligten binnen einer sechswöchentlichen Ausschluß=
frist, vom Tage der Zustellung des Bescheides an, der Rekurs
an die vorgesetzten Behörden zu. Derselbe ist an das Con=
sistorium einzureichen und von diesem mittels gutachtlicher Aeu=
ßerung an die betreffende Bezirks=Regierung abzugeben, welche
die erforderliche Entscheidung zu treffen hat.

Einwendungen, welche nur vermeintliche Mängel des Zwangs=
verfahrens (§. 2 Absatz 2 der Verordnung vom 7. September
1879 — Gesetz=Sammlung Seite 591) — oder die angeb=
liche Unzulässigkeit der Zwangsvollstreckung wegen nachgewiesener
Berichtigung des beizutreibenden Geldbetrages oder wegen ertheilter
Fristbewilligung (§. 25 a. a. O.) betreffen, sind unmittelbar
an die dem Vollstreckungsbeamten vorgesetzte staatliche Dienst=
behörde zu richten.

Beständige Abgaben und Leistungen.

§. 39. Hinsichtlich der an Kirchen und deren Beamte zu entrichtenden beständigen dinglichen oder persönlichen Abgaben und Leistungen, welche auf allgemein gesetzlichen Vorschriften oder auf notorischen Orts- oder Bezirks-Verfassungen beruhen, findet die exekutivische Beitreibung sowohl der laufenden als auch der aus den letzten zwei Jahren rückständig verbliebenen Beträge nach Vorschrift der Kabinetsordre vom 19. Juni 1836 bezw. des Gesetzes vom 24. Mai 1861 (Gesetz-Sammlung de 1836, Seite 198 und de 1861, Seite 241 sowie Kirchl. Amtsblatt de 1861, Seite 48) durch die betreffende Verwaltungsbehörde statt.

Da die exekutivische Beitreibung gehemmt wird, wenn der in Anspruch Genommene eine Exemtion behauptet und, wenigstens seit zwei Jahren vom letzten Verfalltermine zurückgerechnet, im Besitze der Freiheit sich befindet, so haben die Presbyterien schon mit Rücksicht hierauf den regelmäßigen Eingang der Abgaben und die rechtzeitige Ausführung der schuldigen Leistungen für die kirchlichen Fonds zu sichern.

Stehen die von den einzelnen zu entrichtenden Beträge :c. nicht fest, sondern werden dieselben observanzmäßig alljährlich unter Zugrundelegung eines bestimmten Vertheilungs-Modus berechnet, so sind die betreffenden Hebelisten in jedem Jahre unter Mitwirkung der Presbyterien rechtzeitig aufzustellen und wie die Heberollen über die kirchliche Umlage zur Einsichtnahme offen zu legen. Findet die Repartition nach dem Fuße der Staatssteuern statt, so muß in den Listen von dem betreffenden Bürgermeister oder Steuerempfänger die Richtigkeit der eingetragenen Steuern bescheinigt werden.

Behufs Zwangsbeitreibung der etwa verbliebenen Reste ist am Jahresschlusse seitens der Empfangsberechtigten resp. des mit dem Empfange Beauftragten ein Verzeichniß der im Rückstande verbliebenen Debenten aufzustellen, als richtig zu bescheinigen, sowie von dem Presbyterium mit einem Atteste darüber zu versehen, daß die Verpflichtung zur Entrichtung der aufgenommenen Beträge und Leistungen auf einer bestehenden Orts- (Bezirks-) Verfassung beruhe.

Dieses Rest-Verzeichniß wird demnächst, unter Beifügung der etwa zu Grunde gelegten Vertheilungsliste und eines Marktpreis-Attestes des Bürgermeisters, falls an Stelle von Naturalien eine Geldentschädigung berechnet worden ist, dem Consistorium zur Herbeiführung der Vollstreckbarkeits-Erklärung vorgelegt.

Wenn die Pfarrer und Kirchen-Beamten derartige Gehaltstheile selbst erheben, so haben sie allein für deren Einziehung Sorge zu tragen. Das Presbyterium hat jedoch auch seinerseits darauf zu achten, daß dieselben regelmäßig erhoben werden, damit sie nicht etwa durch unterlassene Einziehung verloren gehen. —

Bei rückständigen Stolgebühren findet die Beitreibung im Verwaltungs-Zwangsverfahren nicht statt; dieselben sind vielmehr im Rechtswege (durch Zahlungsbefehl) einzuziehen. (cfr. §§. 628 ff. der Civilprozeßordnung vom 30. Januar 1877, R.-G.-Bl. S. 83.)

B. Buch- und Kassenführung.

Kassenbestand.

§. 40. Jeder Verwalter einer Kasse ist verpflichtet, den Bestand derselben sorgfältig und sicher aufzubewahren, und haftet für alle durch sein Verschulden entstehenden Verluste mit seinem Vermögen.

Kassenübergabe.

§. 41. Nach dem Eintritte eines neuen Kirchmeisters, Diakonen oder Rendanten ist durch den praeses presbyterii auf Grund des abgeschlossenen und vorher nach den Belägen und der letzten Rechnung geprüften Kassen-Journals (Einnahme- und Ausgabebuchs) und eines Verzeichnisses der Restanten resp. auf Grund der gelegten Rechnung die Kasse zu übergeben.

Einnahmen und Ausgaben.

§. 42. Bei feststehenden Einnahmen*), sowie bei Ausgaben, welche in den Etats für bestimmte Personen unter Angabe

---

*) Alle einer Kirchengemeinde zufließenden außerordentlichen Einnahmen, z. B. Unterstützungen, Geschenke, Erträge einer Kollekte ꝛc. sind, unter deutlicher Bezeichnung ihrer Bestimmung und ordnungsmäßig belegt, in der betr. Rechnung nachzuweisen.

des Zweckes, ohne weiteren Vorbehalt, enthalten sind, gilt der Etat als generelle Anweisung. An andere als die bezeichneten Personen dürfen Ausgaben nur auf Grund einer speziellen Ermächtigung des praeses presbyterii bezw. des Vorsitzenden der Spezialstiftung geleistet werden. Auch im Uebrigen werden durch diesen alle Hebungen und Zahlungen nach §. 16, 1 der Kirchenordnung angewiesen. Bei Prüfung der Rechnungs-Beläge ist erforderlichen Falles vor der Zahlung die Richtigkeit und Preiswürdigkeit der in Rechnung gestellten Arbeiten und Lieferungen durch einen Sachverständigen festzustellen.

Zur Erleichterung der Rechnungslegung dient es, wenn den Handwerkern und Lieferanten zur Pflicht gemacht wird, ihre Rechnungen nach den Titeln des Etats zu trennen und nicht Gegenstände, die unter verschiedene Titel gehören, in eine Rechnung zusammenzufassen.

Ueberschreitungen und Ersparnisse.

§. 43. Die einzelnen Titel des Etats übertragen sich gegenseitig mit Ausnahme der Titel: „Besoldungen", „Armen-Unterstützungen", „Passiv-Zinsen und Renten", sowie „Anzulegende Kapitalien". Es können demnach mit dieser Einschränkung seitens des Presbyteriums die Mehr-Einnahmen oder Ersparnisse des einen Titels zu Mehr-Ausgaben eines anderen Titels ohne weitere Anfrage verwendet werden.

Die Verwendung von Ersparnissen des Besoldungstitels zu anderen Ausgaben ist nur dann ohne Genehmigung der Synodal-Rechnungs-Kommission und zwar vorbehaltlich der Rechte Dritter zulässig, wenn bei Eintritt einer Pfarr- oder sonstigen Vakanz die Ersparnisse aus diesem Titel zur Bestreitung der Vakanzkosten, einschließlich der Wahl-, Umzugs- und Einführungskosten des neuen Pfarrers resp. Kirchenbeamten, verwendet werden.

In gleicher Weise ist das Presbyterium berechtigt, Ersparnisse an Hebegebühren zu Ausgaben eines anderen Titels zu verwenden.

Ueberschreitungen des Etats im Ganzen sind zu vermeiden, und darf daher ein Deficit oder ein durch Rest-Einnahme nicht zu deckender Vorschuß des Rechnungsführers im Allgemeinen nicht vorkommen. Für Ausnahmefälle hat die Synodal-

Rechnungs-Kommission hinsichtlich der zulässigen Höhe des Betrages eine Grenze festzustellen und darf deren Ueberschreitung nur bei unvermeidlichen größeren Ausgaben oder dem Nicht Eingange eines großen Theiles der Einnahmen gestatten. Außerdem darf das Presbyterium, wenn eine kirchliche Umlage bereits erhoben oder durch die Ueberschreitung der etatsmäßigen Ausgaben für das nächste Jahr nothwendig wird, ohne vorherige Ermächtigung der Repräsentation, welche wegen Beschaffung der fehlenden Mittel zu beschließen hat, über die ihm nach dem Etat der Kirchenkasse zur Verfügung stehenden Summen nicht hinausgehen. Ein jeder Vorschuß (Deficit) ist möglichst in dem nächsten Etatsjahre zu decken; kann dieses nicht geschehen, so ist derselbe, falls die Deckung auch in den nächsten 2 Jahren nicht erfolgen kann, wie eine Anleihe zu behandeln, d. h. es ist die Genehmigung zur Verzinsung und successiven Tilgung, unter Beifügung eines Amortisationsplanes, bei dem Consistorium nachzusuchen.

Kassenbuch (Journal).

§. 44. Jeder Kassenverwalter hat alle Einnahmen und Ausgaben sofort in ein dazu bestimmtes, dauerhaftes Kassenbuch (Journal) einzutragen.

Berichtigungen in demselben geschehen in der Art, daß die falschen Angaben durchstrichen und die richtigen darüber geschrieben werden.

Das Kassenbuch wird von Seite zu Seite aufgerechnet und die Summe jeder Seite auf die folgende Seite übertragen, sowie zu jeder Kassenrevision und am Schlusse des Rechnungsjahres vollständig abgeschlossen.

Hierbei wird die Ausgabe-Summe von der Einnahme abgezogen und der Bestand oder das Deficit in das folgende Jahr, für welches im Kassenbuche ein neuer Abschnitt zu bilden ist, übertragen.

Wird die Kirchenkasse von dem Rendanten einer anderen öffentlichen Kasse mitverwaltet, so hat derselbe ein Spezialjournal über die Einnahmen und die Ausgaben der Kirchenkasse zu führen.

Die gezahlten Beträge der Umlage sind, falls der Kirchmeister (Rendant) selbst dieselben einzieht, außer ihrer Eintragung in das Kassenbuch noch in der Heberolle bei dem Namen des Steuerzahlers zu notiren.

Hauptbuch (Manual).

§. 45. Alle besoldeten Rendanten haben außer dem Kassen= buche (Journal) noch ein Hauptbuch (Manual) zu führen. Auch den Kirchmeistern und unbesoldeten Rendanten, namentlich bei Kassen von einem größeren Geschäftsumfange, wird die Führung eines Hauptbuches dringend empfohlen. Dasselbe wird, für jeden Fonds getrennt, alljährlich neu angelegt und dem In= halte des Etats — nach Titeln und Positionen — entsprechend eingerichtet. Da die zur Eintragung kommenden Einnahme= und Ausgabe=Posten nicht im Voraus genau bekannt sind, so müssen innerhalb der einzelnen Titel die nothwendigen Zwischen= räume gelassen werden.

In das Manual sind zunächst die bei dem Abschlusse des vorjährigen Manuals resp. der Rechnung verbliebenen Ein= nahme= und Ausgabe=Reste als Zugang in Kolonne 2, sowie die feststehenden laufenden Einnahmen und Ausgaben nach Maß= gabe des betreffenden Etats als Soll in Kolonne 1 einzeln einzutragen. Alle übrigen nicht etatsmäßig fixirten Einnahmen und Ausgaben müssen sofort beim Eingange der betreffenden Anweisung im Manuale zum Soll gestellt werden. Hierzu ist Kolonne 4 zu benutzen, so daß diese die einzelnen Beträge enthält, welche auf das etatsmäßige Soll angewiesen sind, und somit stets gegen dasselbe balancirt werden kann.

Quittungen.

§. 46. Ueber jede Zahlung muß der Rechnungsführer sich sofort Quittung ertheilen lassen; doch können Zahlungen an auswärtige Privatpersonen bis zum Betrage von 400 Mark durch Post=Anweisung geleistet und durch den Post=Einlieferungs= schein statt der Quittung justifizirt werden. — Personen, welche schreibensunkundig sind, vollziehen die Quittung mittelst Hand= zeichens, welches von einer unbetheiligten Person zu attestiren ist.

Ueber periodische Zahlungen, z. B. Gehälter, sind bei der letzten Zahlung im Etatsjahre Jahresquittungen zu fordern und den Rechnungsbelägen einzureihen, die einzel=

nen Quittungen aber den Ausstellern derselben auf Verlangen zurückzugeben, sonst zu vernichten.

Bei Geldspenden an Arme haben die Diakonen über die geleisteten Zahlungen wenigstens eine Nachweisung mit namentlicher Angabe der Empfänger und Aufführung der Geldbeträge aufzustellen und unter derselben zu bescheinigen, daß die Zahlungen stattgefunden haben.

Die Ausgaben für Naturallieferungen an Arme (Kohlen, Holz, Brod, Kleidungsstücke u. s. w.) sind stets mit den Quittungen der Lieferanten zu belegen.

Kassenabschluß.

§. 47. Der besoldete Rendant hat am Ende jedes Vierteljahres dem praeses presbyterii folgenden Kassenabschluß behufs Vorlage in der nächsten Presbyterialsitzung einzureichen:

In der Zeit vom 1. April bis . . ten . . betrug bei dem

	Kirchen-fonds	Baufonds	Armen-fonds ꝛc.	in Summa
die Einnahme:	—,— M.	—,— M.	—,— M.	—,— M.
die Ausgabe:	—,— M.	—,— M.	—,— M.	—,— M.
es ist daher Bestand:	—,— M.	—,— M.	—,— M.	—,— M.
„ „ „ Vorschuß:	—,— M.	—,— M.	—,— M.	—,— M.

Die Aufstellung derartiger Kassenabschlüsse wird auch den Kirchmeistern und unbesoldeten Rendanten, insbesondere bei Kassen von einem größeren Geschäftsumfange, dringend empfohlen.

Kassenrevisionen.

§. 48. Das Presbyterium ist befugt, die seiner Aufsicht unterworfenen Kassen nach Maßgabe der Nummer 2 der §§. 16 und 17 der Kirchenordnung einer besonderen Revision zu unterziehen. Bei Kassen, welche von besoldeten Rendanten verwaltet werden, ist das Presbyterium verpflichtet, regelmäßige sowie auch außerordentliche Kassenrevisionen (letztere in der Regel jährlich ein Mal) anzuordnen.

Bei jeder Kassenrevision wird mit der Nachzählung des vom Rendanten baar vorzuzeigenden Bestandes der Anfang

15

gemacht und der Rendant zu der amtlichen Erklärung auf=
gefordert, daß er keine anderen als die vorgezeigten Kassengel=
der in Händen habe. Demnächst wird das Journal in calculo und die seit der letzten gewöhnlichen oder außergewöhnlichen Revision vorgenommenen Eintragungen nach den Etats
und den Belägen geprüft, sowie festgestellt, ob der zu bewir-
tende Abschluß mit dem vorgezeigten Bestande übereinstimmt,
auch vom Manuale Einsicht genommen, wobei die bereits fälli=
gen, aber noch nicht als vereinnahmt nachgewiesenen Beträge
speziell geprüft werden, sowie am Schlusse die Werthpapiere
einer Revision unterzogen.

Unter den Abschluß des Kassenbuches setzt der Revisor
den Vermerk der Revision und nimmt über den Befund eine
Verhandlung auf, welche der Rendant mit zu vollziehen hat.

Wird eine kirchliche Kasse von einem Königlichen oder
einem Kommunal=Steuerempfänger oder von dem Rechnungs=
führer einer anderen Kasse mitverwaltet, so hat sich der Revisor
mit dem Curator der betreffenden Kasse (Landrath, Bürgermeister u. s. w.) behufs Betheiligung desselben an der Kassenrevision in Verbindung zu setzen, damit jedesmal sämmtliche
Fonds gleichzeitig vevidirt werden.

Ergiebt sich bei einer Kassenrevision eine unrichtige Buch=
führung oder stellt sich ein Deficit heraus, welches nicht sofort
im Beisein des Revisors gedeckt wird, so sind die zur Siche=
rung des kirchlichen Fonds nothwendigen Maßregeln schleunigst
zu ergreifen und ist dem Consistorium, unter Vorlage einer
Abschrift der Kassenrevisions=Verhandlung, Anzeige zu erstatten.

Rechnungslegung im Allgemeinen und Spezial= Baurechnungen.

§. 49. Ueber jeden, nach einem eigenen Etat verwalteten
Fonds ist von dem betreffenden Kassenverwalter alljährlich eine
Rechnung nach dem beigefügten Formulare aufzustellen und
dem Presbyterium zu dem von demselben bestimmten Termine
in doppelter Ausfertigung einzureichen.

Jede Rechnung muß auf das Kassenbuch — und wenn
ein Manual geführt wird, auch auf dieses — gegründet sein
und mit dem Abschlusse desselben genau übereinstimmen. —
Die Einnahmen und Ausgaben sind in den Rechnungen nach

den einzelnen Belägen anzuführen, da es sowohl die Rechnungslegung als die Revision erschweren würde, wenn die Beträge mehrerer Beläge in einer Summe ausgebracht werden.
Sie müssen so deutlich bezeichnet werden, daß der Sachverhalt,
also bei den Ausgaben der Name des Empfängers und die
ausgeführte Leistung, zu ersehen ist.

Die Ausgaben für größere, durch mehrere Rechnungsjahre sich hinziehende Bauten (z. B. Kirchen, Pfarrhäuser ꝛc.)
sind nicht in die Rechnungen der betreffenden Kasse aufzunehmen, sondern nach Beendigung und Abnahme des Baues,
unter Beifügung des Kostenanschlages, der Bau-Revisions-Nachweisung oder eines Revisionsattestes, in Spezial-Baurechnungen nachzuweisen. Das Formular ist dasselbe wie zu
den anderen Rechnungen, nur mit dem Unterschiede, daß die
Rubrik: „Nach dem Etat" die Ueberschrift: „Nach dem Kostenanschlage" erhält, die Restkolonne fortfällt und die Beläge nach
den Titeln des Kostenanschlages geordnet werden.

Die dem Baufonds aus der Kirchenkasse oder aus anderen Fonds geleisteten Zuschüsse erscheinen in den bezüglichen
Jahresrechnungen derselben in einer Summe in Ausgabe;
außerdem werden in der Rubrik: „Bemerkungen" dieser Rechnungen die verausgabten Zuschüsse bis zur Beendigung der
Bauten von Jahr zu Jahr nachrichtlich fortgeführt, so daß
die Richtigkeit der in den Spezial-Baurechnungen nachgewiesenen
Einnahmen nach der letzten Jahresrechnung geprüft werden kann.

Einnahme- und Ausgabe-Reste.

§. 50. Sind Einnahmereste vorhanden, so ist bei mehr
als viermonatlichen Rückständen in der Rubrik: „Bemerkungen"
der Jahresrechnung der Grund anzugeben, weshalb der Rest
noch nicht hat eingezogen werden können. — Unbeibringliche
Einnahmereste können nur auf Grund eines besonderen Beschlusses des Presbyteriums, welcher in beglaubigter Abschrift
mit der Nachweisung der Reste den Rechnungsbelägen beizufügen ist, niedergeschlagen werden. Hierzu ist bei Beträgen
über 30 Mark bis einschließlich 150 Mark die Genehmigung
der Synodal-Rechnungs-Kommission, bei höheren Beträgen
sowie bei allen Kapitalien die Genehmigung des Consistoriums erforderlich).

Die Ausgabereste sind in den Rechnungen speziell zu
bezeichnen.

Vorschüsse und Depositen.

§. 51. Vorschußweise geleistete Zahlungen, d. h. Beträge, welche zur Wiedereinziehung bestimmt sind (z. B. Pro-
zeßkosten), sofern sie in demselben Rechnungsjahre wieder
eingezogen werden, und

Depositen, d. h. Einnahmen, welche nur einstweilen
aufbewahrt werden (z. B. Kautionen der Rendanten, Bauhand-
werker u. s. w.), laufen nicht durch die Rechnungen, sondern
werden nur in den Kassenbüchern nachgewiesen.

Vorschüsse, welche nicht in demselben Rechnungsjahre
wieder eingezogen worden sind, müssen gleichzeitig bei den Einnahmen als Reste nachgewiesen werden.

Das Presbyterium hat darauf zu achten, daß die Wiedereinziehung der Vorschüsse rechtzeitig erfolgt; auf uneinziehbare
Vorschüsse finden die Vorschriften im §. 50 Anwendung.

Belagshefte.

§. 52. Die Beläge sind nach der Reihenfolge der Positionen der Rechnung zu ordnen, fortlaufend am oberen Rande
zu nummeriren sowie zu heften.

Ueber die in Verding ausgeführten Arbeiten sind die
Submissions-Verhandlungen, Kontrakte und Kosten-Anschläge,
bei Holzschlägen und Waldkulturen die genehmigten Holz-
fällungs- und Kultur-Pläne beizufügen.

An Stelle der Umlage-Heberollen kann eine Bescheinigung
des Presbyteriums über die Höhe der Soll-Einnahme als Be-
lag dienen.

Pfarr- und Küster- 2c.-Fonds.

§. 53. Ziehen die Pfarrer und Kirchenbeamten die Erträge des Vermögens ihrer Amtsstellen selbst ein, so müssen
doch die Presbyterien sich davon überzeugen, daß die zur Do-
tation der Stellen gehörigen Bestandtheile keine einseitige Veränderung oder Schädigung erfahren haben, und der Synodal-
Rechnungs-Kommission eine Bescheinigung darüber mit vorlegen.

Ueber die während einer Vakanz vorgenommenen Einnahmen und Ausgaben sind bei Pfarr- und Küster- :c. Stellen mit dotirtem Einkommen besondere Rechnungen aufzustellen. Die gemachten Ersparnisse verbleiben dem betreffenden Fonds — vorbehaltlich der Rechte Dritter.

Rechnungs-Abnahme.

§. 54. Das Presbyterium hat entweder selbst oder durch einen zu ernennenden Rechnungs-Ausschuß jede Rechnung einer sorgfältigen Prüfung zu unterziehen und sich von der Richtigkeit derselben zu überzeugen. Daß dies geschehen, ist unter der Rechnung zu konstatiren und im Presbyterial-Protokolle zu erwähnen. Etwaige Bemerkungen, zu welchen die Revision Veranlassung gibt, sind gleichfalls in das Protokoll aufzunehmen, und ist eine beglaubigte Abschrift desselben mit der Rechnung der Synodal-Rechnungs-Kommission zu dem von derselben festgestellten Zeitpunkte vorzulegen.

Rechnungs-Revision.

§. 55. Die Revision der Rechnungen durch die Synodal-Rechnungs-Kommission, die Beantwortung und Erledigung der Notaten, sowie die Ertheilung der Decharge an die Rendanten erfolgt nach Maßgabe der bestehenden oder seitens der Kreis-Synoden mit Genehmigung der Provinzial-Synode und des Consistoriums noch zu erlassenden Geschäfts-Ordnungen.

Ueberficht über das Rechnungswesen.

§. 56. Die Synodal-Rechnungs-Kommission bezw. der Kalkulator derselben fertigt alljährlich eine vollständige Ueberficht des Vermögens- und Rechnungszustandes der Gemeinden und kirchlichen Fonds an, welche durch den Superintendenten nebst einem Berichte der Kommission über ihre Thätigkeit, über etwaige Bedenken, auf welche dieselbe bei der Arbeit gestoßen ist, sowie über neue Einrichtungen, die sich als wünschenswerth herausgestellt haben, bis zum 31. Dezember dem Consistorium einzureichen ist.

Diese Ueberficht wird außerdem der Kreis-Synode vorgelegt und den Kreis-Synodal-Verhandlungen als Anhang beigefügt.

Aufbewahrung der Kassenbücher und Vernichtung der Beläge.

§. 57. 1. Die nicht mehr im Gebrauche befindlichen Kassenbücher sowie die Rechnungen mit den dazu gehörigen Belagsheften sind, geordnet nach den Jahrgängen, im Pfarr-Archive aufzubewahren.

2. Ueber die Vernichtung derselben wird Folgendes festgesetzt:

a) die Rechnungen selbst sind fortwährend aufzubewahren;

b) die Vernichtung der zu den Rechnungen gehörigen Beläge kann vorgenommen werden, sobald 10 volle Jahre seit der Dechargirung verflossen sind. Dieselben dürfen jedoch nicht eher vernichtet werden, als bis sie durch den praeses presbyterii oder durch ein anderes geeignetes Mitglied des Presbyteriums einer genauen Durchsicht unterzogen und alle Beläge ausgesondert worden sind, welche zur Sicherheit der Verwaltung oder dritter Personen resp. zum künftigen Gebrauche aufbewahrt werden müssen, wie dies bei allen Originaldokumenten und Verhandlungen, bei vielen Kontrakten, Anschlägen, Plänen u.s.w. der Fall ist.

IV. Abschnitt.

Lagerbücher.

§. 58. Die Einrichtung der kirchlichen Lagerbücher wird einer besonderen Regelung vorbehalten.

V. Abschnitt.

Schlußbestimmung.

§. 59. Die Provinzial-Synode wacht im Sinne des §. 49 Abs. 1 und 2 der Kirchenordnung über die Aufrecht-erhaltung dieser Verwaltungs-Ordnung. Abänderungen derselben bedürfen, soweit solche nicht in Folge allgemeiner staatlicher oder kirchlicher, auch für die Rheinprovinz verbindlicher Vor-schriften von selbst einzutreten haben, der Genehmigung der Provinzial-Synode.

Nachdem der Evangelische Ober Kirchenrath durch die Erlasse vom 6. Mai vor. Js. (Nr. 1420) und vom 23. Dezember
vor. Js. (Nr. 6094) die vorstehende, nach Maßgabe der Be
schlüsse der XVIII. und XIX. Rheinischen Provinzial Synode
auf Grund des §. 147 der Kirchenordnung aufgestellte

„Ordnung für die Verwaltung des Vermögens der evangelischen Kirchengemeinden in der Rheinprovinz"
kirchenaufsichtlich genehmigt hat, wird in Folge der von demselben gleichzeitig uns ertheilten Ermächtigung diese Ordnung
hierdurch bestätigt.

Coblenz, den 16. Januar 1888.

Königliches Consistorium.

**21) Einrichtung und Fortführung der Lagerbücher
der evangelischen Kirchengemeinden und kirchlichen
Institute in der Rheinprovinz.**

Zur Sicherung des Vermögens und der Rechte der Kirchengemeinden und kirchlichen Institute gegen Verluste, sowie
um den Inhabern kirchlicher Stellen und den Organen der
Verwaltung zu jeder Zeit einen klaren Ueberblick über die
gesammte Vermögenslage und die bezüglichen Rechts-Verhält-
nisse zu gewähren, sind ordnungsmäßig aufgestellte und in die
Einzelheiten eingehende Lagerbücher und Inventarien von wesentlicher Bedeutung.

Die Presbyterien, Verwaltungsräthe, Curatorien rc. haben
deshalb über die ihrer Verwaltung anvertrauten Vermögensgegenstände genaue und vollständige Verzeichnisse, soweit solche
noch nicht vorhanden sind, nach Anleitung der nachstehenden
Vorschriften aufzustellen bezw. die schon vorhandenen Ueber-
sichten danach zu vervollständigen.

Einrichtung der Lagerbücher.

§. 1. Behufs Anfertigung des Lagerbuches hat das
Presbyterium rc. eines oder mehrere seiner Mitglieder zu bestimmen, welche unter Zugrundelegung der vorhandenen Urkunden, Etats, Rechnungen und sonstigen Notizen das Ver-

mögen der betreffenden Kirchengemeinde ꝛc. in seinen einzelnen Bestandtheilen einer eingehenden Prüfung zu unterziehen, von dem Vorhandensein der einzelnen Grundstücke in ihrem Soll-Bestande, von dem baulichen Zustande und der Einrichtung der Gebäude, von der fortdauernden Gültigkeit der Hypotheken-Instrumente und sonstigen Schulddokumente, von dem Vorhandensein und der noch nicht erfolgten Ausloosung der Werthpapiere, event. unter Mitwirkung von Sachverständigen, sich zu überzeugen, die der Kirchengemeinde ꝛc. zustehenden Gerechtsame und deren unausgesetzte Uebung, überhaupt den ganzen Besitzstand der Kirchengemeinde ꝛc., sowie auch die Schulden und Verpflichtungen derselben genau und sicher festzustellen haben.

§. 2. Sind über die auf speziellen Rechtstiteln beruhenden Verpflichtungen einzelner Schuldner beweisende Dokumente nicht vorhanden, so ist die Anerkennung mit der nöthigen Vorsicht, soweit dies möglich ist, herbeizuführen.

§. 3. Sämmtliche Grundstücke sind, soweit dies noch nicht geschehen ist, mit Grenzsteinen zu bezeichnen sowie zu kartiren und nöthigenfalls neu zu vermessen.

Der Soll-Bestand muß sowohl mit dem gegenwärtigen thatsächlichen Zustande als auch mit den Angaben des Grund- und Gebäudesteuer-Katasters übereinstimmen und ist, im Falle sich bei der Prüfung Verschiedenheiten ergeben, wegen der Berichtigung das Erforderliche sofort zu veranlassen.

§. 4. Nachdem die Bevollmächtigten des Presbyteriums ꝛc. ihre Ermittelungen und Vorbereitungen beendet haben, berichten sie über das Ergebniß und geben zugleich ihre Vorschläge über die Aufstellung des Lagerbuches ab.

Die Anfertigung sowie auch die später nothwendig werdende Fortschreibung und Berichtigung desselben erfolgt durch den Vorsitzenden des Presbyteriums (Verwaltungsrathes ꝛc.) selbst oder durch ein geeignetes Mitglied des Presbyteriums (Verwaltungsrathes ꝛc.) bezw. durch eine dafür bestellte Kommission, erforderlichenfalls auch unter deren Aufsicht und Leitung durch eine zu diesem Zwecke besonders zu bestellende Person auf Kosten der betreffenden Kirchengemeinde (Stiftung).

§. 5. Die Lagerbücher, zu welchen gutes und festes Papier in angemessenem Formate zu verwenden ist, werden in

doppelter Ausfertigung angelegt, paginirt und dauerhaft gebunden.

Die dazu gehörigen Karten und Zeichnungen sind in eine
besondere Sammlung zu vereinigen.

Alle Eintragungen in das Lagerbuch müssen möglichst
ohne Correcturen in einer guten, deutlichen Handschrift erfolgen. Dieselben dürfen erst dann vorgenommen werden, wenn
die Richtigkeit der betreffenden Posten anerkannt ist (§§. 12
und 20).

§. 6. Jedes Lagerbuch muß den Nachweis über das gesammte Vermögen der einzelnen Kirchengemeinde :c. (Mutter-,
Tochter-, Schwester-Gemeinde, Stiftung :c.) mit einer kurzen,
aber deutlichen Beschreibung nach Maßgabe der nachfolgenden
Bestimmungen enthalten.

Für Stiftungen, welche zwar vermöge ihres kirchlichen
Charakters der Aufsicht des Presbyteriums unterstehen, jedoch
stiftungsmäßig von eigenen Vorständen verwaltet werden, können
besondere Lagerbücher angelegt werden.

Ebenso ist nachgegeben, das Lagerbuch einer Gemeinde
in mehrere Theile für einzelne Fonds zu trennen, wenn
dasselbe in einem Bande zu umfangreich werden würde.

§. 7. Alle Lagerbücher werden mit Inhaltsverzeichnissen
versehen und erhalten als Einleitung eine kurzgefaßte Geschichte
der Kirchengemeinde (Stiftung :c.), in welcher die zu der
Parochie nach Herkommen oder urkundlich gehörenden Civilgemeinden :c., sowie die etwa mit derselben ein Pfarrsystem
bildenden sonstigen Kirchengemeinden namentlich zu bezeichnen,
ferner der geschichtliche Zusammenhang verbundener Kirchen-
und Schulstellen, sowie die Entstehung und die wesentlichsten
Veränderungen des Vermögens, soweit dieselben mit Sicherheit noch ermittelt werden können, zu erwähnen sind.

Bestehen Patronatsverhältnisse, so sind dieselben, sowie
die dem Patrone zustehenden Rechte und etwa obliegenden
Verpflichtungen genau anzugeben.

Die auf die einzelnen Fonds bezüglichen geschichtlichen
Mittheilungen können auch unter dem betreffenden Titel selbst
erörtert werden.

§. 8. Hierauf werden im Lagerbuche für die einzelnen,
von dem Presbyterium verwalteten Fonds (Kirchen-, Pfarr-,

Küster-, Organisten-, Schul-, Armen-Fonds, Vermögen der Stiftungen ꝛc.), getrennt nach den verschiedenen Zwecken, für welche sie bestimmt sind, besondere Abtheilungen eingerichtet und fortlaufend mit A, B, C u. s. w. bezeichnet.

Vermögenstheile, welche einem kirchlichen und einem Schul- amte gemeinsam gehören, sind hiernach zu bezeichnen; ist das Rechtsverhältniß streitig oder unaufgeklärt, so sind hierauf be- zügliche Vermerke aufzunehmen.

Befinden sich das ganze Pfarr-, Küster-, Schul- ꝛc. Vermögen oder einzelne Theile desselben im gemeinschaftlichen Besitze mehrerer Kirchengemeinden, so sind die betreffenden Vermögensobjekte im Lagerbuche einer jeden Kirchengemeinde, welche Miteigenthumsrechte an denselben hat, unter Angabe des Sachverhaltes aufzuführen.

§. 9. In den Abtheilungen sind die Vermögensvortheile nach folgender Ordnung aufzuführen:

Titel I. Grundstücke, und zwar: Ackerland, Gärten, Wein- berge, Wiesen, Weiden, Waldungen, Kirchhöfe, Plätze, Wege, Oedland.

1. Laufende Nummer,
2. Name der Katastralgemeinde,
3. Nummer der $\begin{cases} \text{Flur,} \\ \text{Parzelle,} \end{cases}$
4. Lage bezw. Bezeichnung des Grundstückes; Grenzen ꝛc.,
5. Kulturart,
6. Flächeninhalt $\begin{cases} \text{Hektar,} \\ \text{Ar,} \\ \text{Quadratmeter,} \end{cases}$
7. Angabe der Lasten, welche auf dem Grundstücke haften, sowie ob dasselbe einem Deich-, Meliorations-, Wald- schutz- ꝛc. Verbande angehört oder sonst hinsichtlich der freien Disposition Beschränkungen unterworfen ist,
8. Bezeichnung des Erwerbstitels oder der sonstigen Urkunden und Beweismittel über die Eigenthums-Verhältnisse,
9. Eingetragen in das Grundbuch unter $\begin{cases} \text{Band,} \\ \text{Blatt,} \\ \text{Nummer,} \end{cases}$

10. Benutzungsart des Grundstückes (ob verpachtet oder selbst= bewirthschaftet ꝛc.),
11. Bemerkungen und Erläuterung der Veränderungen.

Titel II. Gebäude.

1. Laufende Nummer,
2. Name der Katastralgemeinde,
3. Nummer der { Flur,
{ Parzelle,
4. Bezeichnung des Gebäudes, Lage nach Straße, Haus= nummer ꝛc.,
5. Grenzen,
6. Grundfläche { Hektar,
{ Ar,
{ Quadratmeter
   a) der einzelnen Gebäude,
   b) des Hofraumes,
7. Beschreibung des jetzigen Zustandes, Angabe der Länge und Breite der einzelnen Gebäude, Bauart ꝛc.,
8. Ursprung, frühere und jetzige Bestimmung und Benutzung, Ankaufspreis und dergleichen,
9. Bezeichnung der vorhandenen Urkunden und sonstigen Beweismittel über die Eigenthumsverhältnisse,
10. Eingetragen in das Grundbuch unter { Band,
{ Blatt,
{ Nummer,
11. Angabe, ob und welche Lasten auf dem Gebäude haften, sowie ob die Disposition über dasselbe Beschränkungen unterliegt,
12. Versichert gegen Feuersgefahr, bei welcher Gesellschaft und mit welcher Summe,
13. Bemerkungen und Erläuterung der Veränderungen.

Titel III. Zehnten, Renten, Erbpächte, Canones.

1. Laufende Nummer,
2. Höhe des Zehnten, der Rente ꝛc.,
   in natura,
   in Gelde (— ℳ. — ₰),
3. Fälligkeitstermin (Tag, Monat),

4. Erhebungsart,

5. Bezeichnung der verhafteten Grundstücke nach:

Katastralgemeinde,

Nummer der { Flur,
{ Parzelle,

Flächeninhalt { Hektar,
{ Ar,
{ Quadratmeter,

6. Bezeichnung der vorhandenen Urkunden und Beweismittel über das Rechtsverhältniß,

7. Hypothekar=Inscription: Datum, Band, Blatt, Nummer,

8. Datum der Erneuerung

a) der Eintragung,

b) des Titels,

9. Eingetragen in das Grundbuch unter { Ort,
{ Band,
{ Blatt,
{ Nummer,

10. Bemerkungen und Erläuterung der Veränderungen.

Titel IV. Sonstige Gerechtsame.

1. Laufende Nummer,

2. Gegenstand oder Betrag derselben,

3. Verfallzeit (Tag, Monat),

4. Bezeichnung entweder a) des Grundstückes, auf welchem dieselben ruhen, nach:

Katastralgemeinde, sowie

Nummer der { Flur,
{ Parzelle,

oder b) des Namens und Wohnortes des zur Leistung Verpflichteten,

5. Angabe, ob und welche Gegenleistungen oder sonstigen Lasten damit verbunden sind,

6. Bezeichnung der vorhandenen Urkunden und anderen Beweismittel über das Rechtsverhältniß,

7.
8. } wie unter Titel III.
9.
10.

Titel V. Kapitalien.
1. Laufende Nummer,
2. Betrag (— M. — ₰),
3. Zinsfuß (pro Cent),
4. Jährlicher Zinsenbetrag (— M. — ₰),
5. Fälligkeitstermin (Tag, Monat),
6. Bezeichnung der Urkunden (im Bezirke des französischen Rechtes: Datum des Titels),
7. Name, Stand und Wohnort des Schuldners,
8. Kündigungsfrist,

9. Hypothekar-Inscription { Datum,
Band,
Blatt,
Nummer,

10. Datum der Erneuerung
 a) der Eintragung,
 b) des Titels,

11. Eingetragen in das Grundbuch unter { Ort,
Band,
Blatt,
Nummer,

12. Bemerkungen und Erläuterung der Veränderungen.

Titel VI. Werthpapiere (Effekten), Sparkassenbücher.
1. Laufende Nummer,
2. Stückzahl,
3. Benennung der Obligationen ꝛc.,
4. Bezeichnung nach Littera, Serie, Nummer, Jahrgang,
5. Nennwerth beziehw. Höhe des eingezahlten Betrages (— M. — ₰),
6. Zinsfuß (pro Cent),
7. Fälligkeitstermin der Zinsen (Tag, Monat),

8. Außer Kurs gesetzt a) am { Tag,
Monat,
Jahr,
 b) durch wen?

9. Bemerkungen und Erläuterung der Veränderungen.
  — Die in den Titeln V und VI genannten Vermögenstheile nebst den Veränderungen in der zinstragenden Belegung

derselben können auch in einem besonderen Buche (Kapital-
Journale), welches als Anlage zum Lagerbuche dient, in ihren
einzelnen Positionen aufgeführt werden, jedoch hat in diesem
Falle das Lagerbuch auf diesen Anhang hinzuweisen. —

Titel VII. Zuschüsse aus Staatsfonds, Gemeinde-
und sonstigen Kassen.

1. Laufende Nummer,
2. Betrag { a) in natura,
{ b) in Gelde (— ℳ. — ₰),
3. Bezeichnung des Zuschusses,
4. Fälligkeitstermin (Tag, Monat),
5. Zeitraum, für welchen der Zuschuß bewilligt worden ist,
6. Benennung der Kasse ꝛc., welche die Zahlung leistet,
7. Angabe, auf welchen Verpflichtungen die Zahlung beruht,
   Bezeichnung der Urkunde ꝛc.,
8. Bemerkungen und Erläuterung der Veränderungen.

Die den Pfarrern und Kirchenbeamten nur für ihre Person
bewilligten Gehaltszulagen werden nicht in das Lagerbuch aufgenommen.

Falls jedoch auf widerruflich gewährten oder bloß persönlichen Bedürfnißzuschüssen ein dauerndes Verhältniß beruht
(z. B. eine neugegründete Pfarrstelle ꝛc.) und dieses bis zur
anderweiten Beschaffung der erforderlichen Mittel dadurch wesentlich seine Existenz hat, so werden dieselben in der Rubrik:
„Bemerkungen" nachrichtlich angegeben.

Titel VIII. Veränderliche Einkünfte.

1. Laufende Nummer,
2. Bezeichnung *),

---

*) A. Stolgebühren
    a) für den Pfarrer,
    b) für die Kirchenbeamten,
    c) für die Kirchenkasse.
  B. Kollekten und Opfer, welche in der Gemeinde
    herkömmlich sind.
  C. Unbestimmter Antheil des Fonds an Einkünften
    von Stiftungen, welche für mehrere Kirchen ꝛc. ge-
    meinschaftlich bestehen.
  D. Einnahmen vom Läuten bei Beerdigungen, von
    Grabstätten, Benutzung von Leichenwagen, Kirchen-
    sitzen ꝛc.

3. { Stückzahl, Gewicht ꝛc.,
{ Geldbetrag (— *M.* — ₰),

4. Berechtigungstitel (Herkommen, Beschluß der Gemeinde-Vertretung, Datum und Nummer der genehmigenden Verfügung),

5. Bemerkungen und Erläuterung der Veränderungen.

Titel IX. Leistungen und Verpflichtungen, welche auf dem Fonds in seiner Gesammtheit oder auf einzelnen Grundstücken ꝛc. desselben (vergleiche Titel I und II) ruhen, einschließlich der zu zahlenden Gehälter.

1. Laufende Nummer,
2. Nähere Bezeichnung der Leistung ꝛc.,
3. Geldbetrag (— *M.* — ₰),
4. Bezeichnung des Grundstückes ꝛc., auf welchem die Abgabe ꝛc. ruht, nach:

Katastralgemeinde,

Nummer der { Flur,
{ Parzelle,

5. das Grundstück ꝛc. ist im Lagerbuche aufgeführt

unter { Abtheilung,
{ Titel,
{ Laufender Nummer,

6. Verfallzeit (Tag, Monat),
7. Empfangsberechtigter,
8. Bezeichnung der Urkunden, Beschlüsse der Gemeinde-Vertretung, genehmigenden Verfügung,
9. Bemerkungen und Erläuterung der Veränderungen.

Titel X. Schulden; zu refundirende Kapitalien.

1. Laufende Nummer,
2. Betrag (— *M.* — ₰),
3. Zinsfuß (pro Cent),
4. Höhe der Jahresgefälle
    a) Zinsen (— *M.* — ₰),
    b) Amortisationsrate (— *M.* — ₰),
5. Fälligkeitstermin (Tag, Monat),

6. Name, Stand und Wohnort des Gläubigers bezw. Bezeichnung des Fonds, welcher das Darlehn gegeben hat,
7. Bezeichnung der Urkunde bezw. des Repräsentations-Beschlusses und der genehmigenden Verfügung,
8. Kündigungsfrist,
9. Bezeichnung der verpfändeten Objekte nach:
 Katastralgemeinde,
 Nummer der $\left\{ \begin{array}{l} \text{Flur,} \\ \text{Parzelle,} \end{array} \right.$
10. Bemerkungen und Erläuterung der Veränderungen.

Titel XI. Mobilar und Geräthe.

Die zur Ausstattung der Kirche dienenden Gegenstände werden in das Lagerbuch unter diesem Titel eingetragen. Bei den Kirchengeräthen von Gold und Silber, sowie bei sonstigen Werthsachen ist der Geldwerth (Gewicht) und die Herkunft anzugeben.

§. 10. Innerhalb eines jeden Titels sind die einzelnen Positionen fortlaufend zu nummeriren.

Schweben Prozesse über Vermögenstheile oder wird der Besitz sonstig streitig gemacht, so sind die betreffenden Gegenstände dennoch in das Lagerbuch einzutragen und ist der Sachverhalt kurz anzugeben.

§. 11. Damit das Lagerbuch eine lange Reihe von Jahren benutzt werden kann, sind bei der Anlegung desselben, wo die Verhältnisse dies rathsam erscheinen lassen, sämmtliche Titel aufzunehmen, wenn auch zur Zeit eine Gemeinde ec. in einzelnen Titeln Vermögensgegenstände nicht besitzt. Auch ist bei Gebäuden und Grundstücken für die Beschreibung eines jeden Postens eine ganze Seite zu bestimmen.

Am Schlusse eines jeden Titels ist zur Eintragung neu hinzutretender Vermögenstheile sowie zur etwaigen Nachtragung von Veränderungen ein dem Bedürfnisse entsprechender freier Raum zu lassen.

Abschluß und Prüfung der Lagerbücher.

§. 12. Von jedem neuen Lagerbuche ist zunächst ein Concept anzufertigen und letzteres durch das Presbyterium einer eingehenden Prüfung zu unterziehen, sowie in allen seinen

Theilen richtig zu stellen. Ueber die erfolgte Prüfung ist eine Verhandlung aufzunehmen, in welcher die Titel und die als richtig anerkannten Nummern eines jeden Titels genau zu bezeichnen sind.

Nachdem dies geschehen ist, wird das Concept mit der Kartensammlung, den Auszügen aus dem Grund- und Gebäudesteuer-Kataster, sowie einer beglaubigten Abschrift der vorgedachten Presbyterial-Verhandlung der Synodal-Rechnungs-Kommission vorgelegt und von derselben in materieller und formeller Hinsicht, auch hinsichtlich der Uebereinstimmung mit den letzten Etats und Rechnungen, geprüft.

§. 13. Erst nach Erledigung der etwaigen Bemerkungen der Synodal-Rechnungs Kommission wird das Lagerbuch in der Reinschrift angefertigt und zwar in zwei Exemplaren, von denen das eine für die Gemeinde, das andere für die Synodal-Rechnungs Kommission bestimmt ist.

Das Presbyterium rc. hat darauf zu achten, daß beide Exemplare Seite für Seite genau übereinstimmen.

Ferner hat das Presbyterium bezw. die mit der Aufstellung und Prüfung des Lagerbuches beauftragte Kommission in beiden Exemplaren hinter der letzten Eintragung eines jeden Titels in der Kolonne „Bemerkungen" folgende Bescheinigung hinzuzufügen:

„Die Eintragungen unter den Nr. Nr. . . . . . in Titel . . sind als richtig und vollständig befunden worden.

Ort, Datum, Firma, Unterschriften."

§. 14. Schließlich ist ein Exemplar nach dem andern mit dem Concepte der Synodal-Rechnungs-Kommission einzureichen, welche sich von der Uebereinstimmung der beiden Exemplare mit dem Concepte überzeugt und beide Exemplare ihrerseits hinter der letzten Eintragung mit ihrem Revisionsvermerke versieht.

Prüfung vorhandener Lagerbücher.

§. 15. Die bereits vorhandenen und diesen Bestimmungen entsprechenden Lagerbücher — wobei es weniger auf die Form als auf die Vollständigkeit des Inhaltes ankommt — sind ebenfalls einer genauen Prüfung durch das Presbyterium zu unterwerfen, und sind die etwaigen Anstände, zu welchen die Prüfung Veranlassung gegeben hat, zu beseitigen. Daß dies geschehen ist und das Lagerbuch in Ordnung sich befindet, hat das Presbyterium in einer Verhandlung anzuerkennen.

Ob die alten Lagerbücher genügen und fortgeführt werden können, hat die Synodal-Rechnungs-Kommission zu bestimmen, welche daher auch alle bereits vorhandenen Lagerbücher prüft.

Aufbewahrung der Lagerbücher.

§. 16. Von den beiden Exemplaren des Lagerbuches wird das eine im Archive der Synode bezw. deren Rechnungs-Kommission, dagegen das zweite Exemplar mit der Karten-Sammlung und den Kataster-Auszügen im Archive der betreffenden Gemeinde niedergelegt.

§. 17. Die Kirchengemeinde rc. bewahrt das Lagerbuch und alle ihren Besitzstand betreffenden Urkunden und Schriftstücke, sowie die Werthpapiere unter sicherem Verschlusse auf.

Die auf das Vermögen bezüglichen Urkunden sind auf dem Umschlage mit dem betreffenden Fonds-Titel und der Seitenzahl u. s. w., unter welchen dieselben im Lagerbuche bezw. Kapital-Journale vermerkt sind, zu bezeichnen.

Fortführung der Lagerbücher.

§. 18. Damit die Lagerbücher auch in Zukunft eine deutliche, dem jedesmaligen Vermögensstande entsprechende Uebersicht darbieten, ist die größte Sorgfalt auf die richtige Fortführung derselben zu verwenden.

Das Presbyterium hat daher bei der Aufstellung der Etats und bei der Prüfung der Jahresrechnungen das Lagerbuch sich vorlegen und durch einen oder mehrere aus seiner Mitte Beauftragte feststellen zu lassen, ob alle die Vorjahre betreffenden, von der Synodal-Rechnungs-Kommission als richtig anerkannten Veränderungen eingetragen worden, sowie ob und welche Veränderungen im Laufe des verflossenen Etatsjahres in dem Vermögensstande der sämmtlichen Fonds der Gemeinde eingetreten sind.

§. 19. Bei der Einsendung der Kirchenrechnung oder an einem von dem Superintendenten zu bestimmenden anderweitigen Termine ist eine von dem Presbyterium aufgestellte Nachweisung der im letzten Etatsjahre eingetretenen Veränderungen nebst den nöthigen Belägen dem Superintendenten einzureichen. Falls in einer Kirchengemeinde bloß geringfügige Veränderungen vorkommen, kann der Superintendent anordnen, daß die Nach-weisung nur von 3 zu 3 Jahren eingereicht werde.

Zu dieser Nachweisung, welche mit dem Hinzufügen als richtig zu bescheinigen ist, daß alle die Vorjahre betreffenden Veränderungen in das Lagerbuch eingetragen worden sind, wird, soweit es sich um neue Erwerbungen und solche umfassende Veränderungen eines Vermögenstheiles handelt, welche die Be-nutzung aller Spalten im Lagerbuche nothwendig machen, das Formular des entsprechenden Lagerbuchs-Titels jedoch nur in der Größe des gewöhnlichen Schreibpapieres verwendet. Ver-änderungen, welche sich nur auf einzelne Spalten beziehen, sind — mit den Ueberschriften der betreffenden Abtheilungen und Titel — untereinander in ein Formular, wie folgt, ein-zutragen:

Seite	Lfde. Nr.	Nr. der Spalte	Wortlaut der	Belag		
				zu der Rechnung		bei-folgend
			Veränderung	welches Fonds?	unter Nr.	unter Nr.
des Lagerbuches						

Es ist darauf zu achten, daß die Veränderungs=Nach-weisung die Abtheilung, den Titel und die Nummer, sowie die Seite des Lagerbuches genau bezeichnet und wörtlich das-jenige enthält, was in das Lagerbuch eingetragen werden soll.

Die kleineren resp. die auf nur wenige Rubriken sich erstreckenden Veränderungen sind im Lagerbuche in die betref-fenden Rubriken selbst in der Weise einzutragen, daß der alte Text durchstrichen und der neue darüber oder darunter gesetzt, sowie in der Kolonne: „Bemerkungen" die nöthige Erläuterung gegeben wird, die größeren Veränderungen dagegen in der Weise, daß eine Neueintragung auf der bezüglichen Seite selbst, sofern noch hinreichender Raum vorhanden ist, sonst am Schlusse des betreffenden Titels unter fortlaufender Nummer, erfolgt, auf welche bei der bisherigen Eintragung, und zwar in der Rubrik: „Bemerkungen", hinzuweisen ist.

§. 20. Der Superintendent versieht die Nachweisung mit seinem Visum und giebt sie mit den ihm nach seiner Durchsicht erforderlich scheinenden Bemerkungen an die Synodal-Rechnungs-Kommission ab, welche dieselbe nach den in ihren Händen befindlichen Materialien und den Belägen einer Prüfung unterwirft und, nach Erledigung etwaiger Bemerkungen, die Veränderungen in das bei ihr beruhende Exemplar des Lagerbuches einträgt, auch auf der Nachweisung bemerkt, daß und wie solches geschehen sei.

Das Presbyterium erhält die Veränderungs-Nachweisung mit der Rechnung der Kirchenkasse zurück und vervollständigt erst dann durch wörtliche Eintragung der Veränderungen unter jedesmaliger Beifügung der im §. 13 gedachten Bescheinigung das im Kirchenarchive befindliche Exemplar des Lagerbuches.

§. 21. Diejenigen Positionen, welche durch Nachtragung der Veränderungen gänzlich wegfallen, z. B. zurückgezahlte Kapitalien, abgelöste Renten, sind, damit sie lesbar bleiben, mit Dinte quer zu durchstreichen und dadurch als erloschen kenntlich zu machen.

Sind Veränderungen an Grundstücken oder Gebäuden vorgekommen, so müssen dieselben auch in die etwa vorhandenen Pläne, Grundrisse und Zeichnungen nachgetragen werden.

§. 22. Die im §. 19 erwähnten Veränderungs-Nachweisungen werden, in einem besonderen Aktenstücke vereinigt, im Pfarr-Archive aufbewahrt.

§. 23. Die sämmtlichen Grundstücke einer Gemeinde sind in Zeiträumen von 6 Jahren durch Mitglieder des Presbyteriums einer Besichtigung hinsichtlich der Erhaltung der Grenzen und der Art und Weise ihrer Benutzung zu unterziehen.

Der Befund der Lokalbesichtigung, von welchem dem Presbyterium Kenntniß zu geben, ist in dem bezüglichen Sitzungs-Protokolle kurz zu erwähnen.

Inventarien.

§. 24. Geht in einer Gemeinde der Besitz an beweglichen Gütern über die unter Titel XI unterzubringenden Gegenstände hinaus, so wird über dieselben ein besonderes Inven-

tarium angelegt, in welches alle Gegenstände — getrennt nach
den verschiedenen Fonds und Anstalten — zweckmäßigerweise
in alphabetischer Ordnung so eingetragen werden, daß immer
der erste Buchstabe die Stelle derselben im Verzeichnisse bestimmt.
Am Schlusse eines jeden Buchstabens des Alphabetes ist ein
hinreichend großer Raum zu Nachtragungen zu lassen.

Die bei Waisenhäusern, Versorgungs Anstalten, Schulen
zc. in verschiedenen Räumen untergebrachten Mobilien sind der
besseren Uebersicht wegen in einem besonderen Verzeichnisse für
jeden Raum nachzuweisen.

§. 25. Alle neubeschafften Utensilien und Geräthe müssen
in dem Inventarium nachgetragen werden und ist die erfolgte
Inventarisation auf dem betreffenden Rechnungsbelage unter
Angabe des Titels und der laufenden Nummer des Inventars
zu vermerken.

Am Schlusse eines jeden Jahres werden die sämmtlichen
Geräthe zc. einer Prüfung unterzogen, die unbrauchbar gewor=
denen in eine Nachweisung zusammengestellt und auf Grund
eines Beschlusses des Presbyteriums bezw. einer Anweisung
des mit der Aufsicht über die betreffende Anstalt beauftragten
Deputirten im Inventarium gelöscht.

Die Inventarien sind in Zeiträumen von 6 Jahren ab=
zuschließen, — falls nicht die Größe einer Anstalt bezw. die
Anzahl der Utensilien einen jährlichen Abschluß bedingt, —
und die Soll=Bestände mit den Ist=Beständen zu vergleichen.
Ueber das Resultat ist eine Verhandlung aufzunehmen und
bei den Akten aufzubewahren.

Die Inventarien werden so lange fortgeführt, bis sämmt=
liche Kolonnen des Zuganges bezw. Abganges benutzt worden
sind, und demnächst neu angelegt.

Controlle der Lagerbücher und Inventarien.

§. 26. Die Synodal=Rechnungs Kommissionen haben die
ordnungsmäßige Fortführung der in den Händen der Gemein=
den befindlichen Exemplare der Lagerbücher sowie der Inven=
tarien zu überwachen und sind befugt, dieselben jederzeit zur
Einsichtnahme einzufordern.

Außerdem haben die Superintendenten gemäß §. 145
Nr. 6 der Kirchenordnung bei den Kirchenvisitationen sich die

Lagerbücher und Inventarien nebst den Veränderungs-Nachweisungen vorlegen zu lassen und sich davon zu überzeugen,
daß die Veränderungen auch vollständig nachgetragen worden
sind.

Lagerbücher und Inventarien der den Kreis-
Synoden nicht unterstellten kirchlichen Stiftungen.

§. 27. Die vorstehenden Bestimmungen finden mit den
aus den Verhältnissen sich ergebenden Verschiedenheiten auch
Anwendung auf die Lagerbücher der sämmtlichen sonstigen,
der kreissynodalen Aufsicht nicht unterstellten kirchlichen Institute und Fonds.

An die Stelle der Presbyterien treten die Verwaltungsräthe und Curatorien.

§. 28. Beschränkt sich die Vermögens-Verwaltung der
Institute auf Kapital-Vermögen, so genügt der Nachweis des-
selben in den Etats und Rechnungen. Die Anlegung eines
Lagerbuches kann in diesem Falle unterbleiben.

§. 29. Die Duplikate der Lagerbücher derjenigen Stiftungen und Fonds, welche den Kreis-Synoden nicht unterstehen,
werden bei dem Consistorium aufbewahrt, welches in jeder Beziehung die Funktionen der Synodal-Rechnungs-Kommissionen
übernimmt.

————————

Auf Grund der von dem Evangelischen Ober-Kirchenrathe durch Erlaß vom 18. v. Mts. (Nr. 1252) uns ertheilten Ermächtigung genehmigen wir die vorstehende, von
der XIX. Rheinischen Provinzial-Synode angenommene Anweisung, betreffend die Einrichtung und Fortführung der Lagerbücher der evangelischen Kirchengemeinden und kirchlichen
Institute in der Rheinprovinz.

Coblenz, den 1. April 1889.

Königliches Consistorium.

Register.

Die Zahlen außerhalb der Klammern beziehen sich auf die §§ der Kirchenordnung nebst deren Anmerkungen. Die eingeklammerten Zahlen beziehen sich auf die Seiten des Anhangs.

Abendmahl 10. 22. 51. 86. 92. (136 ff. 147 f.) 96...102. 145.

Abfindung 65.

Ablehnung der Presb.-Wahl 9.

Abrechnungsordnung 53.

Absolute Mehrheit 8. 29. 32. 41. 46. 49. 59. 110. (80 ff.)

Abweisung v. der Confirmation 110., v. Sacrament 99. 120., v. der Taufpathenschaft 120., v. Wahlrecht 136., überhaupt (135 ff.)

Acten s. Archiv.

Adjuncten 35.

Aelteste 5. 6. 7. 8. 10. 14. 15. 35. 45. 119.

Agende 62. 66. 81.

Amtsantritt 59.

„ **briefe** 139.

„ **dauer der Presbyter** 8.

„ **einkünfte** 59. 60. 65.

„ **enthebung** 122. 126. (153 ff.)

„ **gehülfe** (164).

„ **handlungen** 66. 70. 75. 81. 139.

„ **periode der Presbyter und Repräsentanten** 28. (80 ff.)

„ **verschwiegenheit** 12.

Anleihen (204).

Anstaltsgeistliche 35.

Anzahl der Repräsentanten 19.

Appellation 110. 126. (158 ff.).

Archiv der Pfarrgemeinde 43. 52. 54. 68. 145.

Armenkassen, -fonds, -Vermögen 14. 17. 128. 145. 147.

Armenpfleger s. Diaconen.

Assessor der Kreis-Synode 36. 38. 42. 59. 62. 115.

„ **der Prov.-Synode** 45. 46. 48...50.

Assignationen 16.

Aufgebot 70. 114. (132).

Auflösung der Repräsentation 33a.

Aufsichtsbehörden 147. 148. (120 f.)

Austritt aus der Kirche 3. (216).

Außerordentliche Berufung des Presbyteriums 12., — der Kreis-Synode 39., — der Provinzial-Synode 47.

Bauunternehmungen 16. (194 f.)

Bedenkzeit 59.

Bedienung erledigter Stellen mit Nachjahr 56., — ohne Nachjahr 55.

Beerdigung 54. 70. 115. 145. (193 f.)

Behörden 5. 14. 38. 49. 50. 52. 112. 145. 148.

Beitragspflicht s. Steuern und Umlagen.

Bekenntnißstand II. 78. 90. 92.

Berufungsurkunde 59. 60.

Universitäts-Buchdruckerei von Carl Georgi in Bonn.